本书是河南省科技厅基金项目（142102310097）《基于大数据计算的社会治安监测预警技术研究》成果之一，并获2015年河南省高校科技创新人才支持基金、2014年公安部软科学项目（2014LLYJHNST056）基金、河南省规划办项目（2014BZH007）基金等资助

大数据视角下公安情报分析技术

李俊莉　陈　巍　宋培彦　闫红丽　孟　玺 ◎ 著

·北京·

图书在版编目（CIP）数据

大数据视角下公安情报分析技术 / 李俊莉等著. —北京：科学技术文献出版社，2016.2（2025.11重印）

ISBN 978-7-5189-0926-1

Ⅰ.①大… Ⅱ.①李… Ⅲ.①公安—情报分析 Ⅳ.① D035.3

中国版本图书馆 CIP 数据核字（2015）第 316719 号

大数据视角下公安情报分析技术

策划编辑：周国臻　责任编辑：赵　斌　责任校对：张吲哚　责任出版：张志平

出　版　者	科学技术文献出版社	
地　　　址	北京市复兴路15号　　邮编 100038	
编　务　部	（010）58882938，58882087（传真）	
发　行　部	（010）58882868，58882870（传真）	
邮　购　部	（010）58882873	
官方网址	www.stdp.com.cn	
发　行　者	科学技术文献出版社发行　全国各地新华书店经销	
印　刷　者	北京虎彩文化传播有限公司	
版　　　次	2016年2月第1版　2025年11月第19次印刷	
开　　　本	710×1000　1/16	
字　　　数	259千	
印　　　张	15.75	
书　　　号	ISBN 978-7-5189-0926-1	
定　　　价	58.00元	

版权所有　违法必究

购买本社图书，凡字迹不清、缺页、倒页、脱页者，本社发行部负责调换

前言

随着信息技术和网络技术的飞速发展,大数据、云计算、物联网等新技术、新应用为公安情报理论研究和实战应用带来了新机遇和新挑战。当前,基于大数据的情报分析和研判尚未形成贴近实战的技战术方法,成为制约新技术应用的瓶颈。本书作者通过多年的理论研究和实战工作总结,经过深入调研和专题研究,提出了从大数据视角构建公安情报体系。从情报分析理论出发,通过翔实的案例和细致入微的深入分析,研究大数据情报信息技术及应用。针对各种案件情况,研究各类数据的关联分析应用技术和理论,对目前亟待解决的大数据应用技术进行了深入的分析和研究,为公安一线警务实战提供了技术和理论支撑,具有重要的应用价值,也为今后一段时期公安情报理论的研究提供了技术基础。

在公安信息化建设背景下,建立各类数据资源整合、开放、共享、利用模式,运行共享和创新服务机制,打造大数据公安情报资源共享决策平台,能有效促进公安情报资源的优化配置和高效利用,形成跨部门、跨区域、多层次的资源整合与共享体系。本书从大数据视角研究了重大事件预警防范理论,构建公安情报云计算,集成统一的智能指挥平台。本书是对我国各类数据共享应用和资源整合模式的技术分析和以往理论的系统梳理,并配以典型案例,生动形象且易于理解。本书的出版,对于推广大数据分析技术在公安情报中的应用和服务公安工作具有重要的作用,对促进数据资源共享和利用具有重要借鉴意义。

当前,在公安情报决策和犯罪预防实战中,数据资源类型繁多、数量庞大、服务需求和特点不一。本书通过对大数据公安情报搜集与管理研究,梳理了公安情报数据资源整合过程中存在的问题,探索公安情报分析的服务模式,以期为提高我国公安情报理论和应用整体建设和发展提供理论、方法和经验的积累,为促进大数据应用和实战等方面提供参考,为公安情报工作者提供帮助,为支撑公安情报决策,宣传和弘扬大数据建设模式、应用架构和系统建设，促进公安情报共享平台更好地服务于公安管理创新和社会治安和谐发展提供启发和借鉴。

杨永川教授、曾建勋教授和刘建军博士对本书出版和发行提供了诸多帮助，在此一并致谢！同时希望大家继续关注本研究团队的研究成果，本研究团队也会更加努力地进行公安理论研究创作。

目 录
contents

第1章 公安情报大数据环境需求 ... 1
1.1 信息化下的情报学研究变革 ... 1
1.2 大数据视角的信息主导警务战略 ... 3
1.3 大数据视角的情报体系建设 ... 5

第2章 大数据公安情报理论研究 ... 11
2.1 大数据 ... 11
2.2 大数据公安情报理论 ... 11
2.3 情报分析研究方法模型 ... 13

第3章 大数据视角公安情报体系 ... 15
3.1 大数据公安情报分析现状 ... 15
3.2 大数据视角公安情报分析技术 ... 16
3.3 大数据视角情报分析的原理和方法 ... 22

第4章 大数据情报信息技术及应用 ... 49
4.1 人肉搜索 ... 54
4.2 视频侦控 ... 61
4.3 轨迹比对 ... 74
4.4 网上串并 ... 89
4.5 网上追逃 ... 94
4.6 高危人员分析 ... 100
4.7 网络侦查 ... 105
4.8 预警研判破案法 ... 112
4.9 银证信息追踪 ... 114
4.10 通信数据分析 ... 116

4.11 指纹、DNA 比对法 127
4.12 信息追踪法 130

第 5 章 重大事件预警防范 136
5.1 预警防范的作用 137
5.2 信息预警机制 139
5.3 重大事件预警防范概述 141
5.4 重大事件预警防范功能 147
5.5 重大事件预警防范分析 166
5.6 小结 171

第 6 章 大数据公安情报搜集管理 175
6.1 集成统一的智能指挥平台 175
6.2 构建公安情报云计算 187
6.3 搜索引擎技术 197
6.4 移动警务建设 205

第 7 章 大数据情报分析及实战应用 211
7.1 数据挖掘概述 211
7.2 数据挖掘的过程和步骤 213
7.3 基于内容的数据挖掘 215
7.4 一般的方法和步骤 219
7.5 基于关系的数据挖掘 220
7.6 小结 229

第 8 章 大数据情报的趋势展望 230
8.1 非结构化数据的价值 230
8.2 非结构化数据的分析方法 235
8.3 非结构化数据的情报分析流程 235
8.4 小结 238

参考文献 239

第 1 章　公安情报大数据环境需求

随着社会信息化的快速推进，政府信息公开和共享成为今后社会管理的有效途径，同时在社会信息化快速发展的时代背景下，犯罪与遏制犯罪的较量更多、更集中地体现在对情报信息的把握、运用上，只有具备信息控制的优势，才能把握同犯罪做斗争的主动权。在社会信息化进程中，情报信息对人类社会的影响日益广泛、深刻，已成为维系国家安全、促进经济社会发展、提高人们生活质量的命脉所在，以及各种较量、角逐活动的争夺焦点。谁能在对抗中赢得情报优势，谁就能抢占先机、赢得主动，军事战争如此，商业活动如此，警务工作亦是如此。公安工作实现精确警务更依赖于有效情报，依赖于大数据分析技术。大数据视角公安情报为现代社会治安治理和犯罪防控研究提供了理论支持。

1.1　信息化下的情报学研究变革

信息化是 21 世纪全球经济社会发展的显著特征。随着信息技术的覆盖面不断扩大，推动了社会的生产力、生产方式、生活方式和经济社会发生前所未有的深刻变革。信息爆炸时代的来临，从信息中获得有效情报的方式也从数据仓库、数据工厂发展到大数据分析。情报学在不断向多学科融合的进程中，对各界情报信息应用产生了广泛而深远的影响。

情报学是介于自然科学、技术科学与社会科学之间的综合性边缘学科，侧重解决信息生产与情报利用之间的矛盾。在情报学诞生的初期，其研究对象和范围比较单一。随着现代科学技术的飞速发展，数字化、网络化和智能化的推进，涌现出计算机科学、通信科学、电子学及存储技术、网络技术、人工智能与专家系统等一系列新兴学科，这些学科向情报学领域广泛渗透，为情报学的发展提供了更新、更广的舞台，促使情报学实现了一个又一个飞跃，呈现出多学科融合的发展态势。在情报学发展的长河中，中国以《孙子兵法》中的计篇、用间篇等为情报经典，美国以谢尔曼·肯特为情报先驱。美国 A Dcbons（A·狄克本斯）等人撰写的《情报科学：一种综合观》阐述了情报学的内涵与外延，指出情报学是关于记录知识的存储和检索，或认知心理、人的信息处理、交流技术的一门学科，具有跨学科特性。

随着信息化浪潮的席卷，今天的情报学研究在内涵上不断深化，已经将触角深入人类吸收理解知识情报的规律、人类信息需求规律、人类信息行为规律的探索，体现出高度的认知属性。这些属性从不同角度反映了情报学作为一门新兴的综合性基础学科正在迅速成长，并对其他学科产生影响。这些影响丰富了情报信息的应用领域，包括我国警务体制机制的革命——信息主导警务。国内外警务体制的信息革命来得最直接、最广泛，更新最快，未来公安警力的发展，情报信息将占有更大比重。

信息主导警务是在经济全球化、社会信息化和犯罪国际化背景下应运而生的有效警务战略。经济全球化和社会信息化的发展，使全球范围的人流、物流和信息流总量激增、速度加快，犯罪活动呈现出前所未有的国际化、智能化和暴力化趋势，例如，境外的毒枭不必入境就可以方便地通过现代化信息工具遥控毒品交易。犯罪的挑战、政府与公众期望的攀升及成本效益理念的推广，诸多外部压力凸显改革传统警务工作模式的必要性。

从 20 世纪 90 年代起，相对匮乏的警务资源和日益严峻的犯罪形势之间出现的"需求鸿沟"日渐明显。以英国为例，英国的犯罪快速增长期为 20 世纪 80 年代初至 90 年代中期，期间犯罪总量翻了 1 倍多，由 1982 年的 260 万起增加到 1992 年的 540 万起。公众对警察的信任度也随之大幅下降，1982 年 36% 的公众认为警察表现"非常好"，到了 1992 年，该指标已降至 21%。现实的压力，促使欧美各国同步开展新型警务模式研究。

20 世纪 90 年代初期，纽约警察局局长威廉·J·布莱顿首先倡导了信息警务的理念，主张充分利用信息技术，开发、整合警务信息资源，以警务信息化为依托，实施信息主导警务战略，以更多、更快、更准地占有情报信息，提高预警发现、精确打击和应急处置的能力。之后，英国、德国、法国、新西兰、新加坡等发达国家相继推出本国的情报信息化警务模式。

全球化的进程，快速推动生产力的革命在世界各地铺开。具有中国特色的警务信息化建设，同样也惊人地与国际警务的发展趋势交叉、重合。2006 年，公安部将信息化建设作为"三基"工程建设"助推器"，全面深化信息主导警务工作，实践证明其具有明显成效。所以，在经济全球化、社会信息化和犯罪国际化大环境中，信息主导警务战略已经成为各国警务模式变革的必然选择。

在当前的大数据环境中，公安信息具有了新的大数据特性：信息空间、物理世界和人类社会三元空间等大数据特征，公安情报具有了更高的决策精确性。基于此本书对公安情报进行了大数据研究，公安情报是应用科学，是利用情报学研究方法和技术对社会犯罪行为进行的研究，获得公安情报规律，改进公安情报的途径。

1.2 大数据视角的信息主导警务战略

当前，随着市场经济的快速发展和社会变革的不断加剧，我国社会治安呈现异常活跃的动态化特征。2001—2015 年，我们根据信息化进程划分为 3 个五年阶段，对我国公安机关立刑事案数进行了统计，如表 1-1 所示。2003 年，全国共立刑事案件 439.4 万起，破案 184 万起，破案率为 41.9%；2010 年全国刑事案件立案 597 万起，侦破 233 万起，破案率为 39%。随着近年来现代技术在公安的应用，破案率在 40% 浮动，2013 年犯罪增长到 15 年来（2001—2015 年）的最高值，2015 年立案数呈现较大的下降趋势，但破案率也进一步降低。

表 1-1　2001—2015 年我国公安机关立刑事案数及破案率

2001—2005 年		2006—2010 年	
年份	立案数（万）	年份	立案数（万）
2001	445.7	2006	465.3
2002	433.7	2007	474.6
2003	439.4	2008	451.1
2004	471.8	2009	530
2005	464.8	2010	597

2011—2015 年			
年份	立案数（万）	破案数（万）	破案率
2011	600.6	231.4	39%
2012	655.1	280.7	43%
2013	659.8	264.8	40%
2014	654.1	241.7	37%
2015	558.6	170	30%

从以上数据可知，科技手段有效地提高了犯罪预防，但也使得犯罪行为更加隐蔽，犯罪分子反侦察意识更强。由此可见，我们的数据分析技术如何应用，呈现出更多的复杂性，需要从技术和理论层面及工作奖惩机制等多个方面进一步地深入探讨。大数据视角的信息主导警务战略应是一个系统工程，需要从以下 4 个方面进行构建。

（1）构建高效运行的警务情报信息网络平台，是实施信息主导警务的信息来源

信息主导警务是社会信息化的产物，现代信息技术的运用是其得以高效运行的重要保证。采集、清理、整合警察勤务和社会公共基础信息数据资源，汇入一个纵向贯通、横向集成、互联互通、高度共享的信息网络平台，通过对比、碰撞、分析、研判激活信息资源，并最终形成有效的情报信息指导基层实战，是各国家及地区推行该战略的普遍做法。英国的情报核心分析系统（ICAS）、美国的比较数据系统（COMPSTAT）、加拿大的自动化犯罪情报信息系统（ACIIS）、澳大利亚的执法情报网络（ALEIN）和中国香港警队的刑事情报系统（FCIS）等都是各自实施信息主导警务的基础信息平台。

（2）设立专门的警务情报部门，是实施信息主导警务的机构保障

打破部门间的情报壁垒，综合处理来自不同渠道的情报信息是保证情报信息发挥最大效益的重要前提。英国、美国、澳大利亚等国均改组并整合了原有分散的情报机构，成立统一的警务情报部门。以英国为例，在国家层面设有国家犯罪情报总局，每个地方警察局均设立专门的情报部门，人员编制高达警察局机关的3%～5%。

（3）建立专业化的情报分析队伍，是实施信息主导警务的人员保障

情报分析和研判的质量受制于专职情报人员的素质和能力。专业化是前提，能力建设是手段。招募情报分析人员，不仅需要综合考虑情报分析人员的警务经验、专业条件、心理素质、社会阅历等诸多因素，而且要不断强化在职培训，提高情报分析研判能力。

（4）推行规范化的情报信息工作机制，是实施信息主导警务的制度保障

只有规范情报信息的业务流程，才能确保信息采集的规范化，从而整合、激活和利用各类业务信息资源，发挥情报信息服务基层实战的综合效益。英国"国家情报模式"（NIM）的推广，堪称警务和技术规范化的一个范例。其主要做法为：一是法律保障，以"警务现代化大讨论"形式推动议会通过《警务改革法案（2002）》，确立了 NIM 的法律地位；二是领导决策，成立

一个由国家警察局长协会牵头、国家犯罪情报总局和各地警察局高级警官参与的项目管理委员会，总体协调该模式制定和推广工作；三是专家参与，由国家犯罪情报总局负责，并抽调全国各警局专家成立国家级专家支援组，制定 NIM 的工作制度和规范；四是统一实施，政府下令确定全国完成推广工作的限期（即 2004 年 4 月），并委托国家警察行为中心统一实施技术支持、人员培训和宣传等推广工作。

1.3 大数据视角的情报体系建设

公安战斗力的生成是集约各种资源的生产力，其中，信息资源是最基础、最重要的部分（如 DNA 库、指纹库、图像库、人口信息库等）。公安"情报"建设是公安警务信息化的真正革命，是科技强警的集约表现，是未来若干年后警务模式发展的方向。美国在"9·11"后，从信息科学技术的应用上实现有效社会控制研判预警；日本用 1/3 的虚拟警情来研判预警，唯恐出现"神不知、鬼不觉"的情况；德国联邦军事情报局、以色列摩萨德、俄罗斯的阿尔法等，虚拟警情都占了 1/3 以上。

情报系统是集成多个警种、部门、基层派出所的一个综合体，"起点"在警种、部门、基层派出所，"落点"将回到警务生产力。"起点"要求信息数据"准、实、快、全"，是确保情报系统高效、有序循环的生命线；"落点"要求责任地公安机关或责任警种采取相应的处置措施，二者缺一不可、相互联系、相互承接。情报的质量以信息采集和管控重点人员为基础，研判是技能的体现，研判中的决策可以提升指挥能力。情报建设，对全面提升公安整体工作，具有十分重要的意义。

（1）情报建设是社会治安防控体系的重要组成部分，是创新社会管理模式的重要体现

情报系统是社会治安防控体系的基础和信息支撑，是重要的社会管理创新。依托情报系统建设，实现社会管理创新，这是全国公安机关的一项全局性工作。当前违法犯罪日益呈现动态化、复杂化、隐秘化的趋势，这就需要巡防工作提高精确性。实践证明，要实现巡防的动态化、科学化，增强巡防的效能，必须要以情报信息为指导，有的放矢地开展"打、防、管、控"工作，借助丰富的信息资源优势，加强警情的分析研判，切实掌握社会面的治安动态，进一步提高驾驭社会治安的能力。

（2）情报建设是提升破案打击能力的重要抓手

社会信息化是一把"双刃剑"，在有力推动人类社会发展的同时，也为敌对势力渗透破坏和犯罪分子作案提供了便利，为各类突发事件和有害信息的传播创造了条件。在享受公安信息化成果的同时，各级公安机关也面临着信息化带来的诸多挑战。现代科技的高度跨时空联系性，为犯罪分子跨空间、跨时间作案提供了便利条件，犯罪的智能化、动态化趋势日益明显。在侦查破案中，谁占有信息越多、越快、越准，谁就能先人一步、快人一拍、高人一招，就能赢得主动。建设情报系统之前，在查证赃物、调查嫌疑人有没有前科、串并案件等工作中，由于存在信息"孤岛"问题，工作往往费时、费力，并很难查实，而情报系统开通后，这一切都变得轻而易举。

（3）情报建设是夯实人口管理的积极驱动力

信息化建设是将来公安工作的归宿和与世界接轨的端口，从整体上改变了新中国成立60周年来的警务工作原始状态。信息化建设的龙头是情报建设。基层一线、实战警种既是情报系统的主要信息源，也是情报系统最大的用户群。将情报的获取建立在扎实的基层基础工作上，并转化为工作指令，更是加强基层基础建设的重要内容。

随着社会的发展变化，流动人口大量增多，人户分离现象日益突出，高危人群不断变化等现象已成为困扰人口管理工作的难题。面对各地每天接到的大量7类重点人员预警信息，谁去抓捕、谁来管控、如何经营、怎样核实，这是公安机关亟待解决的新问题。按照原有的警种职能分工和警力配置，涉稳人员靠国保、涉毒人员靠禁毒、在逃人员靠刑侦，难以对情报平台生成的大量预警信息进行有效处置。而"情报"的情报信息综合应用平台就能很好地解决这一难题，并在人口管理工作中显示出巨大优势。

（4）情报建设是公安机关当好党委、政府参谋助手的重要前提

公安机关作为党委、政府的重要职能部门，作为情报信息工作的具体操作部门和龙头部门，只有全面实施情报战略，及时、全面、准确地报送信息，才能充分发挥服务现实斗争、服务经济建设、服务人民群众的职能作用，当好党委、政府的参谋助手。

情报建设是一个长期的过程，需要连续动作、往复循环，通过几十年甚至几代人不懈奋斗、付出毕生精力才能逐步完成。情报系统建设要建立长效机制，要"把握未来，重在当下"。既要看到情报系统建设未来发展方向，又要明确目前工作中存在的困难和不足，并采取有效措施，抓住重点环节，

解决信息化建设与警务活动的融合问题。通过"研判、决策、指挥、实战"四位一体，促进信息流与业务流的有机结合，并依托强大的网络支撑，将信息作战平台延伸到基层一线，促进情报信息支持决策、预测预警和引导打防控等功能，提升公安工作"软实力"，真正做到"目有所视，剑有所指"，激发信息主导警务战略才能拥有强大的生机和活力。

从"金盾工程"建设到目前投入使用后的信息主导警务模式，公安机关实现了由被动防御型警务向主动控制型警务，由传统粗放型警务向集约高效型警务转变的根本途径，是现代公安工作向纵深发展的必然趋势。然而在数据泛滥的现实情况下，有价值的数据淹没在巨大的数据海洋中，其中隐含的有价值信息难以发现。垃圾信息充斥了整个信息空间，在目前数据已成为国家事务公共资源的情况下，急需使用规范的数据逻辑方法和技术揭示数据背后的客观规律，识别数据的价值。本书通过公安情报对大数据的需求，分析大数据给公安情报带来的机遇、挑战和冲击，探讨大数据公安情报决策的有效途径，获得有效消除或避免犯罪现象的决策策略。从事某个方面的情报工作就必须掌握该领域的专业知识和技能，大数据公安情报需要一定的理论基础和方法论，这是一切情报工作的基础。大数据环境中需要厘定公安情报概念，进行公安情报基本原理和工作内容研究。公安情报专业特性学理论、方法、技术与管理的研究最终均服务于公安情报活动。

公安情报信息工作随着公安机关的诞生而产生和发展，在社会发展的各个历史阶段都发挥着不可替代的特殊作用。以往传统情报信息工作基本沿袭"人力＋手工＋电子"的方式，始终处于辅助侦查的"服务"地位。而在当今信息网络时代，公安情报信息作为警务现代化的前提，悄然进行着深刻的变革，情报信息主导警务理念的提出，催生了情报信息工作方式的改革，把情报信息置于公安工作的主导地位。而现实状况是每一个警种和部门都在搞情报信息，但资源没有整合、信息没有共享、情报没有利用。特别是一些警种、部门在情报信息工作上各自为政、粗放式经营，不仅使有限的经费投入得不到充分利用，而且导致情报信息传递渠道不畅、研判水平不高、综合利用效率低下，远远不能适应社会信息化迅猛发展的新形势需要。因此，更新情报信息理念，贴近时代需要，注重信息研判，发挥整体优势，共建一套高效运行的公安情报体系，实现情报信息共享，最大限度地发挥情报信息"辅助决策、引领实战、指导防范"的作用，提高警务决策的科学性和实战水平是当前加强和改进警务决策机制的紧迫要求，也是创新公安工作的重要宗旨。

大数据情报信息主导警务是信息化时代的产物，信息化时代为其产生提供了可能和必然。21世纪是信息网络时代，随着科学技术的突飞猛进，社会信息化快速发展，以信息技术为主要标志的高新技术已经引起社会各个领域的深刻变革，信息化的历史潮流对公安机关传统的警务运作方式提出了前所未有的挑战，公安机关正面临着一场从警务理念、工作机制到运行模式、工作方式的全方位、全新的警务革命。应该看到，在信息化时代的大背景下，无论是打击、预防犯罪，还是公安行政管理，都越来越多地体现在对情报信息、科技手段和工作谋略的运用上，否则就无法掌握斗争的主动权。

大数据情报信息主导警务是信息化时代警务工作发展的主要方向，这一理念已经渗透到公安工作的多个领域。当今社会，人流、物流、信息流的流量激增、流速加快，与工业化社会相比人们面临更大的安全风险，特别是技术手段的进步，许多新型的犯罪会给人们带来更大的危害。同样，公安机关完全可以借助日新月异的计算机技术改进原有的利用情报信息的方式，提高利用情报信息的效率。特别是在不能对现有警务资源投入更多的情况下，通过情报信息主导警务模式的跨越式发展，以此在警力无增长改善的前提下提高警务活动效能，就成为各级公安机关迎接治安形势的严峻挑战，回应政府和人民群众的期望，保障社会安全的根本手段，也是各级公安机关履行三大政治和社会责任，提高"4个能力"，保证警务决策科学化，提高警务工作效率的必由之路。

公安情报信息是涉及、反映公安活动和社会政治稳定、治安局势发展变化的各种消息、情况、声像、资料、统计数据等的总和。具体包括敌情动态，社情民意，刑事犯罪动向及其规律，治安管理中的新情况和新问题，各类不安定因素及可能影响社会稳定的苗头性、倾向性问题及解决上述问题的方法、对策等各方面的情况。公安情报信息工作就是对各类社会数据信息进行科学系统的采集、传递、处理、利用和综合分析研判，及时为领导指挥决策提供正确依据，更好地为实战服务，为现实斗争服务。其基本任务是采集、核查、传递、会商、研判、积累、监督、应用、反馈情报信息；对情报信息进行评估、奖励；管理公安业务信息系统信息的录入、提取、关联等。

公安情报信息体系是将情报信息主导警务的理念和若干有关情报信息的事务互相联系而构成的一个整体。体系建设是要紧紧围绕打击、防范、控制犯罪为目标，以情报信息综合研判平台为依托，科学地整合横向、纵向丰富的情报信息资源，突出对情报信息资源获取和利用的系统化；建立一个以面向实战、纵横贯通、精确分析、高效研判、快速流转的"大数据视角情报指导警务小行动"作战模式为特点的工作体制和工作机制，以此实施精确指挥、精准打击和精密防范，不断增强警务工作的针对性、有效性和预见性。

大数据视角的情报信息工作是公安信息化建设的重要组成部分。公安工作以科技警务为主导，信息化建设及应用实现了历史性的突破，信息化硬件建设和警务信息综合应用平台等应用软件建设取得了阶段性成果，为情报信息体系建设和情报信息工作的开展提供了强大技术支撑，实现了网上传输、网上发布、网上浏览的重大变革，也为实施网上作战、网上办案、网上管理奠定了基础。全市公安机关利用信息化建设成果，报送和发布了大量有价值的信息，为宣传贯彻上级机关和领导有关公安工作的重要指示、决策和工作部署，为科学决策及实施有效监督管理提供了及时、准确的信息。同时，各部门、单位通过信息所反映的工作措施和工作方法，及时交流了经验，促进了各项工作的开展。但也存在一些亟待解决的问题：

一是认识不足，意识薄弱。目前，许多民警普遍对公安情报信息工作认识观念陈旧，轻视情报信息的价值，致使大量情报信息处于分散、屏蔽、流失的状态，不能对一种现象、一件事情、一条线索与社会治安和侦察破案产生充分的联想，意识不到这种现象、事情和线索的价值所在。一些领导同志的认识也存在偏差，对情报信息工作与业务工作的关系认识不清，在工作部署中不能把情报信息工作摆在先导的位置，造成情报信息工作氛围不浓、发展滞后。

二是体制障碍，渠道不畅。长期以来，以专业条线为主的情报工作格局，形成了各自为政、条强横弱的局面，各部门情报围墙高筑，人为割裂了情报信息的内在联系，打、防、管、控、服脱节，情报主导作用无从体现。加之长期以来体制等方面的原因，缺乏规范、合理的情报信息采集报送、分析研判、预警发布、应用反馈和评估奖惩等机制，"脑袋信息"、"口袋信息"和"纸袋信息"大量存在于民警个体中，情报信息的条、块沟通与串连上缺乏流通共享渠道，情报信息淹没、浪费现象严重，以至少数民警对身边跨地区、跨部门的情报信息熟视无睹、无动于衷。

三是基础薄弱，来源不足。情报信息研判的前提是信息的收集，而信息收集靠的是信息基础工作。当前，基层情报信息基础工作相对较为薄弱，甚至将情报简单地等同于信息，民警利用网络开展打、防、控的意识和技能不强；各警种、各部门之间沟通不畅，不能系统地梳理发破案情况，从中发现有价值的情报线索；全警采集情报信息的格局没有形成，情报手段落后，情报来源渠道狭窄，难以形成多层次、全方位、触及社会每个角落的情报信息网络。

四是应用程度低，利用率不高。随着"金盾工程"的大力推进，信息化建设成效日益凸现，但仍存在着信息化应用程度较低的现象。在实际工作中业务流难以完全与信息流融合，各部门业务应用系统关联性程度不高，缺少功能先进的情报信息系统和计算机分析研判工具。信息资源得不到深入挖掘和充分利用，各业务部门及警种之间信息数据联通共享度低，"信息孤岛"、"信息荒岛"等现象及民警计算机应用水平不高，使得许多有用的信息不能及时、准确地录入、上传，由此导致的情报信息"不会用"、"不能用"、"不管用"或"捡了丢"、"丢了捡"的问题普遍存在。

大数据情报信息是进行精确警务指挥决策的基础，把"情报信息主导"这一现代警务理念作为一项战略部署和科学工作方法，是实现传统警务模式向现代警务机制的重大转变。因此，大力推进情报信息主导警务战略，构建统一高效、运作顺畅的情报信息工作体系势在必行。

第 2 章 大数据公安情报理论研究

2.1 大数据

大数据在英文中至少有 3 种名称,即大规模数据(massive data)、大数据(big data)、大尺度数据（large scale data）。目前虽未形成统一的定义,但大数据具有 4 个特征（4V）：volume、value、variety 和 velocity,即数据体量巨大、价值密度低、来源及特征广泛多样和增长速度快。互联网日数据生产量正在由 TB（$1TB=10^{12}B$）向 PB（$1PB=10^{15}B$）、EB（$1EB=10^{18}B$）、ZB（$1ZB=10^{21}B$）、YB（$1YB=10^{24}B$）升级。资料显示,2011 年全球数据规模约为 1.8ZB,预计 2020 年全球数据量将达到 40ZB。[①] 数据分析在国内外已经运用到各个行业,随着社会管理的信息化,各种类数据量剧增,使综合信息的分析成为可能,大数据时代的到来,为我们日常生活中各类无关数据建立关联提供了技术。例如,日本先进工业技术研究所的坐姿研究与汽车防盗系统,Google 数字图书馆的工程师利用数据预测流感病暴发,UPS 利用多效地理定位计算最佳行车路径,用手机数据预测疾病传播和城市繁荣,用微博数据预测股市投资时机,用 GPS 感应器判断环境因素对哮喘疾病的影响,IBM 的电动汽车动力与电力供应系统优化预测等。大数据改变了人们看世界的方式和日常处理问题的模式。大数据,顾名思义是大规模的数据集,但它又不仅仅是一个简单的数量的概念。[②]"大数据"更像是一种策略而非技术,其核心理念就是以一种比以往有效得多的方式来管理海量数据并从中提取价值。[③]

2.2 大数据公安情报理论

目前,我国基于大数据的公安情报分析还没有系统的理论体系,仅从概念上,并多从公安技术学科角度进行研究,大数据公安情报分析理论应在公

---

① 王星. 大数据分析：方法与应用 [M]. 北京：清华大学出版社, 2013：1-3.
② 李广建, 杨林. 大数据视角下的情报研究与情报研究技术 [J]. 图书与情报, 2012 (6)：1-8.
③ 张春磊, 杨小牛. 大数据分析 (BDA) 及其在情报领域的应用 [J]. 中国电子科学研究院学报, 2013 (1)：18-22.

安情报学理论指导下进行学科架构。

2005年公安情报进入研究初级和应用快速发展阶段，但公安情报学的学科归属和研究一直没有获得国内学者们统一的认识。国内有学者认为公安情报学属于应用情报学下级学科，公安情报学的理论是什么，到目前为止似乎没有人能够系统地回答这一问题。① 由于理论支撑的缺乏，导致公安情报学学科地位、内容和归属等各方面发生争议，因此需要对公安情报学的理论构建进行研究和探索。作为公安情报学核心组成部分的公安情报分析更需要有理论的指导，以解决公安情报工作中顶层设计和实际操作问题。

我国学者马忠红认为，公安情报是所有有助于打击和防范犯罪的情况和信息②，公安情报活动各环节涉及的理论、方法、技术与策略问题是公安情报学研究的核心内容。从我国公安情报工作实际看，公安情报活动主要由情报规划、采集录入、加工处理、分析研判、情报整编、传递服务、情报评估等环节构成。③ 美国国家刑事情报共享计划将情报工作流程分为计划与目标、搜集、加工整理、分析、传播和评估6个环节④。

从事某个方面的情报工作就必须掌握该领域的专业知识和技能，大数据公安情报需要一定的理论基础和方法论，这是一切情报工作的基础。大数据环境中需要厘定公安情报概念，进行公安情报基本原理和工作内容研究，并从统计学、情报学、法学、公安管理学、信息安全、计算机和刑事技术等理论、方法、技术与大数据理论的融和，构建指标、量表进行大数据公安情报活动的可操作化和可测量的研究。

（1）归纳和演绎方法

社会学家经常运用归纳法构建理论，即通过归纳推理进行理论构建的方法，并通过数据收集、分析观察进行理论发展研究，如通过大数据分析观察并建立犯罪行为模式，而不是一般的社会学观察、方法。演绎法的理论构建是从逻辑理论上预期的模式到观察、检验预期的模式是否确实存在，是从"为什么"入手，获取观点"是否"成立的确认。

（2）个案式和通则式研究

通过大数据的理论消除选择性观察，通过收集个体全部数据集进行个体

---

① 朱明. 公安情报分析课程的学科理论基础探讨[J]. 吉林省教育学院学报，2013（11）：22-23.
② 马忠红. 情报主导侦查[M]. 北京：中国人民公安大学出版社，2006：54.
③ 谢晓专. 公安情报学的研究对象与内容论纲[J]. 情报科学，2013（9）：128-132.
④ United States Department of Justice. The national criminal intelligence aharing plan[Z]. October, 2003：3.

研究，通过犯罪模式收集分析，构建犯罪行为的解释系统。

(3) 定性与定量化研究

在公安情报活动中定性和定量研究都很重要，二者的区别就是，一个是数据化的，另一个是非数据化的。大数据研究就是尽量把定性资料信息定量化，给决策提供更加明确的情报参考。在恐怖犯罪研究中，我们更注重的是预防、侦察和控制措施的有效性，如对混迹在人群中具有外在极端特征（如蒙面、大胡子、身穿异服等），分析如何利用公用监视设备对恐怖分子通过某些特征的快速定量分析，将有利于对犯罪行为的防范控制。

(4) 系统理论研究和应用研究

理论研究是抽象的研究，也许会偏离实际问题的解决，系统的理论研究是整个问题研究的逻辑基础，具有严密性、结构性特点。应用研究是把理论研究应用到实践中，评估理论研究正确性和现实的评理度。

此外，在大数据的公安情报活动研究中，更要注重研究伦理，如在涉及大量隐私的数据中对个体的保护。

2.3 情报分析研究方法模型

(1) 情报系统设计建模

利用系统的分析方法进行大数据分析建模设计，系统分析方法是传统的数据建模方法，但在大数据建模中也是非常重要的方法之一。该层次是情报分析应用系统的起点，主要完成对现有刑侦数据系统和社会采集数据系统数据源的分析，按照数据仓库建模理论完成数据仓库结构设计。

(2) 数据获取

确定刑侦数据挖掘所需要的数据清洗工具，定义出数据从刑侦业务系统和社会采集系统到刑侦数据仓库系统的技术方案，最终完成数据清洗、转换、加载的工作。信息的质量和数量，是决定信息主导警务能否发挥最大效益的基础性因素。没有大量鲜活、及时、准确的信息资源，公安信息化就无从谈起。采集的信息量越大，信息资源库存的内容越详细，公安机关在利用信息资源检索、碰撞、比对、查获违法犯罪嫌疑人时成功的概率就越大，信息应用的成果就会呈几何级数增长。

(3) 数据存储

通过对刑侦数据仓库数据量和访问数的估计，对数据仓库主平台所需的软件和硬件做出评估，确定主平台的系统配置情况。

(4) 数据分析展现技术

主要根据侦查需求选定前端数据展现软件和确定数据展现方式，同时进行数据展现系统的开发。当前，我国各种社会矛盾的关联性、复杂性、敏感性明显增强，给公安机关驾驭复杂局势带来了新考验。一些重大群体性事件、突发性事件相继发生，充分暴露出一个问题，即不是信息没有搜集到而是没有整合，情报信息没有及时共享，不能根据情报采取行动，各警种、部门仍处于"单兵作战"，没有形成合力。在某些事件中，从国保、网监、治安等方面的信息都反映出端倪，却没有一个部门和系统综合情报研判预警，最终未能避免事件的暴发。如果事发前能够对各种渠道反映的异常情况汇总分析，判断出事态有可能恶化，并制定对策进行化解，调动足够力量进行控制，就不会造成如此严重的后果。

(5) 元数据管理

主要完成刑侦数据仓库实施中元数据的管理，包括从逻辑到物理模型映射、数据访问授权和用户安全控制等。

第 3 章 大数据视角公安情报体系

大数据特征和公安情报行业特性要求重建公安情报，构建一套标准化的方法体系。本书面向公安情报的实际需求，研究空间信息数据、社会网络数据等的协同表示，研究面向信息空间、物理世界和人类社会三元空间分析理论，提出分析计算模型，建立深度计算模型，及三元空间社会控制模式下的情报分析体系，适应社会管理的多方面应用需求。

3.1 大数据公安情报分析现状

随着社会条件与环境变化，犯罪也在不断地改变着形态，现代科技背景下的公安情报对新犯罪形态的犯罪防控也有别于传统理论、分析方法和技术。大数据分析恰为公安情报供了方法与理论基础。

1994 年，纽约警察局局长威廉·J·布莱顿首次提出实施情报信息主导警务战略。其利用计算机统计科学建立了档案管理系统，为纽约的 76 个派出所指挥官和部门最高管理层的改革，建立了在传统领地（如巡逻、侦探和毒品）之间的沟通，同时也为地方警官、指挥和市政提供犯罪记录等资料。[①] 美国有 30 个州的假释委员会使用数据分析决定释放还是继续监禁某人。

大数据分析技术提高了公安情报的服务力。当前，许多国家采用大数据进行公安情报研究来预测警务，情报主导警务已成为世界范围内的一次警务革命。美国的 COMPSTAT 系统、英国的 CAS 情报核心分析系统、加拿大的 ACIIS 自动化犯罪情报信息系统、澳大利亚的 ALEIN 执法情报网络、我国的三级综合情报信息平台为主导的情报系统及我国香港的 FCIS 警队刑事情报系统等，都是运用大数据资源进行情报研判预警的应用。

从 20 世纪 90 年代初至 21 世纪初，我国公安情报分析系统从公安信息化的基础发展阶段（解决单机应用和局部应用问题），经历了第二阶段各警种、部门业务条线情报信息的应用（以解决单警种应用），进入到信息化应用的

---

① 田孝良，张晓菲. 西方发达国家"情报主导警务"研究 [J]. 江西公安专科学校学报, 2009, 5 (3)：112-115.

第三阶段，即大数据情报警务综合平台建设和应用阶段，主要解决综合应用和资源整合的问题。例如，我国利用地理信息系统 PGPS 对犯罪热点计算，有效地预防犯罪和进行警务决策；利用 QQ、微信、BBS、手机数据分析技术定位犯罪现场等。2015 年 7 月，公安部推出了 10 类 130 种"互联网+"的警务服务，进一步推动了我国公安信息化大数据平台建设，也为公安情报研究提出了新的挑战。从总体来看，我国大数据公安情报理论尚未形成，在方法技术的探索应用上也缺乏经验指导。

3.2 大数据视角公安情报分析技术

3.2.1 公安情报分析技术应用

情报既是一种产品，又是一个过程。公安情报从其基本过程来看，主要包括需求规划、收集、处理、分析研判、产品提供与使用等环节，其中收集和分析属于最主要的两个环节，提供情报产品为公安工作服务是其最终目的。在实际工作中，通常情报收集、处理人员同情报分析使用人员是分离的，即提供情报的人不直接使用情报，使用情报的人不是专门的情报收集及处理人员。从情报工作的全过程来看：公安部门的领导者、决策者、指挥人员等提出情报信息需求规划，指定相关部门和人员进行情报信息的收集工作（这个过程包括对公安工作及其有关事务的感知、识别和提取等几个子环节）。由于情报信息工作是一个智力增值的过程，所以，对于客观事物感知、识别所获取的信息不能满足领导者、决策者及指挥人员等的需要。还必须对原始的信息进行分析研究，挖掘信息背后的信息，从而提出具有针对性、系统性、科学性、内幕性、苗头性、前瞻性等高质量的情报产品，更好地为领导者、决策者、指挥人员服务。领导者、决策者、指挥人员等再利用所得到的情报作用于客观事物，最终实现了一个情报信息的循环过程。

情报本身不会自动地发挥作用，需要通过人的主观能动性，主观能动地感知外部客观世界，并获取与公安工作有关的原始信息或一手信息，借助相应的技术手段，综合有关的间接资料或二手信息，通过大脑逻辑思维能力对直接和间接信息进行整序、分析、推理、统计、综合和归纳等处理，用统一规范的表达方式提供经过收集、处理、研究和判断的成果——情报产品和服务，之后能动地对所获得的情报产品加以有效使用。使用情报产品的过程就是将来自客观世界并经过增值的信息重新作用于客观世界，这一过程是发挥情报信息战斗力的关键。

大数据特征和公安情报行业特性要求重建公安情报，构建一套标准化的方法体系。大数据公安情报分析方法和技术研究应面向公安情报的实际需求，研究空间信息数据、社会网络数据等的协同表示，研究面向信息空间、物理世界和人类社会三元空间分析理论，构建分析计算模型，建立三元空间社会控制模式下的情报分析体系，适应社会管理的多方面应用需求。

大数据背景下的情报研究，对技术提出了更高的要求。正如美国国家科学基金会（NSF）发布的报告[1]所说，美国在科学和工程领域的领先地位将越来越取决于利用数字化科学数据，以及借助复杂的数据挖掘、集成、分析与可视化工具将其转换为信息和知识的能力。[2] 美国佐治亚理工学院的John Stasko等人应用Pirolli等人提出的情报分析概念模型[3]，建立了一个名为Jigsaw（拼图）的可视化分析系统[4]。

国内外利用大数据进行的情报分析技术包括搜集技术、处理技术、存储与检索技术、分析研判技术和传递技术等，分析方法有重大事件预警、重点人员动态管控、趋势态势分析、群体性事件的紧急预警、可视空间分析等。利用公共管理数据，结合虚拟空间的各类行为轨迹，对犯罪行为综合数据进行过程重构研究，是进行犯罪情报研究的主要方法和技术。

在视频监控技术公安领域的应用中，目前公共场所、主要管制要道的视频监控设备的高覆盖率，提高了案件犯罪现场重建真实度，但从情报分析来看，大量的视频数据仍然是独立、零散的。视频录像数据散布在各个行业、单位独立的系统中，没有发挥联网、共享的作用，业界也没有形成对数据挖掘、利用的通用方法，核心技术仍然在研究中，[5]尚没有实现重大突破。公安情报对视频监控数据的运用，应建立特征比对的自动搜索的应用，并在政府之间

---

[1] NSF's cyberinfrastructure vision for 21st century discovery [EB/OL]. [2012-09-16]. http://www.nsf.gov/od/oci/ci_v5.pdf.

[2] Daniel A Keim, Florian Mansmann, Jörn Schneidewind, et al. Challenges in visual data analysis[C]. Information Visualization，2006：9-16.

[3] Pirolli P, Stuart K Card. The sensemaking process and leverage pointsfor analyst technology as identified through cognitive task analysis [EB/OL]. [2012-09-16]. http://vadl.cc.gatech.edu/documents/2_card-sensemaking.pdf.

[4] John Stasko, C Görg, Zlin, et al. Jigsaw：supporting investigative analysis through interactive visualization [EB/OL]. [2012-09-16]. http://www.elementsofparametricdesign.com/files/Sandbox/victor/jigsaw-VAST07.pdf.

[5] 视频监控发展潮流：安防大数据技术应用 [EB/OL]. [2014-02-19]. http://cctv.cps.com.cn/industry_info/2014/0219/1MMDAwMDc1NjI1Mw.html.

跨警种、跨部门、跨区域地联网和共享应用，把应用在治安、刑事案件延伸到各种案件及法庭证据应用中。

大数据分析技术研究主要应用包括以下几点：

①特定区域发案规律形态分析。定期开展对案件信息的统计分析研判，对特定地区某阶段各类违法犯罪案件发案态势，以及发案的重点区域、重点部位、重点时段、侵害目标、侵害对象等数据进行分析，建立本地区违法犯罪形势图，研究发案规律，为情报决策和精确防控提供情报数据支持。

②犯罪行为人分析。从案件类别、作案特点、活动规律及户籍地分布等要素入手，通过定期开展对违法犯罪嫌疑人员信息的查询统计和分析研判，并参考周边地区高危人群信息，找出本地区某些案件的作案高危人群及其活动规律和特点，为开展重点盯防及发案后的网上排查提供依据。

③新型犯罪预测分析。通过浏览、搜索网络与各类媒体信息，及时获取和掌握周边地区或经济社会发展状况相仿地区的新型违法犯罪信息，并通过对此类案件扩散、蔓延趋势的分析，判断和预测在本地区出现此类案件的可能性，据此发出预警信息，及早做好应对防范措施。

具体的分析技术包括以下几种：

①定量分析技术。构建指标和量表收集数据，针对变量某些变化特性进行大数据测量分析，例如，对于犯罪行为人的各种行为进行赋值，研究犯罪行为倾向的定量研究。对指标建立要从多个维度进行设计，在选择指标时要注重指标的表面效度，对指标赋值时应有一个范围，并保证范围内的每一个点有足够的样本数据。①

②时间序列分析技术。利用1个或多个变量表示，并随时间而产生的变化的分析，如盗窃犯罪率变化的分析，可以设定几个与犯罪相关的变量（失业率、出生人口数等），分析随着时间变化某地盗窃报案数量的变化情况；如与人口密度相关的犯罪研究，可建立一个回归方程来表示人口密度与盗窃案数之间的关系，根据每年该地的人口增长情况对盗窃率增长进行预测；利用时差回归分析方法研究失业后多长时间内可能进行盗窃等复杂相关问题。更为复杂的情况可通过因素分析技术进行研究。

③因素分析技术。因素分析是一个多变量的分析技术，利用复杂的代数方法，研究多个变量值变化的模式。通过大数据的方法找出变量间的关系模式，

---

① Earl Babble. 社会学研究方法 [M]. 邱泽奇，译. 北京：华夏出版社，2015：162-163.

并判断在某个因素上哪些变量有强相关。

④系统分析方法技术。系统分析方法是传统的数据建模方法，在大数据分析建模设计中也是非常重要的方法之一。

3.2.2 大数据技术犯罪情报发展研究

随着全球经济一体化的发展，社会经济活动已不再局限于一个地区或一个国家，而是以全球市场为舞台。对于影响社会治安和稳定的犯罪问题，国内外都开始利用大数据对犯罪问题进行研究，通过大数据研究犯罪现象、犯罪形式的变化，进而进行有效的犯罪防控。

马文·沃尔夫冈对犯罪生涯的经典研究认为，6%的犯罪分子实施了60%的犯罪；英国内政部、剑桥青少年违法犯罪发展项目等研究也得出了类似的结论。这为犯罪研究的研究提供了一个思路，即掌握重点人员的情报，对其行为活动进行动态管控，就可预防大部分的犯罪行为。笔者研究认为，应通过人员和事件两个主线对于重点人员进行全方位的数据收集，一是建立以其为中心联系人的关系数据库，二是构建其犯罪事件的数据库（如网络行为、社会行为特征描述），并建立动态管控数据的及时更新，在这一基础上形成大数据犯罪防控实时监控措施。

犯罪是现实生活中一种概率事件，需要一定的条件和成因，既有社会原因又有特定地域特性和人的特质造成的原因。例如，网络环境为公安及时获取重大事件预警信息提供便利时，也加速或是提供了重大事件产生的通道。重大事件预防在于大数据的情报获取和历史犯罪数据库的建设。通过对网络信息的严密管控可以及时发现潜在的会引发重大事件的社会问题，通过对重点对象网络活动的管理和控制，实现对网上重点对象相关信息集中、统一管理。集成重点对象网上、网下信息，刻画重点对象活动轨迹，分析其社会网络关系。

犯罪预防是根据事物的现实状况及其发展的客观规律，运用科学的理论和方法进行的犯罪方向、手段、高发区域分析，判断、推测事物将要发展的趋势，对未来犯罪态势进行客观的科学预测，产生预测性信息，并在一定范围内发布警示性信息，以此采取有效的遏制手段，消除产生犯罪的原因和条件，以最大限度地减少和预防犯罪，降低破案成本。

预警的目的是对随时可能发生的事件能够进行有效防范，遏制于萌芽状态，做到防患于未然。犯罪行为分析的预警机制是通过整合社会信息，以及从其他渠道获取的各种信息线索，通过有关事件的时间、地点、物品（如车辆）

等事件元素进行关联分析、推理，刻画出事件可能发生、演变的趋势，进而采取妥善的防范和处置措施。

物联网、云计算和PGIS等新技术在公安领域的应用，为信息资源的深度挖掘和各地资源快速整合提供了技术基础和环境，可建立起大数据计算的预警模式。犯罪行为分析效果在现代科技的广泛应用下，自动预警和智能预警功能会更加明显，也为根据不同的犯罪形式进行科学的预警类别设置，并采用不同的治安或侦查措施和方案提供了理论方法基础。

(1) 利用大数据启动精确警务模式

从目前实际信息技术的使用来看，犯罪预测还仅仅是简单的警示，还不能避免犯罪的发生。在昆明市"12·24"咖啡屋爆炸案中，一名男子在爆炸中受重伤，经抢救无效死亡，经过对现场物证分析、检验，确定该爆炸案和公交车系列爆炸案系同一人所为。犯罪嫌疑人李某在到达昆明后，昆明警方对犯罪嫌疑人实施了监控跟踪，但并没有预警到随后爆炸案的发生，对于其从外地携带入昆明的爆炸物品也没能及时地识别。由此可见，有效的预警还需要借助于新技术进行深层的行为数据分析。例如，对于特殊的爆炸物品和管制刀具，采用RFID技术和PGIS定位跟踪系统进行预警、报警管理，跟踪其流动方向。如果带有RFID技术的管制刀具与监控人的行为轨迹重合，就可以采取更进一步的管制和监控措施，避免犯罪的发生。粗犷式的预测导致了更多警力投入并没有改变原有救火队式的警务处置模式，精确警务的处置和实现还需大数据犯罪预测分析方法。

(2) 利用大数据进行犯罪行为诱因分析

起始于20世纪70年代美国西雅图的鼓励邻里守望社区防御犯罪计划很成功，削减了50%的入室盗窃，并且持续了好几年。西雅图计划的成功关键是诊断出危险诱因，针对诱因制定解决方案。在大数据情报分析中，通过有针对性地对情境诱因进行分析，进而找出关键或是主要的犯罪原因和诱因的易感人群（易感人群，指某一社会诱因或情境中比较容易受影响的人群），是预防的关键。每种诱因和不同的情境会有不同的易感人群，因此易感人群及其特征分析也是情报措施制定的关键。

(3) 利用大数据技术构建新的防御体系

从目前社会管理中电子监控技术使用情况来看，其降低犯罪率的作用只是因为它可以增加潜在犯罪被识别的可能性。被拍下来的犯罪行为过程成为有关部门对犯罪行为识别、拘捕和定罪的证据，因此，犯罪嫌疑人在这种威慑下不敢作案。然而有时也不是那么奏效，其他的科学技术应用也是一样，监控电视、高清卡口和电子围栏能够起到的最大作用是确定谁做的这些事情和他们案后的逃跑踪迹。2001年9月11日，"电子眼"正在美国各个机场通过闭路电视进行监视和录像，这时恐怖分子和同伙开始了劫持4架飞机的行动，这场劫难中死亡近3000人，许多人受伤并留下了精神创伤，使整个美国陷入恐慌。事后，电子监控帮助调查人员确认了恐怖分子的身份和他们的登机地点。2005年7月7日，在英格兰，"电子眼"发现4名自杀性炸弹携带者和另外一人交谈，他们登上一列火车前往伦敦市中心。之后这些人炸毁了3列火车和1辆公共汽车，56人死于这场劫难，多人受伤并留下精神创伤，英格兰陷入了恐慌。事后，调查人员通过"电子眼"了解到炸弹是如何进入公共交通系统的，并确定了这些人的身份。对于现在密布的电子眼，虽然能有效消除公众面临犯罪时的恐惧，使人们相信社会管理部门已经采取了有效措施以预防犯罪。因为对犯罪的恐惧本身的危害性甚至比犯罪行为本身的危害性更为深重。[①]但及时地防止犯罪的发生还需要大数据犯罪预防策略，不仅应采用传统的限制、克服各种犯罪诱因的方法，还应采用信息控制方式适应当前存在的现实生存空间和虚拟空间的管控技术，并利用各种新技术增加和设置实施犯罪行为的困难条件，建立起新的防御体系，从多方面和立体空间及时消除各种社会不安定因素，实现对具体犯罪行为快速有效地打击和整体上的社会治安控制，实现有效地犯罪预防。

总之，现代公安情报的理论和应用研究应结合信息社会的特点，从"大数据"视角探讨公安情报、公安情报学，并在这一视角下构建公安情报方法论。信息量过少和过载都易于产生情报失误，大数据情报分析方法是从海量信息中进行即时性情报决策的有效探索，满足现代公安情报多样性信息需求。提高社会信息资源的公安情报即时服务能力、信息准确率和利用效率，就是提高公安信息的情报增值社会效益，是解决我国公安情报信息研究面临的不足或冲突问题的重要渠道。尽管目前信息利用、开示中的信息隐私保护问题仍缺乏相关法律、政策与管理制度，大数据公安情报研究能从现实世界和网络虚拟世界的空间维度、个体行为的微观维度和社会因素的宏观维度上，综合把握大数据公安情报分析方法理论，为公安情报分析提供宽阔的视野。

---

① 戈登·休斯. 解读犯罪预防：社会控制、风险与后现代[M]. 刘晓梅，刘志松，译. 北京：中国人民公安大学出版社，2009：89.

3.3 大数据视角情报分析的原理和方法

3.3.1 分析原理

一个学科总存在着引导本学科各研究领域发展、具有普遍意义和基础性的原则和思想，我们称这些原则和思想为基本原理。下面介绍信息导侦中常用的 4 种原理。

苏联心理学家 B·列费夫尔也曾举过下面的例子予以说明。侦查人员寻找从作案现场跑掉的罪犯。罪犯沿着下面两条路逃跑的可能性最大：A 路，行走方便，但路上人较多，危险；B 路，难走，但比较安全。被追捕的罪犯这样想：B 路比 A 路有利，我选 B 路。侦查人员再现罪犯的推理过程，并且做出结论：凶手知道，对他来说 B 路比 A 路有利，因此他会选 B 路逃跑，所以我应该沿着这条路追捕他。但是罪犯随后可能这样想：侦查员判断我知道走 B 路的优越性，以为我会选它，就会沿着这条路追捕我。所以我得选 A 路。可以设想，本案中侦查人员能否识别罪犯采取的究竟是从 A 路还是从 B 路逃窜的反侦查行为，能否进行正确的"设身处地"思考，关键在于其能否正确估计罪犯的智力水平。

（1）博弈原理

早在 2500 多年前，《孙子兵法》就用"知彼知己，百战不殆"、"明君贤将，所以动而胜人，成功出于众者，先知也"概括了情报、决策与博弈关系的深邃思想。情报其实质是对抗或竞争双方在博弈中产生的对己方决策有效的信息，它的价值在于为博弈人形成最优行动策略提供支持和保障。博弈原理揭示了公安情报的基本属性和价值，它是信息分析的核心原理。

公安情报具有对抗性、效用性、时效性等基本属性，这些属性是由公安情报生成过程的特征、功能和规律决定的，它又反过来影响公安情报的产生、传递和利用过程。以这些基本属性为逻辑起点，可以帮助我们建立公安情报学的基本原理。公安情报的对抗属性、效用属性及决策支持的功能为我们推演出公安情报学的博弈原理。

博弈由 4 个最基本的要素构成：第一，博弈人，即博弈的参与者；第二，信息结构，即博弈人有关博弈局势的情报信息，特别是有关对手的特征和行动的情报信息；第三，行动策略，即博弈人在既定信息下的行动规则，它指导博弈人在什么时候采取什么行动；第四，利益支付函数，即博弈人从博弈中获得的效用水平。其中，博弈人、行动策略和支付函数合称为"博弈规则"。当博弈规则确定之后，信息结构就是最重要的因素。博弈人要在博弈中获取最大收益，取决于掌握对方情报信息的质量，并以此做出最优行动策略。

公安情报的对抗属性从本质上是由"警察和罪犯"的对抗、冲突形成的。每条公安情报的产生都会涉及相互对抗的博弈主体。在"警察和罪犯"的博弈中，警察要依据既有的情报信息做出最优决策，以获取最大收益（最小成本、最短时间侦破案件），情报信息工作为决策行动提供支持和参考。博弈人的情报能力（即获取、处理、分析和利用情报的能力）也影响着博弈的均衡结果。博弈原理为公安情报学学科提供了基本的立论依据，并丰富和扩展了学科的研究领域，如最优行动策略研究、决策支持系统、情报与反情报策略等。情报的效用属性决定了博弈参与人在博弈中的利益得失，因而情报质量评估成为一个重要的课题。国际刑警组织设计了矩阵评估法对情报来源的可靠性和情报可信度进行审计，以提高决策行动的成效。纳什均衡、囚徒困境模型、不完全信息动态博弈理论也开始运用到解决警务资源配置、巡逻路径、治安防控等实际问题中。

1）"智猪博弈"

"智猪博弈"是一个著名的纳什均衡的例子。假设猪圈里有一头大猪、一头小猪。猪圈的一头放着猪食槽，另一头安装着控制猪食供应的踏板，踩一下踏板会有 10 个单位的猪食进槽，但是谁踩踏板谁就会首先付出 2 个单位的成本。若小猪行动，大猪先到槽边，大小猪吃到食物的收益比是 9∶1；若大猪、小猪同时行动，同时到槽边，收益比是 7∶3；若大猪行动，小猪先到槽边，收益比是 6∶4。那么，在两头猪都有智慧的前提下，最终结果是小猪选择等待。

实际上小猪选择等待，让大猪去踩动踏板，而自己选择"坐船"（或称为搭便车）的原因很简单：在大猪选择行动的前提下，小猪也行动的话，小猪可得到 1 个单位的纯收益（吃到 3 个单位食品的同时也耗费 2 个单位的成本，以下纯收益计算相同），而小猪等待的话，则可以获得 4 个单位的纯收益，等待优于行动；在大猪选择等待的前提下，小猪如果行动的话，小猪的收入将不抵成本，纯收益为 -1 单位，如果小猪也选择等待的话，那么小猪的收益为零，成本也为零，总之，等待还是要优于行动。

从表 3-1 中可以看出，当大猪选择行动，小猪如果行动，其收益是 1，而小猪等待的话，收益是 4，所以小猪选择等待；当大猪选择等待，小猪如果行动的话，其收益是 -1，而小猪等待的话，收益是 0，所以小猪也选择等待。综合来看，无论大猪是行动还是等待，小猪的选择都将是等待，即等待是小猪的占优策略。

表 3-1　智猪博弈计算表

智猪博弈		小猪	
		行动	等待
大猪	行动	5，1	4，4
	等待	9，-1	0，0

在这个例子中，对小猪而言，无论大猪是否踩动踏板，不去踩踏板总比踩踏板好。反观大猪，明知小猪不会去踩踏板，但是去踩踏板总比不踩强，所以只好亲历亲为了。

"智猪博弈"的故事给了竞争中的弱者（小猪）以等待为最佳策略的启发。在博弈中，每一方都要想方设法攻击对方、保护自己，最终取得胜利；但同时，对方也是一个与你一样理性的人，他会这么做吗？这时就需要更高明的智慧。博弈其实是一种斗智的竞争。

2）"囚徒困境"

有一天，一位富翁在家中被杀，财物被盗。警方在此案的侦破过程中，抓到两个犯罪嫌疑人，斯卡尔菲丝和那库尔斯，并从他们的住处搜出被害人家中丢失的财物。但是，他们矢口否认曾杀过人，辩称是先发现富翁被杀，然后只是顺手牵羊偷了点儿东西。于是警方将两人隔离，分别关在不同的房间进行审讯，由地方检察官分别和每个人单独谈话。检察官说："由于你们的偷盗罪已有确凿的证据，所以可以判你们 1 年刑期。但是，我可以和你做个交易。如果你单独坦白杀人的罪行，我只判你 3 个月的监禁，但你的同伙要被判 10 年刑。如果你拒不坦白，而被同伙检举，那么你就将被判 10 年刑，他只被判 3 个月的监禁。但是，如果你们两人都坦白交代，那么，你们都要被判 5 年刑。"

斯卡尔菲丝和那库尔斯该怎么办呢？他们面临着两难的选择——坦白或抵赖。显然，最好的策略是双方都抵赖，结果是大家都只被判 1 年。但是由于两人处于隔离的情况下，无法串供。所以，按照亚当·斯密的理论，每一个人都是从利己的目的出发，他们选择坦白交代是最佳策略。因为坦白交代可以期望得到很短的监禁——3个月,但前提是同伙抵赖,显然要比自己抵赖要坐10年牢好。这种策略是损人利己的策略。不仅如此,坦白还有更多的好处。如果对方坦白了而自己抵赖了,那自己就得坐10年牢。太不划算了!因此,在这种情况下还是应该选择坦白交代,即使两人同时坦白,至多也只判5年,总比被判10年好。所以,两人合理的选择是坦白,原本对双方都有利的策略(抵赖)和结局(被判1年刑)就不会出现。这样两人都选择坦白的策略,以及因此被判5年的结局被称为"纳什均衡",也叫非合作均衡。因为,每一方在选择策略时都没有"共谋"(串供),他们只是选择对自己最有利的策略,而不考虑社会福利或任何其他对手的利益。也就是说,这种策略组合由所有局中人(也称当事人、参与者)的最佳策略组合构成。没有人会主动改变自己的策略,以便使自己获得更大利益。

"囚徒的两难选择"有着广泛而深刻的意义。个人理性与集体理性的冲突,各人追求利己行为而导致的最终结局是一个"纳什均衡",也是对所有人都不利的结局。他们两人都是在坦白与抵赖策略上首先想到自己,这样他们必然要服更长的刑期。只有当他们都首先替对方着想时,或者相互合谋(串供)时,才可以得到最短监禁时间的结果。从"纳什均衡"中我们还可以悟出一条真理:合作是有利的"利己策略"。但它必须符合以下黄金律:按照你愿意别人对你的方式来对别人,但只有他们也按同样方式行事才行。也就是中国人说的"己所不欲,勿施于人",但前提是"人所不欲,勿施于我"。另外,"纳什均衡"是一种非合作博弈均衡,在现实中非合作情况要比合作情况普遍。

标准形式的博弈理论模型包括3个元素:参与人、战略与均衡。参与人指的是博弈中选择行动以最大化自己效用的决策主体。在侦查对抗中识别参与人很容易,一般就是指侦查人员与作案人。战略是博弈理论构造模型中最重要的内容,通常要通过考察参与人可能的选择来确定。虽然侦查人员和作案人在对抗过程中可能的行动范围是宽泛的,但将多少种可能行动置于模型之中,则取决于我们引入博弈模型的目的。既然现在探讨的是侦查人员所采用的不同侦查宏观方略及其效果,那么只需要参与人必须在两个行动中择一战略空间。因此,在我们的模型中,可以简化为每个参与人只有两个选择:对于作案人而言,要么是同侦查人员合作,要么是对抗侦查;对侦查人员而言,要么迫使作案人主动归案、主动坦白,要么完全凭自己的侦查活动将作案人挖出来,并抓获归案。均衡是指所有参与人的最佳战略组合或行动的组合。博弈分析的目的就是使用博弈规则实现战略最优化。在此构造的模型中,侦查人员的最佳战略无疑是"迫使作案人主动归案、主动坦白",而作案人则有"合作"和"对抗"两种战略可以选择。那么,侦查人员应该如何进行博弈论分析,实现自己的最佳战略呢?

这又涉及犯罪心理学上讲的趋利避害原理。所谓趋利避害,顾名思义,就是趋向快乐、避免痛苦,故又称趋乐避苦。中外功利主义法学家都认为,人之所以犯罪,是趋利避害的本性造成的。如中国古代的韩非在《难二》中说:"好利恶害,夫人之所有也。……喜利畏罪,人莫不然。"西方著名法学家贝卡利亚说:"人之所以犯罪,是趋利避害本能作用的结果。在利与害面前,人在'利'的诱惑下去犯罪,在'害'——刑罚的威慑下不去犯罪,都是自由意志的结果。"实际上,在多数情况下,作案人往往既要趋利,即实施犯罪行为;又要避害,即实施反侦查行为。因此,作案人的趋利避害心理是其形成反侦查行为的人性根源,这一根源的存在不仅意味着侦查思维中出现对抗性不可避免,也预示着侦查人员要在对抗中占据上风必须从利用作案人的趋利避害心理着手。

侦查实践表明,作案人在抉择自己的行动之前,已经存在着预先判断的问题(即关于哪一种战略最有效的判断),而这种判断又在很大程度上取决于其"背景知识"。因此,具有不同背景知识的人对某种战略是否有效及其有效度往往会得出不同的判断结论,并因此采取不同的实际行动。如果其根据自己的背景知识"认为"或"判断"A 行动优于 B 行动,他将采取 A 行动而放弃 B 行动。由此可见,如果侦查人员通过种种做法,使作案人感觉到"合作"的好处要大于"对抗",那么就能构成标准博弈的一个均衡,实现化解对抗的目的。

诚然,也有人曾对"囚徒困境"案例中侦查人员的做法是否完全符合现实提出质疑,认为"囚徒困境"是人为设计的情况和实验室游戏。即便如此,"囚徒困境"博弈给侦查人员带来的启示仍是弥足珍贵的。这些启示至少包括如下两点:

①作案人在判断过程中,必然会对"合作"与"对抗"两种选择有过主观方面的利弊分析。而决定作案人选择同侦查人员"对抗"还是"合作"的根本因素,在于其主观感受,而非客观的利弊权衡。

②如果侦查人员通过各种侦查方略的设计,尽量剥夺或限制作案人选择"对抗"道路的可见利益,加大其可见坏处,同时尽量加强和提升作案人选择"合作"道路的好处。那么,当这样的侦查方略真正发挥效用时,作案人就会进

行理性地抉择，最终自觉选择放弃或中止"对抗"之路。当然，这些抽象的结论只是为侦查人员设计侦查宏观方略提供了指导性思想。要想在侦查实践中获得成功，侦查人员还必须结合具体案情、不同的侦查阶段，从实际出发，逐一落实。

(2) 关联原理

2006年8月14日上午，扬州市邗江区一辆出租车后排座位下藏匿着一具男尸，车内有喷溅血迹，尸体有大量锐器伤，初步认定为抢劫杀人案件。现场勘查中，技术员对车内提取的2个矿泉水瓶及所有血痕进行了DNA鉴定，检出血痕均为受害人所留，但矿泉水瓶口检出他人DNA。随后，侦查人员确定死者为该出租车司机沈某，并通过调取监控录像，深入社区排查，发现扬中市新坝镇一居民家中曾暂住过的两名外来人员，与监控录像中反映的两名犯罪嫌疑人体貌特征十分相似。技术人员随即到该出租房进行勘查。出租房内十分凌乱，但技术人员创新思路、开拓视野，在房屋内两名暂住人员用过的蚊帐上发现了一只死蚊子。联想到夏季蚊虫叮咬可能使犯罪分子留下血痕，技术人员便提取了蚊子的残骸。经过比对，最终与矿泉水瓶口提取的DNA认定同一，为直接认定犯罪嫌疑人和快速破案起到了关键作用。明确嫌疑人后，8月21日，此案即告破。

各类案件都是由涉及时间，地点、地址（如杀人案有相遇点、作案点、抛尸点，网络诈骗案有计算机IP地址），涉案人员（嫌犯、被害人、目击者等），涉案物品（被侵害物品、作案工具等），作案手法（惯技、个人行为标记）等案件要素构成的综合整体，这些案件要素共同构成案件的完整面貌。那么，有关案件时间、地点地址、涉案人员、涉案物品、作案手法等的情报信息必然存在逻辑上的相关性，也就是说，公安情报是按一定事实和规则相互关联的，是通过案件要素来加以抽象和概括的。这种情报的关联性是由案件要素之间的关联性决定的，因此，研究和揭示公安情报关联性的规律和规则是厘清案情、侦破案件的基础。

关联原理广泛地运用于公安情报分析工作中，它是分析与研判情报的关键。面对大量支离破碎的片断数据、信息和线报，如何有效分析和评估犯罪组织的活动规律、犯罪个体的行为与作案手段、预测犯罪事件的未来发展趋势，需要科学依据关联原理来选择适当的情报分析方法和工具。例如，在系列案件侦破中，应用串并法对不同时间、不同地点所发生的刑事类警情、刑事案件，根据作案规律特点和现场痕迹、物证信息进行整合比对，找出案件要素之间及案件与案件之间的关联性,串联并案。在有组织犯罪调查中,通过对犯罪团伙中某个目标人物的行动轨迹定位和日常活动监视,来确定更多的相关人和往来机构,并用关联图法绘制出整个犯罪团伙的组织结构图,以深入了解该团伙的结构,以及每个成员或机构在其犯罪团伙中的角色和作用。关联原理还应用于目标轨迹法、犯罪制图等方法中,并在公安实战中取得了良好的效果。

公安情报的关联原理包含两个层次的内容:第一,情报与情报的关联,通过分析将离散、片段的情报信息按照一定的逻辑联系起来形成决策,为侦破和预防犯罪提供建议;第二,情报主体与情报客体的关联。情报(客体)对用户(主体)要是实用、针对和有价值的,那么这条情报才能说与主体是有关联的,即传递的情报与结果之间存在着关联。关联原理为公安情报的科学组织、分析及设计提供了理论上的支持,情报与情报、情报主体与情报客体之间的关联性是公安情报存在的一种普遍现象。

2003年1月16日上午,某公司法人代表袁某在儿子刘某位于南京市栖霞区尧化新村的家中,发现儿子刘某死在客厅地板上,随即向公安机关报案。经现场勘查发现:现场门窗完好,无明显攀爬、撬压痕迹;死者头部有多处打击伤,颈部喉管被锐器切开,左手握一把菜刀;现场电闸处留有灰尘指纹与血指纹各一枚,发案现场灯开关呈关闭状态;根据勘验和访问的情况,基本确定为他杀,发案时间在2天以前。此案在现场分析和侦破中出现了3次反复。

死者与妻子徐某夫妻关系破裂,双方还为分割财产产生激烈矛盾,案前徐某返回娘家居住,案发后下落不明。经调查,死者与他人没有大的矛盾。据此,专案指挥部决定立即抓捕徐某进行审查,并于当日17时许找到了徐某。

徐某供述,2013年1月14日21时许曾到过现场,因要到徐州探友,回到家中拿了两瓶酒,随后赶到火车站,乘当晚22时许的火车前往徐州,至案发后回家。听说其夫被害,遂赶至现场探询。侦查人员根据徐某提供的火车票和赴徐州调查的情况证实了徐所述。同时经过一段时间的调查,发现徐某的关系人均为女性,因现场勘验确定凶手为男性,因此在对徐某开展一段时间调查未发现其他重要情况,特别是对徐某做了测谎检验后,排除了徐某的嫌疑。

在此情况下,有些侦查员提出死者手上有刀,其使用的手机也不见了,现场又有轻微的翻动,应是凶手尾随死者入室准备作案时被发现,死者持家中菜刀还未来得及与凶手搏斗时，被早有准备的凶手杀害，本案应是侵财性尾随作案。在意见不统一的情况下，专案指挥部综合现场各种情景，再次对现场进行了分析：

①根据访问，一出租车司机反映，有一年轻女子在案发当天曾询问过有无看见一辆桑塔纳轿车开进院子，这与死者遇害前开着一辆桑塔纳轿车的情节吻合。这一情况表明，案前有人望风，看死者是否已回家。

②现场门窗完好，罪犯或者是尾随死者进入室内作案，或者是事先潜伏在室内，待死者进入室内行凶。

根据现场情况，对现场进行重建和还原分析：

①在死者1米远处的地面上有一块男式手表，表盘被砸碎，指针已停止转动，指针指向23时12分。据此推断案发时间应该在23时12分前后。

②现场电闸上留下一枚灰尘指纹，说明系行凶前动作，应当是拉电闸时所遗留，反映出罪犯为使现场处于黑暗状态，便于作案，案前关上电闸。

③现场又出现一枚血指纹应当是案发后的动作，分析是罪犯杀人后推上电源，用灯光照明，便于其处理现场，此时灯应当是亮着的。上述客观存在的情况可推理出，罪犯是案前潜伏在现场，待被害人进入室内时突然袭击将其杀死。在电灯开关上发现的血迹，应当是罪犯离开现场关灯时所留。

④死者遭多次打击后已濒临死亡，罪犯恐其不死，还用菜刀切开其喉管，反映出仇杀的现象。打击部位均在脸部、头部，呈现出迎面打击的特点，说明罪犯是事先潜伏在室内的，应是关系人作案。

⑤死者手上拿一把菜刀，系犯罪分子做出的伪装现场，其目的是要将警方的侦查视线诱导至财杀性质。

⑥经排查死者矛盾关系，均未发现其他足以致其被害的仇恨，唯独与妻子徐某矛盾非常突出。

至此，侦查人员再次对徐某开展了全方位的工作。经反复查证，发现系徐某委托女友汪某找其兄汪某帮忙杀人的经过，从而破获了此起罕见、精心预谋的杀人案件。

(3) 还原原理

从理论上来说，案件还原其本来面貌具有必然性，因为案件的发生一定伴随着案件信息的产生。卡罗尔·莱恩 (Lane, 1997) 的实验结论表明，"如果信息在某处存在，那它将在多处存在。如果信息存在于任一地点，不管你如何仔细防护，它也会存在于另外某个地方，而这个地方实际上是任何人都能访问到的地方"。通过对案件情报信息的搜集、获取，在理论上是可以还原案件的，只是需要考虑获取情报的成本与收益问题。

侦查是一个不断获取情报、分析案情，使事件逐步还原或尽量贴近其本来、真实面貌的过程，即案件复原或重现过程，我们把公安情报的这一基本属性和功能所揭示的思想称之为还原原理。案件还原类似于一个"拼图"过程，我们将一条条离散、片段的线索情报"拼合"，以呈现出案件的原始面貌。通常，侦查着重在现场勘查、物证获取、被害人与相关人的调查走访等情报信息搜集与整合连接，侦查员在侦办刑案时，以此为基础实施侦查、建立关联、还原案情，进而破案。而公安情报搜集、分析和整合的过程就是在完成一幅"案件拼图"，侦查员通过线索情报的"拼合"，从案情中提炼出关键点，以优化排查的重点区域和锁定犯罪嫌疑人。现在许多案件是没有作案现场的（如网络诈骗），对于这类案件的侦查通常采用"信息导侦"实施网上作战，还原案件过程，描绘出疑犯的网上活动轨迹，从而破案。案件还原其逻辑是由现在推导过去，由结果推理原因。还原原理在侦查中的重要应用方向为犯罪现场重建。

1) 犯罪现场重建

"犯罪现场重建是指通过对犯罪现场的痕迹、物证的位置和状态分析及实验室检验，从而确定或者排除在犯罪现场发生的事件和行为的过程"（李昌钰）。"犯罪现场重建是运用科学方法、物证、合理的逻辑推论，以及它们之间的相互关系来获得对一系列犯罪情节的明确认识"（美国犯罪现场重建协会）。现场重建是指根据对现场的客观情况，特别是痕迹物证的位置、状态及其相互关系的观察分析和研究，以及物证的实验室检验结论，结合所获取的证人、证言等相关信息，运用科学的方法进行合理推断，从而确定在现场发生的事件和行为过程的一种认识活动。现场重建作为一种案情分析、论证的科学方法和证明案情真相的有效手段，有着坚实而深厚的科学基础，这就是为法庭科学界和刑侦学界所公认的物质交换原理。

物质交换原理在20世纪初由法国物证技术学家艾德蒙·洛卡德博士提出。物质交换原理认为，任何人与某个物品或其他人发生接触时，一种相互的物质交换将会发生。物质交换原理还认为，根据实际发生的物质交换的性质和范围，不仅可以把犯罪人与特定的现场部位、证据种类和被害人联系起来，而且还可以与特定行为联系起来。因此，我们可以根据这种物质交换的结果去重建事件发生的经过，这就是物质交换原理之所以成为现场重建科学基础的根本原因所在。

美国犯罪学教授柯尔克博士在论述物质交换原理对现场重建的重要性时曾正确指出，"无论犯罪人走到何处，或者他接触了什么，留下了什么，即使他毫无察觉，也必然转化为证明其行为过程的无声证据。这些证据不仅仅包括指纹或足迹，还包括了毛发、衣物纤维、玻璃碎片、工具痕迹、漆片，以及罪犯所留下或带走的血迹或精斑。所有的这些，还有罗列范围之外的更多的物质都可以成为证明其犯罪事实的证据"。

2）现场重建的步骤（图3-1）

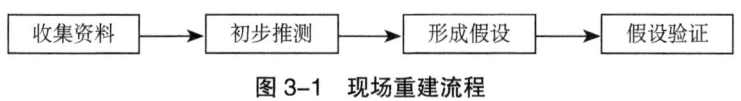

图3-1 现场重建流程

①收集资料。如果把现场重建比作将一个打碎的花瓶进行复原的过程，那么，资料的收集就犹如将花瓶的碎片收集起来的过程。显而易见，如果收集不到足够的碎片，要恢复花瓶是不可能的。在犯罪现场重建中，犯罪事件就如同破碎的花瓶那样，最终形成众多细小的碎片——证据。只有拥有足够的碎片（证据），才有可能对犯罪事件进行重建。

②初步推测。对已经搜集到的赖以进行现场重建的各种资料，在尚未仔细地分析、评断和进行实验室检验之前，可依据其做出初步的推测。推测时应当打开思路，进行大胆设想，考虑到各种可能性，而不能仅仅局限于某一种可能性。例如，关于命案现场发生的事件，初步推测就应当考虑到自杀、意外事故、他杀等多种可能性；关于爆炸现场，初步推测就应当考虑到他人引爆、非人为原因引起的爆炸等可能性。

③形成假设。即构想现场究竟发生了什么，以及是怎样发生的。它是在初步推测的基础上有根据地排除了一些可能性之后，在剩下的可能性中经过权衡和比较而选择的有一定事实依据的可能性。从逻辑学的角度看，假设是根据归纳推理的规则得出的，即是从具体到普遍的一种推论。由于归纳推理具有一定的或然性，因而其是否可靠，还需要加以验证。

④假设验证。假设形成之后，应当对其进行验证，以确定其能否成立。

（4）监控原理

"情报"一词含义为"情况之报道"，它是将所关注的信息及时传递给决策主体，决策者对信息内容进行甄别、分析做出对策的过程。情报学是研究情报生成过程与运动规律的学科。对公安情报而言，它是将涉及公共安全事件发生的征兆及时传递给警方，以形成对敌情、案情、社情、灾情、疫情及重大政治社会动态的判断决策，起到预警、预防、预测的作用。公安情报主体所关注的信息内容是社会公共安全，其功能是对社会公共安全的监控。在应对各种犯罪和安全威胁时，公安情报监控成为警方遏制犯罪、先发制敌、危机处置的关键，并在实践中形成了以"信息主导警务"为行动导向的新警务模式。可见，公共安全监控是公安情报的一项基本功能。

从实质看，公安情报的监控是国家控制、维护社会秩序与治安稳定的基本工具，它是社会控制的形式之一。社会控制是一种普遍规律，任何群体和组织为了保证自身的社会活动及其秩序性，都要这样或那样对其生存和发展环境进行控制。不仅要对现有的社会秩序进行维护，同时也要对社会秩序进行完善，使其保持活力。社会的不稳定因素是常在的，如果不治理，社会系统就可能从井然有序发展到杂乱无章甚至衰亡，这是一个从量变到质变，系统逐渐被破坏的过程。只要发生背离"人与人"的平衡与和谐，就会给社会稳定状态以不同程度的"负贡献"，即形成社会动荡的"燃烧物质"。当"负贡献"的量积累到一定程度，并在错误的舆论导向煽动下，会形成一定的人口数量密度和地理空间规模，此时，在某一"突发导火线"的激励下，就可能产生突发性危机事件。"社会燃烧理论"（牛文元，1994）将社会系统的无序失衡，与自然界的燃烧现象进行了合理的对比，把社会组织的稳定状况纳入一个严格的理论体系中，其为公安情报监控原理的形成提供了依据。

为了应对由社会不稳定因素引发的突发性事件，建立和完善有效的公安情报预警与监控体系尤为重要。在我国，公安情报预警与监控体系的承载主体是基层所队警力，我国警方正在试图建立触及社会各个角落的情报网络，目前对特殊行业、高危人群基本信息的采集工作，成为公安局对警员的绩效考核项目之一。在实践中，我国警察比较注重依靠群众获取情报，通过警民联系拓展和畅通情报渠道。在一些地区，由群众组成的监督员、联络员、信息员队伍覆盖各类场所、行业、社区、重点街面路口，以对不安定因素做到预警防控与及时处置。随着科技的进步，各种装备技术用于情报的获取，图像识别、电子监控、地理定位等成为警方监控公共安全的技术手段，这在很大程度上提高了现代警察的行动效率与控制力。

3.3.2 分析方法

正如奈斯比特所说:"我们周围充满了信息,但却缺少真正意义上的情报。"如何从海量的信息中挖掘出情报,作为情报研究的一个重要分支——情报分析责无旁贷;作为情报分析的利器——情报分析方法的重要作用更是不言自明。对情报分析的方法进行一番梳理,建立情报分析方法体系,具有一定的理论与现实意义。一方面可以回顾情报分析方法研究的进展,丰富情报分析方法研究的理论体系,方法研究是情报学理论建设的自身需要;另一方面,可以为各领域的情报分析实践活动提供方法的指导,以便快速、准确地从海量信息中分析出有用的情报,提高情报分析的效率,最大限度地增加情报的附加值。

《孙子兵法》共13篇,其中情报分析方法是其情报思想的精粹。例如,在第1篇《计篇》中提出,要对情报进行系统分析的方法。提出要"经之以五事",即对"道,天,地,将,法"这五大方面的情报综合分析,然后对敌我双方"主孰有道、将孰有能、天地孰得、法令孰行、兵众孰强、士卒孰练、赏罚孰明"等7个因素进行了全面比较, "校之以计而索其情"。在第6篇《虚实篇》中又提出了4种敌情分析方法:"作之"、"形之"、"角之"、"策之"。可见孙子对情报分析方法的重视。

"指挥员使用一切可能和必要的侦察手段,将侦察得来的敌方情况的各种材料加以去粗取精、去伪存真、由此及彼、由表及里的思索,然后将自己方面的情况加上去,研究双方的对比和相互关系,因而构成判断,定下决心,做出计划——这是军事家在做出每一个战略、战役或战斗计划之前的一个整个的认识情况过程。"在红军时期,毛泽东规定每打下一个县城,要把相关报刊、书籍都尽可能带回来,以便作为行军打仗时的参考之用。由此可以看出,毛泽东同志对情报分析对于整个情报工作重要性的认识。

下面介绍几种常用的方法。

假设同信息一样,构成了分析必不可少的条件,对假设是关注还是忽视,决定了情报分析能否称为真正意义上的情报分析。

福尔摩斯初次见华生的时候说:你从阿富汗来!

华生:一定有人告诉过你。

福尔摩斯:没有那回事。我当时下意识地认为,你具有医务工作者的风度,但却是一副军人气概。显见你是一个军医,你刚从热带回来,因为你脸色黝黑,但是，从你手腕的皮肤黑白分明来看，这并不是你原来的肤色。你面容憔悴，清楚说明你是久病初愈而又历经艰苦，你左臂受过伤，现在动作还有些僵硬。试问，一个英国的军医在热带地方历经艰苦，并且臂部负过伤，这能在什么地方？自然只有在阿富汗了。

(1) 假设分析

任何成功的情报分析均出自正确的假设。所谓侦查假设，是侦查主体对不完整、不确定的犯罪事实或某一具体过程，运用自身知识经验，通过积极思维所做出的推测性解释。假设就是根据已观察到的事实和已有的科学原理，对尚未认识到的现象性质或发生原因做出的推测性解释。在司法实践中，假设是侦查人员破案工作不可或缺的一种智力手段和逻辑方法，侦查破案的过程可以看作是一个不断提出假设和验证假设的过程。侦查人员是否善于提出假设，所提出假设的科学性如何，都直接关系到侦破工作的成败与效率。

侦查假设是指侦查人员以已知案件事实为根据，对犯罪的构成、犯罪动机、犯罪人等所做出的推测性解释。它是以一定的客观事实（现场勘查、调查访问、技术鉴定等）和有关规律性的知识为依据的积极思维的结果。

在案件侦查的初期，侦查人员掌握的案件材料极其有限，这些材料通常不仅具有零碎片断和杂乱无章的特点，而且是真假并存。有的材料能够揭示事件真相，有的不能反映甚至会歪曲事件的本来面目，加之客观实际情况的复杂多变，侦查中不确定、随机的因素介人，所以，侦查人员很难凭借这些有限的材料得出结论。如何从实际情况出发，对犯罪过程中的犯罪活动和犯罪人的情况做出科学的分析判断，为确定侦查方向。研究、制定侦破对策提供依据呢？一种重要的手段就是从已知的案件事实发现未知的案情，从而扩大人们对案情未知领域的认识。这种认识案情和判断案情经常运用的思维形式便是侦查假设，也就是在综合现场勘查和调查访问各种材料的基础上，以这些已知、有限的事实为依据，运用以往的经验结合犯罪活动规律对案件性质、犯罪时间和地点、作案手段和方法、犯罪动机和目的、实施犯罪的过程和犯罪分子的情况提出各种侦查假设，以便根据这些假设去开展侦查活动。正如尤以拉·别尔金在《刑事侦查随笔》中所提出的比较完整的侦查逻辑模式，即"获得原始证据—根据假说推出结果—检查结果—鉴定假说"，这一思维过程的顺利完成，也意味着案件的告破。

当然，要提出一个合理的较接近事实真相的假设并非易事，除取决于掌握的案件材料外，还取决于侦查人员的实践经验、逻辑思维能力及相关专业知识等条件。

2005年，某地发生一起入室抢劫伤害妇女案，专案人员调查被抢手机使用情况时，发现该手机在被抢后曾拨打过一个声讯台，输入过"110708"的号码，专案人员据此假设："0708"可能系犯罪嫌疑人的出生月日。根据这一假设，专案组立即确定了筛选条件，即犯罪嫌疑人年龄为20～30岁，生日可能是7月8日，可能是刑释解教人员，并以此在情报信息系统中检索发现，张某（男，25岁）系7月8日生，曾因酒后尾随抢劫妇女被判刑3年半。经调查其犯罪前科发现，其作案手段与此案十分相似，遂布控将其抓获，并审查破获此案。

没有假设就没有分析。所有的情报分析工具都可归结为先找假设、后得情报的过程。假设是情报分析的首要环节。

(2) 连线分析

案例1：追捕人员经工作发现，命案逃犯A妻C多年来携其子D一直生活在E地，通过D的朋友F了解到A父曾驾车发生过一起交通事故，其在G市经营有公司。办案人员通过对D的通话记录进行甄别，发现其中一个联系人登记机主为B，住址在E地。通过常住人口系统查询证实，E地无B的任何信息。侦查人员通过旅馆住宿登记信息系统进行查询，B曾在G市某国际大酒店入住。通过驾驶员管理信息系统对B驾驶证进行查询，发现B于2004年在H市办理驾照，在H市有暂住地址。办案人员从H市调出B驾照档案，通过辨认，B正是逃犯A。然而，其暂住地址已拆迁。侦查人员在交通管理系统的违章记录查询中，发现B的2次违章记录，通过交通管理系统的车辆登记查询，很快查明B所驾车辆登记单位为I市某公司，经查，该公司董事长正是B。在当地警方的配合下，B被抓获归案，并对当年故意伤害致死犯罪事实供认不讳。

在侦查工作中，通常把由人到案、由案到人看作不同的侦查模式，指的是以人和案为节点，把由人到案、由案到人看成不同的连线方式。从连线分析的角度看，侦查中的节点和连线路径并不是从人到案或者从案到人全部能概括的。节点不仅限于人和案，还包括不同的人、物、资料、事件、数据库等更广泛的节点，连线过程也不仅仅是以点找点，而是综合运用类比等多种方法建立联系、拓展路径，从而形成一种广义的通过最短路径由节点到节点的侦查模式。

案例2：侦查人员发现近期A市入室盗窃案件高发，通过高危人群分析系B地籍人所为。通过在旅馆业系统中对高危人员手工检索，发现5名B地人入住C宾馆，于是布控跟踪，但5人并未作案，直至离开A市。侦查人员继续关注，发现5人进入D市，并被D市警方查扣，其中一人持有可疑手机，但D市并未查出该手机关联信息。A市通过信息系统获悉后迅速开展查询，通过搜索数据库，无果。利用手机上存储的短信信息检索发现一个突破口，一条短信提到一个名字E，通过对数据库中"E"字符进行模糊检索，迅速查清E系手机失主。根据作案手段特点，侦查人员再次通过数据库查询，串并破获10余起类似案件。

实际工作中，刑侦部门通过分析将多起案件串并为同一犯罪分子实施的系列案件，就是一个最常见的连线分析。

1) 连线分析在有组织犯罪案件侦查中的应用

这里的有组织犯罪指的是毒品犯罪、黑社会性质犯罪等需要公安机关立线侦控、长期经营、铲除网络的犯罪。连线分析流程如图3-2所示。

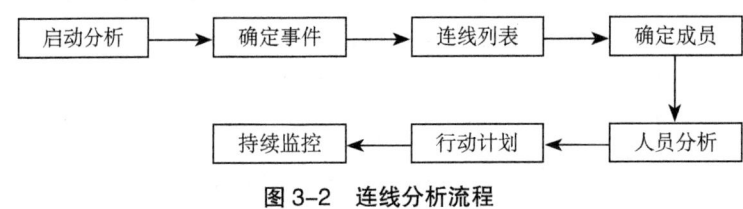

图 3-2 连线分析流程

①启动分析：侦查所需要的各类信息，举报、案件、情况通报等。

②确定事件：通过数据库检索和搜索引擎，筛选事件。

③连线列表：要素包括信息来源、相关人员、相关地点、犯罪手段、犯罪活动等。

④确定成员：对列表综合分析，确定最初的人员节点。

⑤人员分析：根据已知人员监控，发现相关成员，扩展线索，摸清成员构成。

⑥行动计划：为专案组收网提供关键情报。

⑦持续监控：追踪漏网人员节点、反馈、提供对策建议、组织开展判决后的跟踪掌握。

2) 连线分析在系列犯罪案件中的应用

①启动分析：结合辖区内和周边发案趋势，确定可能由系列犯罪分子实施的案件。

②串并案件：根据数据库查询确定类似案件。

③确定作案人特征：根据对案件的列表分析，确定作案人特征。

④确定作案人身份：通过持续时空连线和找点，确定作案人身份。
⑤确定作案人当前位置：通过搜录作案人当前位置信息，将其抓获归案。
⑥确定作案人活动轨迹：扩大战果。

(3) 数据碰撞分析

贝叶斯定律：如果一系列证据都支持某一假设，且这些证据对该假设的支持程度相同，则随着证据数量的增加，该假设的发生概率呈减速上升态势，且无限趋近于100%。贝叶斯定律说明，单个证据对某一假设的证明力较弱，但是，当证据的数量积累到一定程度时，就可以初步地证实这一假设。贝叶斯定律是数据碰撞分析的基础，如图3-3所示。

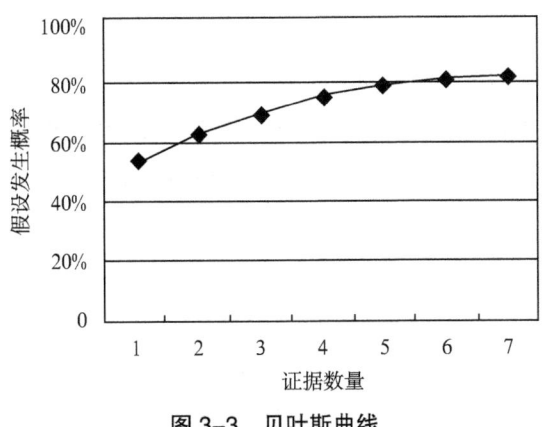

图3-3 贝叶斯曲线

数据碰撞，又称多点碰撞，指对系列案件进行有效串并案后，通过犯罪行为与其活动时空相关的原理，提取发案时段对应发案地的旅馆业（或电信、银行资料）等海量数据，对多个发案时空点的数据进行批量比对，找出其中相同者，即可列为嫌疑人。一般情况下，社会普通人员与犯罪时空巧合的可能性在2～3个点是可能存在的，但在4～5个点碰撞后其概率极小。

A地公安局接到群众报案，2008年12月2日张某被人诈骗现金115 000元。侦查人员根据有关信息梳理出12起手段类似的案件，并挑选出其中4起案件描述比较详细、并案依据较为充分的案件，和12月2日案件一起整理并获得时空列表。

根据对5起案件的假设分析，认为作案人如此大范围流窜作案，且此类手段需要物色对象，一次作案成功的可能性不大，可能存在着多次物色对象的情况。据此假设判断：作案人可能在当地的旅馆有落脚点。根据这一假设，侦查人员对 5 起案件案发前两日内的住宿数据进行提取，获得 5 个数据集，对 5 个数据集进行批量比对，结果发现：2008 年 6 月，C 地的数据集与 2008 年 12 月 A 地的数据集中，出现了同一名可疑人员王某。侦查人员以王某为初始节点，开展连线分析，将其同伙一一纳入视线，一举打掉由王某等人组成的诈骗团伙，抓获团伙成员 8 人，破获诈骗案件 20 余起。

轨迹碰撞分析是数据碰撞最主要的实战应用，包括标志信息和时空信息的数据进行碰撞分析，常见的有旅馆业数据库、通信记录数据库、银行数据库、交通违章数据库、高速路缴费数据库、出入境数据库、网络服务数据库等。

下面来看一个利用轨迹碰撞的具体案例（图 3-4）。

①根据作案手法等特征，对系列案件进行串并。

②选取案发前两日甲、乙、丙 3 个案发地的宾馆住宿数据。

③将住宿轨迹和发案轨迹进行碰撞。

④碰撞后分析，发现张三 A 时间入住甲宾馆，B 时间入住乙宾馆，C 时间入住丙宾馆，可以在地图上刻画出张三的活动轨迹，确定张三为系列案件嫌疑人。

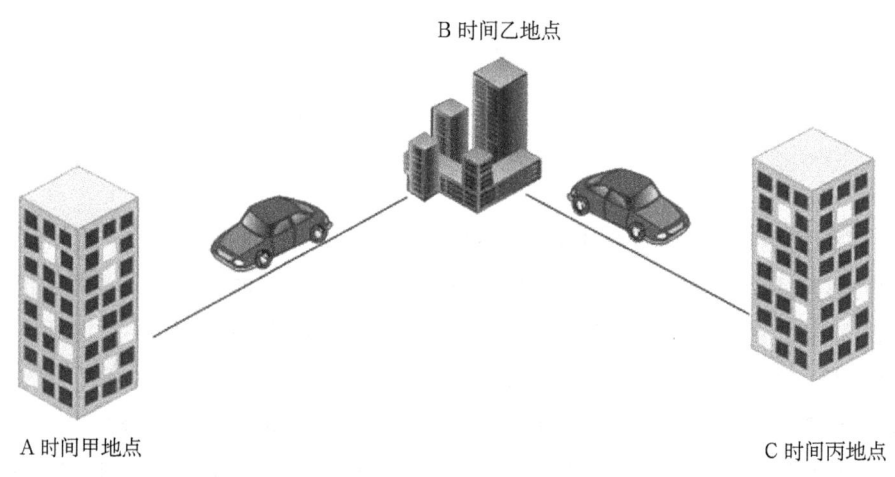

图 3-4　住宿轨迹碰撞分析

从图 3-5 可以看出，张三的活动轨迹和 3 起案件的轨迹重合，可以确定为系列案件的嫌疑人。

2005.12.2 前两日内	湖州
2005.5.19 前两日内	金华
2005.6.7 前两日内	临安
2004.12.12 前两日内	余杭
2004.12.10 前两日内	湖州

2005.12.2 前两日内	金华
身份数据采集	
李四	
张三	
……	

2005.6.7 前两日内	湖州
身份数据采集	
张三	
赵六	
……	

2005.5.19 前两日内	临安
身份数据采集	
王五	
张三	
……	

图 3-5 住宿轨迹碰撞分析

(4) 地图分析

在国外的刑事情报分析中,不再使用纸质地图,而是使用专门的桌面地理信息软件进行分析。目前,正在开发应用的警用地理系统正是属于此类。当然,我们还可以利用一些网络公司免费开放的高像素卫星照片开展地图分析。

1) 地图分析运用于侦查破案的 3 个方面

①系列案件作案地预测:根据系列案件中的已发案地点来推测下一次犯罪分子可能的作案区域。

②犯罪行程归纳:许多犯罪活动的行程大多是在 2000 米以内。

③犯罪分子落脚点估测:其前提是罪犯为常住或暂住人口,而非长途奔袭作案。

在熟悉地区作案,以落脚点为参照原点,在住地、娱乐、工作 3 个地点连线的周边区域寻找作案目标。案发地扩散的反方向指向犯罪分子的落脚点。常用的一个简单方法为行程交叉法,就是以系列案件的多个作案地为中心、以犯罪行程为半径画圆,圆的交叉区交叉越多的区,其落脚点的可能性越大。及时确定基本侦查范围,才能够建立依托阵地,迅速部署对案件的侦查工作,便于进一步广泛开展犯罪信息收集,推进侦查工作深入发展。案件侦破事实说明,正是当初在确定的上述侦查范围内发现了有关线索,才使案件侦破取得了突破性进展。

大量侦查成功的案例已经证明,能否准确判定基本侦查区域范围是侦破案件的重要环节,决定着侦查工作的成效和速度。若能准确判定犯罪嫌疑人隐蔽藏身的基本范围,则案件的破获就指日可待;若范围的判断失误,则会枉然精力和时间。因此,侦查周期的长短往往取决于侦查范围判定的准确程度。二者是正比关系,即范围判定得越准、越小,则侦查周期越短,反之,侦查周期就越长。

在确定侦查范围时,把握犯罪嫌疑人作案地点的选择和其原籍地所反映的基本关系和特点尤为重要。通过大量案件的剖析和对部分罪犯的调查发现,罪犯所选择的作案地和原籍地之间存在密切联系,其反映的关系和特点大致可概括为以下4种情况。

第一种为向心性。犯罪嫌疑人选择发案地具有向心性,他们往往以居住地为轴而形成中心。

第二种为辐射性。在以居住地为中心的犯罪中,作案地点向四周地域或一侧进行辐射。

第三种为跳跃性。辐射具有一定的规律性,但在大部分暴力性、系列性犯罪案件中,由于各种实际情况的影响和制约,犯罪嫌疑人所选择的实际作案地点形成跳跃式。

第四种为回归性。犯罪嫌疑人在完成某一案件的作案过程后,要迅速逃离现场,并采取各种方法,回到本人最安全的居住、隐蔽地。有的回到籍贯地,也有的回到新的居住地,还有的在社会上游动,隐蔽一段时间后再回家。然后进行销赃,处理案件的有关善后事宜,如挥霍和转移财产。这种运动轨迹反映出犯罪嫌疑人作案后的回归性特点。

无论案件多么复杂,犯罪嫌疑人所选择的作案地点都可以反映出上述基本特点。因此,在实际侦查中,根据案件所反映的综合信息,就可以大致判断犯罪嫌疑人居住在的地方,从而在确定基本侦查范围基础上,进一步准确判断出重点侦查范围。

2)划定侦查范围的方法

在初步确定较大侦查范围后,随着侦查工作的深入,侦查范围必须逐步界定在一个较小的区域内,因此,要最优划定侦查范围,在划定过程中应符合准确性、相近性和关联性的要求。准确性就是一定要把犯罪嫌疑人包括在侦查范围之内;相近性就是划定的区域范围距犯罪嫌疑人越近越好;关联性就是犯罪嫌疑人虽然没在该范围内，而且距离也很远，但与该案件有密切和特定的关联，通过排查可以发现有关线索以破获案件。最优划定侦查范围可采取下列几种方法。

① 区域构图法。将系列刑事案件所有发案地在地图上绘成图形，根据整个发案区域的几何图形特点和各个发案地之间的接合关系，参照交通路线的情况，按照发案地沿居住地辐射的规律，对犯罪嫌疑人的居住隐藏地做出判断，划定侦查范围。

② 方向连线法。通过确定犯罪嫌疑人在每起案件中的来去方向，案件之间的移动方向，作案前从居住区地出发的辐射性方向，以及作案后返回居住隐藏地的回归性方向，固定发案地和居住地的方向关系，推断犯罪嫌疑人有可能居住隐藏的具体范围。

③ 交叉汇合法。在对个案和案与案之间进行方向连线基础上，通过对全部系列刑事案件的分析，结合交通路线、区域分布特征，进行多案的交叉汇合，以获取最充分的依据，在交叉汇合基础上推断犯罪嫌疑人的居住隐藏地，确定侦查范围。

④ 交通工具测算法。犯罪嫌疑人作案后，总是要采取最快的速度返回安全地带，如果晚上作案，一般情况下要在天亮前返回居住地或某一落脚点。依据其使用的交通工具结合作案时间，对犯罪嫌疑人居住区地、落脚点距现场的距离进行测算。

⑤ 特征定位法。在案件侦查中，要注意利用带有地域性标志的特殊特征.利用特殊特征定位，可以准确锁定侦查范围。

⑥ 综合叠加法。必须综合利用所有案件材料，寻找案与案之间的关系，推断犯罪嫌疑人居住隐藏在什么地方，对于重复叠加区域应作为重点侦查范围。

⑦ 排除缩减法。随着获取的信息资料有依据地进行排除，使侦查范围逐步缩减的方法。

⑧ 专家评断法。对于复杂性的案件，组织专家进行会诊，综合分析，形成统一的认识，准确确定范围。

3）识别犯罪案件的犯罪模式与犯罪趋势

犯罪情报分析人员按照每月 1 次的频率，将犯罪案件（如入室盗窃案、入室抢劫案等）的发生地点标注在地图上（或录入地理信息系统当中），通过观察这些类型犯罪案件发生地点在空间分布上的情况，以寻找其中规律。如犯罪案件地点是沿着交通线路方面分布的还是集中在某个区域成片状的，或者形成其他什么样的形状？犯罪地点在空间上的分布情况往往暗示着某种规律，例如，系列犯罪案件犯罪地点在空间上的分布情况能够揭示出系列犯罪案件的存在；犯罪地点高度集中的区域就是犯罪热点地区等。另外，犯罪情报分析人员还能够根据犯罪案件发生先后顺序，以及犯罪地点的空间分布规律来描述犯罪案件在空间上的发展趋势等规律。

4）通过犯罪地图标注法来辅助对犯罪模式与犯罪趋势的演示

犯罪情报分析人员能够发现某种特定的犯罪模式及犯罪发展变化的趋势。例如，"飞车抢夺案件主要集中在市区东至 XX 路、西至 YY 街、南至 ZZ 公园、北至 NN 河的区域内"或"近 3 个月来，入室盗窃案件的发生地点多集中在市区北部"，等等。虽然情报用户都对市辖区的地形与交通、地理状况非常了解，但是，一幅标注好犯罪发生地点的地图还是能够增强犯罪情报分析人员的说服力。

5）寻找不同犯罪案件之间的内在联系

情报分析人员或许需要了解飞车抢夺案件为什么集中在市区北部地区的原因，如果将近 1 个月或 2～3 个月来的飞车抢夺案件发生地点在地图上标注出来，就能更好理解其中原因了。如果地图标注好了，但情报分析人员仍没弄清其中原因，那么可以将抢夺案件发生地点与附近商业区、居民区分布情况联系起来，再认真地察看地图，因为许多抢夺案件发生在银行网点或其他公共场所附近；如果仍不清楚，情报分析人员则可以检索、统计一下案件发生地点附近地区的犯罪团伙情况、居民贫富情况、无家可归者情况、酒吧分布情况、街道路灯照明情况、警察巡逻线路与班次时间安排情况及房屋出租情况，就能够加深对犯罪地点在空间上分布情况的认识了；如果至此仍有不明白的地方，那么犯罪情报分析人员则需要将已经掌握的飞车抢夺者的住处、工作单位及日常行走路线等落脚点信息在地图上标注出来，就能够识别出符合某种特定犯罪模式的若干起犯罪案件。情报分析人员可以通过肉眼观察的方式来对犯罪空间情报进行分析，也可以运用专门的地理信息分析软件来进行分析研判，以得到对预防犯罪、侦查犯罪有帮助的结论。

6）找出犯罪空间与其他相关因素之间的关系

有些地图，如标注了犯罪案件发生地数据的地图，不但能够向犯罪情报分析人员显示具备特定特征的犯罪模式，而且可以告诉犯罪情报分析人员关于符合该犯罪模式的犯罪人继续犯罪的可能地点与时间。

7）分析犯罪人继续犯罪的空间变化趋势

如果符合某特定犯罪模式的一系列犯罪案件发生地点都集中在某一特定区域，那么犯罪情报分析人员可以得出，该系列犯罪案件犯罪人继续犯罪的可能地点仍在该特定区域内；如果符合某特定犯罪模式的一系列犯罪案件发生地点在空间上呈线状分布，且是沿着某条交通线或地形线分布的，则犯罪情报分析人员也能够在分析犯罪人继续犯罪的空间变化趋势基础上，就该系列案件犯罪人继续犯罪的可能地点做出预测。

8）将犯罪案件进行对比分析

犯罪情报分析人员可以将犯罪案件的资料（如案件类型、案件名称、案件发生时间、案件发生地点、作案人体貌特征等类型、被害人类型及其他）进行列表对比。犯罪情报分析人员也可以利用地理信息系统来收集犯罪情报资料，然后通过犯罪地图标注法来列表对比分析，以发现大量犯罪案件发生地点附近的酒吧、银行等公共场所，或发现犯罪地点附近的有前科劣迹的违法犯罪人员住处等，从而为预防犯罪、查缉犯罪嫌疑人提供帮助。

(5) 轨迹分析

物质是无时无刻不在运动的，人也一样。在运动过程中人们不可避免地留下许多"痕迹"，吃、住、行、消、乐等诸多活动，无时无刻不存在着能反映人们活动情况的时空轨迹。人的任何活动都与社会紧密交织，并发生着物质、能量、信息的交换。公安机关通过所管理的旅馆业、暂住业、网吧业、道路监控及社会化的通信、银行业务等信息资源，可以充分挖掘人们的时空轨迹。而任何案件的发生也有其存在的时间和空间，即我们所说的时空，在刑事侦查学中将案犯是否具有作案的时空条件作为排查的一个首要依据，因此，时空条件在案件侦破过程当中至关重要。在传统的侦查模式中如此，在利用信息开展网上侦查更要以时空条件为首要条件，但是信息应用中的时空条件相对常规侦查而言是宏观的，即不一定能具体到案发时间，又可能是案发的某一个时间段在案发地出现。通俗地讲，某年某月某日在 A 地发生了一起案件，从信息上考虑，某年某月某日前后出现在 A 地辖区的人员都有可能作案，某年某月某日前后在 A 地即此案件的时空条件，然后加以其他的甄别条件，从海量数据中来寻找重点对象。

犯罪轨迹是指犯罪嫌疑人实施犯罪过程中的活动情况，具体到某一起案件当中，可能包括犯罪嫌疑人为实施犯罪预备、犯罪实施及犯罪逃跑的所有活动情况。而在多起案件当中，依据犯罪嫌疑人每起案件作案的时空条件所形成的轨迹，就可能形成犯罪轨迹。

时空条件与犯罪轨迹是密不可分的，许多犯罪轨迹的形成是以时空条件为基础的，即时空轨迹与某些案件的具体结合就形成了犯罪轨迹，犯罪轨迹是特定条件下的时空轨迹。在信息运用侦查当中，时空二维坐标系统与犯罪轨迹形成一个三维立体坐标系，确定犯罪行为与犯罪人群的对应关系。通过这个坐标系，以犯罪行为为出发点，运用假设系列性案件的推断，从海量数据中找出时空二维坐标与犯罪轨迹的结合点，找出符合此结合点的对象。依据其他甄别条件加以判断和论证，寻找其嫌疑上升或下降的依据，并最终确定或排除犯罪嫌疑。

1）时空轨迹与犯罪轨迹的相关性原理

犯罪在广度与深度上都与社会交融在一起，可以说社会是犯罪的有效载体，犯罪行为与正常的社会生活行为紧密交织，犯罪行为系统与作为其系统环境的社会密不可分，并发生着物质、能量和信息的相互交换。犯罪行为的实施必须拥有时空条件，而通过犯罪的轨迹变化来寻找符合这些变化的时空轨迹，并运用相关性原理，根据犯罪行为发生的地点、时间、工具、被害人和环境等诸多因素，调集与犯罪行为地能反映时空轨迹变化的通信、住宿、交通、交易等情况，进行数据的多点碰撞。社会普通人员与犯罪时空巧合的可能性在2～3个点是可能存在的，但在4～5个点碰撞的概率极小，因此，通过寻找时空轨迹与犯罪轨迹的重合点来揭示犯罪是可行的。在系列性案件中，时空轨迹与犯罪轨迹的结合尤其显得特殊，它能反映出作案人的活动情况与多起案件之间的关联。时空条件作为作案人活动的重要特征，往往会随着作案人的活动而发生时空位移，时空轨迹会继续延伸，这些位移能在时空轨迹中有所反映。因此，嫌疑对象的时空轨迹也就区别于其他人群而成为揭示犯罪轨迹的专用"路标"，通过时空轨迹与犯罪轨迹的有机结合，就能进行有效的时空定位，发现犯罪线索。

2）获取时空轨迹和犯罪轨迹的途径

时空轨迹的主体一般情况而言是人或某类人群，但在很多情况下可以扩展、延伸到车辆、通信、QQ号等能反映人类活动时空转移的其他资源。随着公安信息化建设快速发展，各级公安机关收集管理了大量的业务数据和社会信息，通过将这些信息资源进行有效整合、提炼，可以从中发现蕴藏在各类信息资源内部的犯罪轨迹。具体而言，可以以旅馆住宿业、暂住业、网吧业、道路监控等公安机关内部信息资源，以及通信业、邮政业、劳务市场、银行等社会资源作为目标，查询时空轨迹的变化。

犯罪轨迹的主体是实施的犯罪行为，也就是有案件的客观存在。它主要形成于系列性案件当中，通过现场勘查和案情分析，对符合并案条件的案件进行并案侦查，或者对手段类似的案件进行串案侦查，依据每一起案件的时空变化轨迹形成犯罪轨迹。有时对于个案而言，犯罪轨迹可能形成于犯罪的预备、实施、逃离等过程。犯罪轨迹的变化主要依托于案件串并，可以通过全省打防控系统的案件信息、现场勘查提取的痕迹、公安网上的抓获人员信息等进行寻找。值得注意的是，在某些案件当中犯罪前科也可能成为犯罪轨迹的一种体现，如某名对象曾因某类手段被打击处理过，那么此次行为也是犯罪轨迹的一个点，当其重新采用此类手段犯罪时，就可以形成犯罪轨迹。

3）如何将时空轨迹与犯罪轨迹有效结合

通常的做法是将所获取的犯罪轨迹、痕迹放到所选定的特殊时空中去，进行科学、客观的评估，看其是否符合时空轨迹的变化，再结合犯罪分子实施犯罪的过程和作案的规律，评估其是否完全符合案情的发展和侦查员的推测。时空轨迹的变化要符合案情的发展过程，即时空轨迹的变化要符合侦查员所推测的犯罪轨迹。由此可以看出，其没有固定的方法模式，要结合案件的具体情况，进行模糊思维，前后论证，才能从纷繁复杂的信息中找到犯罪分子所遗留的痕迹。

①顺推法，即通常所说的从案到人。从形成的系列案件中找出犯罪轨迹，通过犯罪行为与其他活动时空相关的原理，依托某些工具，提取案发时间段对应发案地的住宿人员信息、上网人员信息、道路监控信息等反映时空轨迹变化的数据，进行批量比对，找出其中相同者，即可列为嫌疑对象。进行顺推法的前提是准确的案件串并，根据案件的手段特点、嫌疑对象的体貌特征、技术痕迹等客体，依托打防控系统开展案件串并，只有案件的串并到位，开展数据碰撞的前提才能得到保证。客观上讲，案件串并越准确、量越大，给我们留下的犯罪轨迹越多，特点越明显，从中寻找时空轨迹发现犯罪嫌疑人的可能性就越大。

前述"轨迹碰撞分析"中的案例：2005年12月2日，某镇发生一起特大兑换旧版人民币诈骗案件，事主被骗115 000元现金。侦查人员依据此起案件的特点，在全省范围内开展同类手段的案件串并，相继串并了发生在吴兴、南浔、余杭、淳安、临安、金华、建德、淳安等地的案件10余起，根据10余起案件的犯罪轨迹变化，运用数据碰撞分析，提取旅馆住宿人员进行碰撞，结果从中发现了一个由 10 余人组成的广西南宁籍犯罪团伙，破获同类型手段案件 20 余起，涉案金额达 150 余万元。在这串案件的侦破过程中，侦查人员首先依据个案进行串并，从中发现犯罪轨迹的变化，然后从时空轨迹中挖掘符合犯罪轨迹变化的人群，最后找到破案线索。此案的关键在于对象的时空轨迹与犯罪轨迹在大部分时间内都相互吻合，而这一点是一般常人所难以达到的。值得注意的是，在进行多点碰撞时考虑到由于信息数据的不完整性，先选择 2~3 个点开展数据碰撞，然后再进行筛选较为理想，而在碰撞点的选择上，一般犯罪轨迹中的时与空相距越远，碰撞出的对象嫌疑越大。

②倒推法，即通常所说的从人到案。从发现的嫌疑对象时空轨迹出发进行分析，查找符合其时空轨迹变化的犯罪轨迹，当达到多点重合时，从侧面反映该名对象作案嫌疑的上升。倒推法中同样要求犯罪轨迹的多个点存在一定的相似度，即所反映犯罪轨迹的案件必须在案件性质、作案手段等方面达到一定程度的相似性。此种原理的方法很多，最常见的是在信息网上浏览外地的抓获人员信息，寻找这些被抓获人员在本地是否有时空轨迹，如有则进一步查询本地是否有类似案件的犯罪轨迹，当二者达到重合时侧面反映了这些人员在本地作案的嫌疑程度。在侦查一些明显具有地域特征的案件时，通常通过高危人群来发现可疑对象，然后对此类对象进行时空轨迹的分析，查找是否存在与时空轨迹相符合的犯罪轨迹。

2007 年 1~4 月，某辖区连续发生近 10 起抛物诈骗案件，一直未能侦破。通过旅馆住宿信息未能排查出可疑对象，在对所有案件进行回访时，一起案件中的一名群众发现过一辆可疑浙 A 开头的黑色桑塔纳轿车，通过路面监控查询迅速查到该车牌照为"浙 A116××"。为了查清该车在该辖区的活动轨迹，通过牌照检索，发现该车自 2007 年 1 月以来在该辖区内有 11 次活动轨迹，在相对应的时间段通过检索出同类型手段案件 8 起，由此认定该车有重大作案嫌疑，并通过车辆布控破获此串系列性案件。

③个案分析法。有许多案件的发生只是一起个案或者案件本身手段不特殊，串并案难度较大，此时只能将案件作为个案来分析。那么此时查找犯罪轨迹就需要延伸到此起案件的犯罪预备、经过及逃跑的全过程当中，而通过公安机关掌握的大量信息是有可能发现可疑对象时空轨迹的，通过可疑对象的时空轨迹与犯罪轨迹是否相吻合来推断其作案的可疑程度。

2007 年 4 月 26 日 23 时许，某辖区某小区门口发生一起持刀拦路抢劫案，两名青年男子结伙抢走事主包一只，内有手机、现金等物。通过一名出租车司机提供的线索，进行出租车出城登记人员的查询，发现一名叫任某的男性青年比较可疑。通过对该人的时空轨迹查询发现，该人案发当日20时入住车站边某旅馆内，同住人员有王某，二人均有携带管制刀具、敲诈勒索前科，而网上无退房时间，但任某却在案发当日23时20分通过出租车出城登记站离开。结合此二人的活动轨迹与犯罪轨迹比较吻合，大胆将二人列入旅馆布控，并在27日下午于外地一旅馆内将二人抓获。在此案件当中，任某和王某二人案发前入住某旅馆，案发后乘出租车离开，同时有类似案件的前科，从时空轨迹来看，与犯罪轨迹较吻合，结合案件本身情况，将其二人列为重大嫌疑对象，事后二人交代的事实也与推断的丝毫不差。

4）时空轨迹与犯罪轨迹结合时需注意的几个问题

①时空轨迹数据的提取必须把握好适度原则，提取的时间和空间范围过大，则往往容易造成数据过多而产生不了重点对象，而提取的范围过小，则容易造成漏排。因此，根据案件的不同情况，选取不同的时空范围，查找与犯罪轨迹的结合点是十分重要的。在提取时空轨迹数据的同时，必须与犯罪轨迹综合起来考虑。

2003年上半年，某辖区内连续发生20余起撬盗保险箱案件，可并案侦查。侦查人员通过旅馆的高危人员排查发现几名湖南桑植籍人员比较可疑，但是通过该伙人员在本辖区的时空轨迹来看，与犯罪轨迹并不吻合，也就是说发案时该伙人员并不在本辖区，而该伙人员在本辖区时又没有发案。此时，侦查人员对该伙人员的时空轨迹作了进一步延伸，同时结合该类案件的犯罪轨迹扩大串并案范围，发现了该伙人员在本辖区住宿时相邻辖区内发生同类型手段案件，而在本辖区发案时他们又出现在相邻辖区的旅馆中，于是大胆判定这是一伙甲地住宿、乙地作案的流窜犯罪团伙。

②在很多情况下，对象的时空轨迹与犯罪轨迹并不是全部吻合的。由于登记不准、管理不严等许多客观情况，容易造成对象时空轨迹的真空，同时也由于犯罪的成功率并不是百分之百，造成时空轨迹与犯罪轨迹的不完全一致性。因此，要根据案件的综合情况来分析判断对象的可疑程度。

③犯罪手段的变化容易造成犯罪轨迹的漂移，由于对犯罪轨迹把握的不准确，造成提取时空轨迹后无法正确找到结合点。随着犯罪分子反侦查能力和水平的不断提高，其犯罪手段也会出现不断地变化，使得提取犯罪轨迹数据时会出现偏差，从而造成研判的不准确。

2006年5月，某辖区内发生一起尾随银行取款人员的空心钉扎轮胎案件，此案在作案嫌疑车辆、高危人群的判断上均无出现差错，但在犯罪轨迹的分析上出现了纰漏。同年 6 月相邻县发生了一起尾随银行取款人员的盗窃案件，但既未使用空心钉又未撬玻璃，而采取了刀片划轮胎和技术开锁手段。犯罪手段的变化致使研判人员在寻找犯罪轨迹时造成案件漏串，丧失了查找犯罪嫌疑人的最好时机。

第4章 大数据情报信息技术及应用

随着社会进步与科技信息的飞速发展，刑事犯罪"智能化、组织化"的犯罪特点越来越明显，跨区域、大范围流窜案件逐年增加。面对甲地作案、乙地销赃、丙地藏身的犯罪分子，面对反侦查伎俩日益高明的刑事个案，面对由于打击不力造成"星火燎原之势"的系列案件，单靠案发后跟着案件跑的"由案到人"的侦查模式，显然已经不能从容应对。

俗话说："料敌机先，才能百战不殆。"做到料敌机先，首先要搞清敌、我、友的真实情况，然后有计划地主动出击，最终取得战斗的胜利。在打击刑事犯罪斗争中，一条有价值的情报信息，往往会迅速扭转进退维谷的侦查局面。只有牢固树立"信息主导警务"理念，努力把情报信息工作置于基础性、先导性位置，充分发挥情报信息在决策支持、预测预警和引导打击、预防、控制违法犯罪活动的作用，才能切实提高维护国家安全、驾驭社会治安、处置突发事件、服务经济发展的能力，为构建和谐社会打牢坚实的治安基础。

网上作战，是公安机关依托警综平台和情报系统展开的侦查破案活动，是信息技术运用于侦查破案领域的必然结果，是信息化破案手段与传统侦查方式相互作用的直接产物。"网上作战"的战法，是对公安机关为达成破案目的，在社会信息化和公安信息化物质技术基础支持下，采取的一切关于破案方式、破案途径和破案手段的总称。借助情报信息技术侦查破案，具有极大的准确性、实现性、指导性和决策性。

实战应用是"基础信息化，信息基础化"的根本目的。公安情报分析应用的主要方法有以下几种。

（1）案件受理后的情报分析应用

公安机关在受理各类案件特别是刑事案件后，应通过网上作战，多角度地应用信息，达到串并同类案件、获取案犯踪迹、缩小侦查范围、提供侦查方向直至抓获违法犯罪嫌疑人、破获案件等目的。主要方法有以下几种。

①网上串并。经过调查访问、现场勘查和初步分析，对判断为系列性和有流窜作案可能的案件，侦办人员应从该案的作案规律特点（如发案时间、

发案处所、发案部位、选择目标、侵害对象、作案工具、作案手段与特点等）和嫌疑人特征等信息要素入手，以查询检索的方式，由近及远地在案件信息系统中串查和筛选同类案件，结合分析研判，为开展并案侦查提供依据。

②网上排查。对作案规律特点与嫌疑人特征较为明显的案件，应以此为条件在相应的违法犯罪前科人员信息中通过分层次检索的方法筛选嫌疑对象，并通过对有关人员活动轨迹信息的查询印证，从中确定重点对象，为案件的侦办提供方向。具体工作中，应区别不同情况选择不同的方式方法。如对地理环境相对闭塞地区所发的案件和经初步分析认为嫌疑人流窜范围较小，或本地人作案可能较大的案件，应重点从本地公安机关历年来所积累的违法犯罪前科人员信息和本地缉控预警库中显示的有前科劣迹的暂住人口信息中排查嫌疑人；对抢劫、抢夺、诈骗、强奸等受害人与作案人面对面接触过的案件，应当重视对网上排查结果中嫌疑人对象照片信息的利用，通过照片辨认认定嫌疑人；对分析判断可能为系列性或团伙作案的案件，应当重视对高危人群信息的应用，以高危人群的户籍地信息为起点，在本地的流动人口信息中排查嫌疑人线索；对分析判断可能为跨区域流窜作案的案件，应及时浏览周边地区与上级公安信息网发布的同类违法犯罪性质的抓获人员信息，结合作案手段特点比较、嫌疑人照片辨认、旅馆住宿记录倒查及现场痕迹比对等方法，从中发现并认定嫌疑人。

③网上控赃。对盗、抢、骗等有可控损失物品或可控作案工具（如汽车等）的各类案件，在将相关物品的基本信息（如名称、号码、型号、特征等）及时录入损失物品信息库和作案工具库的基础上，通过损失物品、作案工具与可疑物品信息的自动比对报警、异地公安机关对损失物品信息的检索，以及本地公安机关对异地上网可疑物品信息检索，查明损失物品的下落，发现作案工具，实现网上控赃的目的。

④网上比对。对现场留有嫌疑人指纹、足迹等犯罪痕迹信息的案件，应及时在相应的指纹、足迹等信息库中开展比对，直接认定犯罪嫌疑人或串并同一嫌疑人所做的案件。

⑤轨迹分析。经过前期工作，发现作案成员的违法犯罪活动有轨迹可循的，应从其遗留在"地面"、"空中"和"海里"的各种信息中寻找其活动轨迹。如犯罪嫌疑人活动中有交通工具，应在应用交通信息与被盗抢机动车信息查明车主身份与交通工具来源的基础上，再通过对有关机动车修理、租赁、违章及道路监控等信息的查询，发现车辆使用人的活动轨迹；如犯罪嫌疑人有

通信工具，在按规定程序查明户主资料和与其频繁联系人员情况基础上，通过查询登录基站、漫游等信息判断通信工具使用人的活动轨迹；如犯罪嫌疑人在作案时留下资金账号，通过有关部门在搞清开户人相关资料的基础上，可从资金消费账目记录中分析使用人的活动轨迹；如犯罪现场处于治安监控录像区域，应调取现场与周围的监控资料进行纵向与横向分析，从中获取破案信息。

⑥网上协查。案件发生后，需要兄弟公安机关配合调查涉案有关人员、物品等信息的，应及时将需要调查的内容与要求上网公布，充分利用公安信息网络的广延性与信息共享优势进行协查。

⑦网上缉捕。对经过侦查已查明身份但负案在逃的犯罪嫌疑人，应根据其具体情况，有选择地将其信息录入全国在逃人员信息库、全省负案在逃嫌疑人员信息库或网上缉控预警库的应急人员信息库，通过各地公安机关的主动查询与自动比对，实现网上布控与缉捕。

(2) 人员抓获后的情报分析应用

对抓获的违法犯罪嫌疑人和查获的可疑人员，应当通过信息应用，进一步核实其身份，发现其他违法犯罪记录及其活动轨迹，深挖犯罪，扩大战果。重点抓好"五查一联系"。

①查身份情况。对抓获的人员，首先应以其交代的身份信息（如姓名、出生日期、身份证号、户籍地址等）为条件，在常住人口、暂住人口、旅馆业住宿人员等信息库中查询验证，搞清其真实身份。

②查前科劣迹。在查明抓获人员真实身份的基础上，应以其身份信息为条件，在各类违法犯罪前科人员信息和在逃人员信息中开展查询检索，搞清其是否为在逃犯，查明其前科劣迹记录和作案规律特点，为提高审查效果提供信息支持。

③查随身物品。抓获人员随身携带有可疑物品的，应当以物品的基本信息为条件，及时在损失物品信息库中进行查询检索，搞清该随身物品与案件之间的关系，为认定作案嫌疑提供依据。

④查活动轨迹。对有流窜作案嫌疑的抓获人员，一方面应利用其身份信息，通过"搜神"等工具在暂住人口、旅馆业住宿人员等信息中查找其先前的落脚点和活动轨迹；另一方面也可通过其QQ号、手机的移动情况来判断其活动情况，从中搞清其活动范围，为串并案件提供依据。

⑤查个体特征。对抓获人员，应及时捺取其十指纹开展网上比对，必要

时还可以利用其 DNA、足迹、照片等信息开展网上查证与辨认，为深挖犯罪提供依据。

⑥电话联系。在上述"五查"无果的情况下，可与抓获人员户籍所在地公安机关进行联系，进一步搞清其身份和现实表现等情况，了解其所在地区有关违法犯罪人员的作案特点，为寻找审查突破口提供信息支持；对有流窜作案嫌疑的人员，应根据其活动轨迹，结合作案手段规律特点，通过网上搜索案件印证，及时与其曾活动地区的公安机关进行联系，串并案件。

(3) 流动人口管理中的情报分析应用

在流动人口管理中，应着重以旅馆业住宿人员、暂住人口的身份信息和出租房人员登记信息为切入点，通过自动比对和查询印证，发现嫌疑情况，锁定重点对象，提高管理效能。

①分类预警。在做好旅馆住宿人员，暂住人口身份信息，出租房屋实时、实数、实名、实情登记上网工作的基础上，一方面应当将旅馆业、暂住人口信息与网上缉控预警库建立实时自动比对关系，通过缉控库运行，将新进入本辖区的在逃人员（红色）、刑嫌调控对象（黄色）、违法犯罪前科人员（蓝色）、吸毒品人员（黑色）等对象以四色预警的方式筛选出来；另一方面，应通过建立身份证号自动比对、验证预警机制，从居住旅馆、出租房人员中甄别出使用假身份证人员。

②重点查证。经过分类预警，除"红色"对象应在身份核实无误的情况下立即缉捕外，对"黄、蓝、黑"三色对象和使用假身份证登记人员，应根据其年龄、性别、籍贯及前科记录等情况进行分析研判，结合面上发案趋势，从中确定重点关注对象。对重点关注对象，应按照查可疑物品、查活动轨迹、查个体特征的方法予以深入查证，搞清嫌疑情况，并采取相应管控措施。同时对与同住人员和频繁交往人员的身份、前科、活动等情况也应及时查证，通过相互印证，扩大嫌疑线索。

(4) 网吧安全管理中的情报分析应用

通过对网吧安全管理信息的增值利用，及时发现、精确定位、有效控制各类涉网违法犯罪嫌疑人和违法犯罪活动。

①网上定位。对于可能涉网的侦控对象，应将其姓名、身份证号、网名和 QQ 号等真实与虚拟的身份信息送交网监部门，依托网吧安全管理系统在全省联网的优势，及时开展网上布控，精确定位犯罪嫌疑人所在位置，为缉捕和控制工作提供信息支持。

②挖掘分析。对以互联网为载体从事违法犯罪活动，或经互联网作为联络工具和其他可能涉网的违法犯罪嫌疑人，应根据其违法犯罪活动规律，通过网吧安全管理系统缓存的信息资源，采用轨迹追踪、模糊比对、聚类碰撞等方法进行深度挖掘分析，从中寻找其目标和活动轨迹，为侦查破案提供方向。

③排查分析。根据犯罪年龄段70%也是上网年龄段的概率，充分运用网吧实名登记和网上虚拟人口信息，对在逃人员信息库、负案人员信息库进行经常性的碰撞。同时，充分运用发案地周边地区的网吧信息进行串并排查、模糊比对，对筛选犯罪嫌疑人将会起到事半功倍的效果。

（5）办理证照中的情报分析应用

利用相关人员到公安机关办证、办照时提供的真实身份信息，通过网上查询比对，及时发现和抓获在逃犯罪嫌疑人。以办证、办照人员的姓名、身份证号为条件，通过检索在逃人员信息库，从中发现并抓获在逃犯罪嫌疑人。有条件的单位，应当将办证、办照人员信息与在逃人员信息建立自动实时比对关系，通过系统报警提示发现在逃人员，提高工作效率。

（6）日常执勤、设卡、巡逻、盘查和日常管理中的情报分析应用

通过对被盘查人员身份信息和随身物品信息的查询比对，力求从中发现直至认定违法犯罪嫌疑情况。对驾驶机动车，特别是摩托车，要认真执行"十必查"制度。

"十必查"：两名男子合乘一辆摩托车（含电瓶车，下同）必查；非本市摩托车或闯禁行线（圈）的摩托车必查；明显迹象表明系非本市人员驾驶本市摩托车的必查；无牌照或牌照残缺的必查；明显遮挡或涂改牌照的必查；驾驶技术明显生疏及或快或慢的必查；发生交通事故的必查；驾驶摩托车在银行、大型商场、医院、市场、公园、娱乐场所、车站等场所门口停留、观望的必查；在银行、大型商场、医院、市场、公园、娱乐场所、车站等场所周边区域尾随、跟随取款人或拎包人的必查；在路口等候红灯时有敲击车窗等不正常行为的必查。

对巡逻盘查中发现的可疑对象及随身物品，应当通过请求查询服务或短信查询服务的方式，及时上网查证其身份与前科情况，搞清随身物品是否涉案，提高巡查工作中发现违法犯罪的能力。

（7）行业管理中的情报分析应用

通过对废旧金属收购业、机动车修理业、旧货（寄旧）交易业、典当业等行业管理中涉及的物品与人员信息的应用，从中发现违法犯罪线索。

①物品比对。对上述行业中涉及的各类物品信息,通过上网查询或与损失物品信息建立自动比对关系,从中发现赃物和与之相关联的案件,为侦查破案提供线索。

②人员分析。对上述行业中涉及的"物品持有人"身份信息,一方面可与网上缉控预警库建立比对关系,从中发现有前科劣迹的重点可疑对象;另一方面应当对"物品持有人"身份信息进行纵向比对,从中发现多次反复出现的人员名单,通过"人—物—案"的关联分析,发现和认定其作案嫌疑。

(8) 治安形势分析中的情报分析应用

通过对打防控信息主干应用系统中有关案件、人员信息及网上缉控预警库信息的统计分析,提示本地区违法犯罪活动的规律特点,为领导决策和预警预测提供依据。

①发案规律分析。通过定期开展对案件信息的查询统计和分析研判,搞清本地区某阶段各类违法犯罪案件发案态势及发案的重点区域、部位、时段及侵害目标、对象等规律特点,据此对本地区违法犯罪形势做出基本判断,为领导决策和调整勤务机制,实现精确防控提供支持。

②高危人群分析。从案件类别、作案特点、活动规律及户籍地分布等要素入手,通过定期开展对违法犯罪嫌疑人员信息的查询统计和分析研判,并参考周边地区高危人群信息,找出本地区某些案件的作案高危人群及其活动规律特点,为开展重点盯防及发案后的网上排查提供依据。

③新型犯罪预测。通过浏览、搜索网络与各类媒体信息,及时获取和掌握周边地区或经济、社会发展状况相仿地区的新型违法犯罪信息,并通过对此类案件扩散、蔓延趋势的分析,判断和预测在本地区出现此类案件的可能性,据此发出预警信息,及早做好应对防范措施。

下面对上述方法中的各种主要技术,进行了归纳和总结。

4.1 人肉搜索

一般认为"人肉搜索"指通过在网络社区集合广大网民的力量,追查某些事件的真相或者人物的真实身份,并通过网络曝光。其本质是利用现代信息科技,变传统的网络信息搜索为"人找人、人问人、人碰人、人挤人、人挨人"的关系型网络社区活动,变单一的查询过程为一人提问、多人响应的人性化搜索。人肉搜索的群众基础是网民,必须要通过人来实现搜索。人肉搜索的目的通常是为了"找人",运作的基本形式是在论坛发帖,发布被查找人的静态图片或动态图像,一旦有认识或者掌握相关信息的网民浏览该帖,出于正义,其就可利用在网上跟帖的形式,将该人的基本情况或活动信息公布于网上。网民的数量巨大,跨越省界乃至国界,通过人肉搜索,通常能收获关于一个人的大量信息。

4.1.1 存在异同

人肉搜索和计算机搜索是信息化时代的产物,基于计算机和网络的快速发展和普及,但二者存在着明显的区别:

① 人肉搜索是通过人工参与的方式得到结果;计算机搜索是通过搜索引擎的机器自动算法获得结果。

② 人肉搜索的发起人和实现者是社会人,是人与人之间的信息交流;计算机搜索是社会人对数据库的检索,是人与电脑之间的信息交换。

③ 人肉搜索比计算机搜索更具准确性。计算机搜索只是对现存的电脑、网络和数据库信息的搜集和反馈,结果具有不确定性;人肉搜索是搜寻社会人的答案,凭借不同地域、阶层、知识和背景的人们共同搜寻,结果是肯定的。

④ 搜索速度有差异。计算机搜索的唯一优势在于搜索速度,Google 可以在 0.000 01 秒内给出一个答案;然而人肉搜索则需要等待知道答案的人看到相关帖子并及时反馈,但是这个过程不是被动等待,而是可以通过热炒人肉搜索帖子来加速实现知情者的出现。

4.1.2 成功案例

(1) 温州鹿城"3·16 抢劫案"

2009 年 3 月 16 日 17 时 30 分许,温州鹿城区下吕浦献华小区发生一起特大尾随敲头抢劫案。受害人郑某下班回家将车停放在下吕浦献华小区某楼下,步行回家到三楼被后面尾随而至的男子用钝器猛击头部,当场昏迷后,被抢走一个随身携带的 LV 牌子黑色包,包内有现金人民币 1000 余元、欧元 2000 元,以及身份证、银行卡等杂物,价值人民币 30 000 余元。

专案组侦查员根据此案特点制定了一系列侦查方案。为查明被抢的建行卡使用记录,专案组两次赶往上海建行信用卡中心查询发现,犯罪嫌疑人持卡于 3 月 16 日 20 时 30 分许在小南路建行小南支行自动柜员机插卡,专案组立即调取了嫌疑人监控影像。在常规手段进展不大的情况下,专案组拓展侦查思路，重点根据影像中嫌疑人的体貌、衣着特征、随身饰物等情况，进行综合研究判定此人极有可能系本地人，遂果断利用温州论坛等新兴网络阵地，将犯罪嫌疑人影像照片发布进行人肉搜索。专案组于 4 月 16 日下午发动网友开展人肉搜索，积极举报犯罪线索。发布 48 小时后，有一名叫"无言"的网友发帖举报认识此人，称此人 52 岁，原户口在鹿城百里西路百里小学对面，开过打铁店，曾在羊毛厂上班。专案组据此线索，利用常住人口系统模糊查询，发现有 400 多条符合条件的记录，后进行照片辨认，很快查明犯罪嫌疑人的身份（郭某，男，53 岁，如图 4-1 所示），为之后的成功抓获奠定了强有力的信息基础。

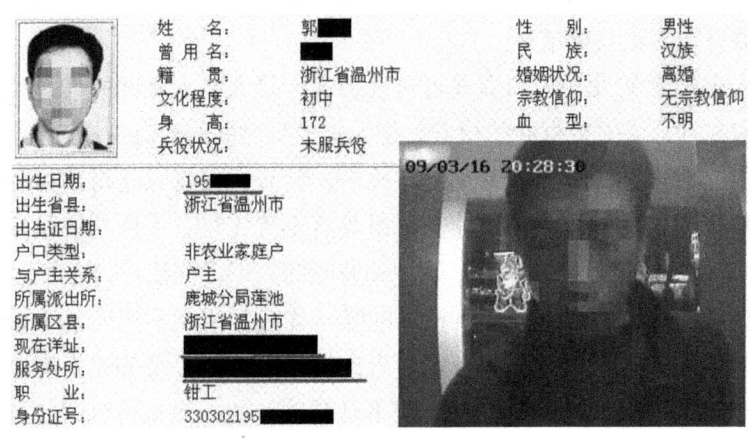

图 4-1 身份信息及监控信息

最后专案组通过缜密侦查，运用各种侦查手段，于 2009 年 4 月 19 日上午锁定犯罪嫌疑人郭某行踪，并于 4 月 20 日凌晨 1 时许在技侦部门的配合下于龙湾区永强镇将其抓获。经突审，犯罪嫌疑人对"2009.3.16"鹿城区下吕浦献华特大尾随敲头抢劫案供认不讳。

（2）在英中国留学生被杀案

2008 年 8 月 9 日，英国警察在纽卡斯尔市克罗伊登路的一所公寓内发现了两具华人尸体。死者是来自辽宁大连的杨某和其来自湖南的女友周某，二人两年前获得纽卡斯尔大学硕士学位。8 月 11 日，英国某著名留学生网络论坛贴出了关于此事件的新闻报道。当日，即有 80 余人对该帖进行了回复，对死者表示哀悼的同时也开始呼吁进行人肉搜索，通过网络找出被害者的相关资料以便锁定凶手。仅仅两天后，杨某和周某在该论坛的注册 ID 被找到。警方把英国华人学生在网络论坛上的讨论和人肉搜索结果当作信息来源，追踪一名曾租住在被害人家中的房客下落，直至 8 月 23 日破案。华人网络社区和论坛的人肉搜索在这次案件的调查过程中发挥了不可忽视的作用。

(3) "钱某打人"案件

2007 年 4 月 13 日晚 22 时许，钱某酒后驾驶一辆轿车在深圳某路边倒车时撞到了年过六旬的欧阳某某，老人提出送其到医院就医并想拉开车门上车，钱某拒绝被害人的要求后对其面部、腹部等部位进行殴打，并要求老人下跪。该事件经网络曝光，网友发动人肉搜索，几个小时之后，殴打老人者钱某和其妻子的电话号码、身份证号码、家庭住址、工作单位、孩子的学校全部曝光，钱某也因涉嫌故意伤害罪被深圳市检察院批准逮捕。

(4) "辱骂灾区"案件

2008 年 5 月 21 日，即汶川地震全国哀悼日后的第 3 天，一段辱骂灾区人民的视频出现在视频网上。一名身着彩条衫的年轻女子脚跷在桌子上，一副满不在乎的样子，用不雅的语言辱骂灾区人民长达近 5 分钟，而原因只是因为哀悼日让她 3 天玩不了网络游戏。亿万同胞的熊熊怒火被瞬间点燃，大家立刻进行人肉搜索。数小时后，便查出该女子的姓名、年龄、家庭住址、身份证号、其父母及亲属的信息均被公之于众。21 日中午 13 时许，辽宁省沈阳市公安局苏家屯区分局根据网上提供的该女子的信息资料在苏家屯区某网吧将其抓获。

(5) "敲头案"

网友"倒悬"发表了一篇题为"人肉搜索城区敲头男子"的帖子，发起人肉搜索，经过 10 多天的努力，帖子获得了 2000 余次浏览量及近百条回复。根据 6 个网友描述的鲜活案例及一些网友听说的特征描述，"人肉搜索"最终锁定了该作案男子的一些资料：40 岁左右，身高约 1.75 米，皮肤黑，特瘦，经常骑自行车，喜着红衣，戴茶色眼镜及棒球帽；作案手段以硬物连击侵犯对象后脑，作案工具可能放置于自行车前篓里，用塑料袋包着；作案时间在 17 时至 21 时；作案地点为宜春市秀江中路的中行附近、农话中心及体育中心附近，其中在秀江中路作案次数最多；作案对象主要为单人散步女性；作案者不劫财、不劫色，疑为感情受挫者变态报复。警方据此果断出击，锁定该作案男子，并将其抓获，让人不得安宁的"敲头案"终于告破。

4.1.3 应用条件

①足够多的网友参与搜索。人肉搜索是依靠人工参与方式进行的搜索，只有数量足够多的网友参与其中，才可能找到需要的结果。

②发动人肉搜索的事件需具有足够的轰动性和参与性，否则不会引起网友的关注。

- "社会关注的事件"，如"5·12"地震。
- "引起公愤的事件"，如"踩猫事件"、"钱某打人"事件，都引起了网民大范围的公愤，进而纷纷以道德守卫者的姿态参与人肉搜索，以惩恶扬善。
- "引起极大兴趣的事件"，如"红衣妹妹事件"。这类事件易于激发网民的好奇心，进而促使网民积极参与探求焦点人物现实生活的真实现状。

③人肉搜索应在"天涯网"或"猫扑网"等知名网站的论坛中发起。当前国内虽有不少网站可提起或发动人肉搜索，但只有天涯网和猫扑网具有足够的人气和网友资源，能成功发动有效的人肉搜索。

④争取相关网站的支持。人肉搜索成功案例很少离得开发动人肉搜索网站的支持，网站管理员会将发动人肉搜索的帖子置顶，并标注彩色以醒目，即使不置顶，也要置于一眼可见的重要位置。如果管理员一开始便封杀或删除了发动某次人肉搜索的帖子，则该次人肉搜索便没有成功的可能。

⑤最好有各种媒体资源的广泛参与报道。媒体报道得越多，便越能引起社会和网友的关注，吸引更多的网友参与人肉搜索。

⑥提供尽可能多的搜索对象的相关信息，如照片、地址、IP、邮箱、姓名等，提供得越多，越有利于人肉搜索的进行。

⑦提供尽可能吸引人的相应奖励。例如，"百度知道"中提供答案者可获得相应积分；再如，猫扑网中提供最令提问者满意的答案的人可获得提问者悬赏的"猫扑币"作为奖励，形成提问者得到满意答案、提供满意答案者得到悬赏的良性互动。汶川大地震发生后，Google 的技术人员便发起了专门用于寻找亲人的人肉搜索。

4.1.4 存在的争议

(1) 在承担刑事责任上观点不一

①应承担刑事责任。"人肉搜索"刚开始时确实找到了一些应该找到的人，可是随着人们的滥用，越来越多无辜的人受尽了折磨，"网上通缉已经超出

了道德谴责的范畴，严重侵害了公民的基本权益。"网上通缉、人肉搜索泄露公民姓名、家庭住址、个人电话等基本信息，同样是严重侵犯公民基本权益的行为，其造成的危害甚至比出售公民个人信息更为严重，因此建议将人肉搜索行为在刑法中予以规范。

②不应承担刑事责任。人肉搜索行为只是发动网友搜集某一个人的个人信息而已，这种行为并没有触犯法律。广州市人大代表、华南师范大学法学院副院长陈雪明确表示："如果我想了解一个人的信息资料，我通过我的亲戚朋友去打听，了解到了，这种行为难道也犯法了吗？这和人肉搜索的性质是一样的，只是大家的手段途径不一样而已。"

（2）可能构成其他的侵权行为

针对人肉搜索涉及的种种法律问题，中国人民大学民法硕士、广东民生康田律师所王智柱律师指出，涉及公众人物的信息披露，一般不构成侵权。但由于人肉搜索多数针对普通百姓，即使没有明确法律规定，也很可能构成侵犯公民名誉权等民事侵权。

（3）用于协助公安机关办案不涉及侵权

2008年11月9日，一名网民在天涯论坛发布了一则题为"两个无耻的小偷，我绝不放过你们"的帖子，贴出的火锅店监控录像清晰地看到：两名男子用衣服做掩护进行盗窃后立刻离开。号召网友对小偷进行人肉搜索，"让他们在痛苦中东躲西藏，惶惶不可终日"。对于这个行为是否侵权，陕西王炳森律师事务所律师蒋虎军认为，公民有将犯罪分子扭送到公安部门的权利，也有配合警方调查的义务。"人肉搜索小偷"的行为不触及法律底线，这种做法等于协助公安部门工作。

4.1.5 应用思考

人肉搜索有计算机搜索无法替代的灵活性和智能性，如果能在刑事侦查的必要时候成功发起人肉搜索，可达到借助网络力量大大提升刑侦工作效率的目的。

（1）人肉搜索在侦查办案中的主要作用

①确定人员身份。在侦查活动中，通过图像采集设备发现的人的图片、音像，无法确定该人身份时，特别是有跨省市流窜犯罪可能时，传统的侦查方法很难确认对象身份，可以通过网络借助人肉搜索寻找。

②扩大线索来源。当案件发生后，根据案情需要，发动群众提供线索或

可疑情况没有结果时，可考虑使用人肉搜索，扩大途径，搜寻有关情况。

③确定物品来源。案件侦查中遇有被害人的某些特征，如文身、现场遗留物品等，通过一般的物证查证工作，尚不能解释来源或产地等问题时，可尝试进行人肉搜索征询答案。

(2) 有关侦查办案中发起人肉搜索的建议

①探讨发起人肉搜索的必要性。人肉搜索是人参与的，而人的精力有限，注意力易于分散，容易在大量出现的人肉搜索面前产生疲劳而丧失关注。一言以蔽之，人肉搜索是有限的资源，只应在确有必要发起的时候采用。发起前必须认真考虑其必要性和可能性，同时要考虑案件的敏感程度是否会引起负面炒作。

②发起人肉搜索的准备。网监部门是网络技术应用的专业部门，在需要发起人肉搜索前，刑侦部门应主动向网监部门通报案情，根据实际需要，了解适合的网站、发起和发帖的形式，以寻求技术操作等方面的专业支持。

③要附带相应的奖励措施。案件本身应对网友具有吸引力，或者至少是经过技术加工改造后具有吸引力的案件。奖励不乏是一种吸引力，在人肉搜索中对首次就某内容提供准确信息的参与者许以一定奖励，或为物质，或为"猫扑币"式的虚拟资源，以提高参与者的积极性。

④组织警力参与提高搜索人气。网络里人气相当重要，前文列举的人肉搜索成功案例都是建立在高人气的基础上。一个帖子，一个搜索，冷冷清清的数百的浏览量或十几条的回复量，是不足以吸引大量网友参与其中的。所以，在发起人肉搜索时，可考虑动员或安排部分警力对发起人肉搜索的帖子进行浏览和回复，相信很短时间内便可为发起的搜索积累大量人气。

⑤工作中应特别注意的事项。人肉搜索中的发起人角色很关键，应选择与网民身份平等，并与案件有联系的角色，如受害人、目击者等。避免直接以征询破案线索的公安机关身份出现。在现今，网民的素质参差不齐，对协助公安机关开展工作持有抵触情绪的不乏其人，以国家公权力代表的身份出现在人肉搜索中，往往不如一个无关人员唤起正义感或共鸣的效果更佳。

⑥发起工作要有策略和措施。公布对于图片和音像是由发起者贴出，还是由提供的第三者贴出更为适宜，应具体问题具体分析。向网民质疑图片和音像资料的来源解释要合理，不能因为这个问题暴露公安机关身份。人肉搜索不能守株待兔，要把握搜索的正确导向，搜索的方向出现偏离要及时纠正。只有这样，才能收到更好的预期结果。

尽管人肉搜索在社会及网络中争议颇多,但是不容忽视的是,网民巨大的人力资源确实值得公安机关重视和挖掘,特别是刑事侦查部门,面对当今人、财、物大流动的社会,刑侦协作尽管在蓬勃开展,但是常规的协查通报效果相对犯罪嫌疑人跨区、跨省作案的速度有些相形见绌。在网络上"走网民路线",争取网民的支持,扩大线索来源,拓宽破案途径,不就是公安工作走群众路线的延伸吗?当然,万事万物没有绝对的,人肉搜索也具有局限性,网民认知被搜对象的能力和程度,被搜对象的知情人是否是网民等,也是我们在发起人肉搜索时要考虑周全的内容。

4.2 视频侦控

视频监控能直接或间接地记录犯罪过程,直观展现犯罪嫌疑人的图像、行为特征和其他相关信息。在此基础上拓展的"从像到人"的侦查模式,是在新形势下对侦查破案模式创新发展的一次积极尝试,为进一步提升打击犯罪的效能打下了坚实的基础,对深层次创新变革侦查模式具有深远的影响。在具体使用中,视频侦查须与实地勘查、调查走访、技术侦查、网络侦查、物证调查5个方面相结合,才能发挥更大的应用效果。

(1)视频侦查与实地勘查的结合

对于有监控探头的犯罪现场,要在勘查现场的同时,第一时间调取中心现场和外围现场的监控录像,了解犯罪嫌疑人在现场的作案过程、行走路线、触摸及移动物品、拿取物品等情况,并结合现场勘查,有针对性地开展痕迹物证的发现、提取、甄别,作案人数的判定,损失物品的确定和犯罪嫌疑人特点的刻画等工作,确保勘查工作高效有序,最大限度避免走弯路。

(2)视频侦查与调查走访的结合

由于视频监控建设存在盲区,群众目击犯罪嫌疑人有很大的偶然性,加之我们调查访问工作存在漏洞等客观因素的限制,对犯罪嫌疑人的活动轨迹不能完全掌握,经常出现线索中断的情况。只有将视频侦查和调查走访有机地结合起来,才能使断线再续,最大限度地查清犯罪嫌疑人来去路线及落脚藏身地点。

(3)视频侦查与技术侦查的结合

通过视频侦查获取犯罪嫌疑人的活动轨迹或者使用通信工具的时空因素,利用移动通信痕迹的时空条件和犯罪嫌疑人使用通信工具的准确时间、地点,开展技术侦查。同时,将收集到的空中信息进行碰撞比对,确定并抓获嫌疑人,这已成为打击流窜犯罪、侦破大要案件的重要手段。

(4) 视频侦查与网络侦查的结合

通过视频侦查确定犯罪嫌疑人的活动轨迹,追踪、确定上网网吧,网侦部门再根据网吧的录像及上、下线时间确定嫌疑人使用的电脑,开展网络侦查,获取嫌疑人的QQ号等聊天工具及聊天对象的信息,及时开展网上侦控,确定并抓获嫌疑人。同时,还可以通过注册登记信息及聊天内容来刻画嫌疑人的特征,分析确定嫌疑人的真实身份。反过来,在只知道嫌疑人使用QQ号等聊天工具,但不知道其真实身份的情况下,可以通过掌握的QQ号等聊天工具,查询上网的历史记录和IP地址,获取其在网吧上网时的截屏图像,然后采取"以图像找人"的措施抓获嫌疑人。

(5) 视频侦查与物证调查的结合

物证调查是一项传统的侦查措施,是通过调查物证的来源来发现、收集破案线索。以前由于这一侦查措施在实际破案中收效甚微,所以经常被忽视,但在高科技引入打击和防范犯罪的今天,情况发生了根本性的改变,通过物证调查往往可以获取破案的重要线索。通过调查确定物证的来源后,可以围绕源点收集物证、空中信息,调取监控录像,开展技术侦查、视频侦查,突破全案。

以下介绍视频侦查中的10种常用方法。

4.2.1 图像辨认法

图像辨认法是指对视频监控获取的图像进行技术处理,把犯罪嫌疑人的人像和相关物品(如车牌、物体特征等)的模糊或变形图像清晰化,获取较好品质的图像,并在判定的侦查区域内开展辨认工作,从而寻找犯罪嫌疑人或嫌疑交通工具、物品的一种方法。在刑事案件的侦查过程中,截取犯罪嫌疑人或可疑物品的图像进行寻找辨认,是侦查破案中应用最普及、效果最好的一种侦查模式。

2003年4月14日下午,绍兴县柯桥镇中国轻纺城发生一起特大持枪抢劫案。案发后,侦查人员立即提取了整个轻纺城内及周围的视频监控图像,通过对案发前轻纺城和周边银行监控录像的查看,迅速确定了3名犯罪嫌疑人。经图像清晰化处理后,在划定的侦查范围内发布犯罪嫌疑人图像,开展辨认工作(图4-2)。2004年10月25日,该轻纺城又发生一起同类案件,侦查人员把此案的监控图像（图4-3）与"2003-04-14"案件犯罪嫌疑人的图像进行比对，发现两案中犯罪嫌疑人的人像差别较大。经对两案发生时拍摄图像的监控位置、角度做了深入分析后，认为此差别系由拍摄图像时角度不同所造成的变形所导致，从而决定将两案并案侦查。将"2004-10-25"案件犯罪嫌疑人的图像在重点侦查区域内公布，经群众举报，查证后确认了犯罪嫌疑人，从而成功破获这起公安部督办案件。

图4-2 绍兴柯桥"2003-04-14"持枪抢劫案踩点的3名犯罪嫌疑人

图4-3 绍兴柯桥"2004-10-25"持枪抢劫案踩点的3名犯罪嫌疑人

4.2.2 时空锁定法

时空锁定法是指根据视频监控录像记录的时间，逐一与北京时间校正，确定作案的准确时间，并依据该准确时间，分析各监控点的时空关系，锁定犯罪嫌疑人所有行为的确切时间与空间，以此刻画犯罪分子人数、作案的全过程和犯罪嫌疑人相关行为的一种侦查模式。通过对现场图像的分析处理，可以锁定犯罪嫌疑人作案时或者案发前后的时空要素，确定涉案人数、犯罪过程,印证犯罪嫌疑人的口供,提供定案证据。

通过对案发时段视频监控录像的查看,可以发现在作案时间内经过案发点的可能目击有关情况的人员信息,并利用视频监控录像,沿线追踪,发现其来去路线和落脚范围,以便侦查人员开展针对性的查找访问。对可能知情的过路人员,要通过截取其图像资料和经过的位置、时间等信息,提交侦查人员开展调查访问,以发现线索。

2007年2月4日,台州市黄岩区东城开发区发生一起烧死17人、烧伤6人的特大放火案件(图4-4)。案发后,专案组通过现场周边的视频监控排查来往的可疑人员,经对案发点对面路口监控点录像资料的反复查看发现:2月4日凌晨1时32分有一行迹可疑人员到达现场,1时43分18秒现场二层楼房一楼的第四间营业房最先起火,火被点燃后有轰燃现象,并有一人从起火点跑出。专案组据此确定该案件性质为放火案,起火点在第四间营业房,犯罪分子作案时使用了助燃剂,到达现场的时间为1时32分,1时43分18秒点火,犯罪分子人数为一人。

图4-4　案发现场被烧毁的二层楼房

如图4-5和图4-6所示:视频监控信息反映出犯罪嫌疑人于2月4日凌晨1时31分52秒骑自行车到达现场,用8秒钟时间推车横过马路,停留13秒后看到北面开来一辆汽车,即向北推行回避到垃圾桶旁边;1时38分08秒,东面出现汽车灯光时,从起火点有一人手提物品(灯光反光点)向西转向南逃离;1时38分17秒,有一由西向东的行人,可能目击到犯罪嫌疑人;1时38分23秒,汽车转向南行驶时,在汽车灯光的照明下,可见垃圾桶旁边停放着一辆自行车;1时39分05秒,有一由南向东的骑车人经过现场,可能目击到犯罪嫌疑人和可疑自行车,10秒钟后从垃圾桶旁边出现一可疑人员沿马路向起火点窥视,发现前面的骑车人离去后转向起火点;1时42分,南面又出现一辆汽车向北行驶,在汽车灯光的照明下,仍可见垃圾桶旁边停放着一辆自行车;1时43分18秒,犯罪嫌疑人点火,4秒后引起轰燃,有一人(犯罪

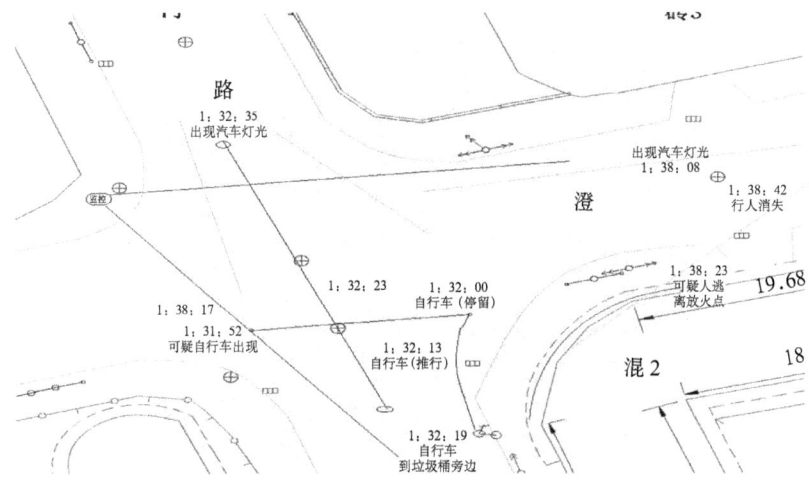

图 4-5　犯罪嫌疑人与来往车辆和行人的轨迹 1

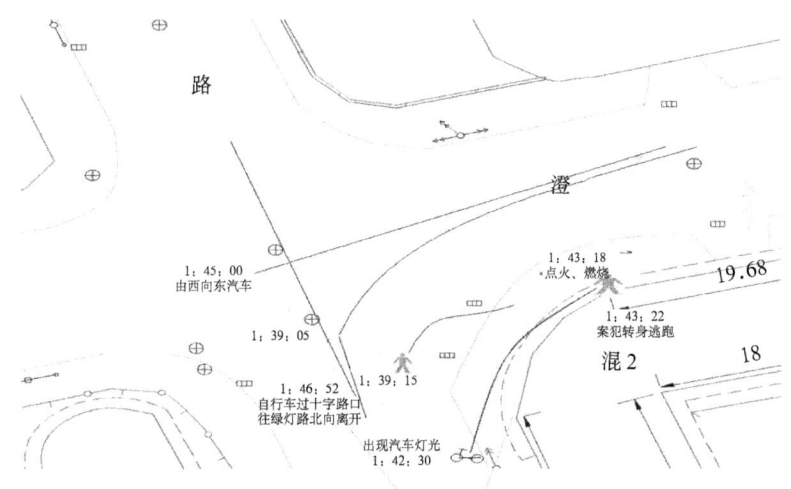

图 4-6　犯罪嫌疑人与来往车辆和行人的轨迹 2

分子）从起火点向西跑出，即刻转向南逃离现场（图 4-7）；1 时 45 分，一辆汽车由西向东行驶，此时垃圾桶旁边已经没有了自行车；1 时 46 分 52 秒，出现一个由南向北的骑自行车人经过现场，此人有可能在绿汀路南段碰上骑自行车南逃的犯罪分子。根据视频监控提供的上述信息，侦查人员通过定点设卡和监控追踪，对上述可能目击犯罪嫌疑人的过路人员和车辆逐一进行了访问，从而获得了嫌疑人相关的犯罪线索。

图 4-7 凌晨 1 时 43 分 23 秒从起火点跑出一人

4.2.3 目标测量法

目标测量法是指通过在现场设立三维立体坐标，用图像处理软件或通过现场实验测算犯罪嫌疑人的身高、携带物品大小，确定相关排查条件的一种侦查模式。目标测量可以分为软件测量和模拟实验测量 2 种方法。

（1）使用图像处理软件进行测量

①选择视频监控图像中犯罪嫌疑人及周边参照物最清晰的单帧图片，以建立坐标。被测量的犯罪嫌疑人及周边参照物的轮廓要清晰完整；测量身高时，必须能看到被测量人的头部和脚部；摄像头的角度最好平一点，如果是行走中的人，最好是双脚落地的图片，否则很难确定人的头顶点和脚底点，不能精确判定图中人物的身高。

②设立三维立体坐标。在被测量处必须要有包围被测量人或物的 7 个以上的坐标点，这 7 个点要有地面点和高于被测对象的高点，且各坐标点必须是案发后到测量时均未变动的；因测量前后地面间的高度差比较困难，因此在目标测量时，要求地面水平。

用专业软件进行测量，所得数值比较准确，并可通过测量现场的其他可准确测量的点来加以印证。在侦破舟山普陀"2004-03-01"杀人案时，专案组利用软件测得犯罪嫌疑人（图 4-8 中男子）穿鞋身高为 172 厘米，被害人（图 4-8 中女子，穿拖鞋）的穿鞋身高为 152 厘米，实测尸体裸长为 151 厘米，证实了所测数值的准确性。

图 4-8 软件测量

（2）通过现场模拟实验进行测量

①选择视频监控图像中被测量人最清晰的自然直立的单帧图片，一组人员在监控室实时观察，另一组在现场模拟，并及时用电话或对讲机沟通。这种方法要求现场摄像头的角度没有变动过，其他物品是否移动则与测量无关。

②应挑选不同高度的实验人员在现场相同位置模仿犯罪嫌疑人的动作，或制作一个2米长刻度明显的标杆，将实验标杆置于现场的相同位置。当实验人员在现场相同位置上其身高与被测量人正好重叠时，实验人员的身高即为被测量人的大致身高，或标出被测量人头顶点在标杆中的对应位置，标杆上读出的刻度即为被测量人的大致身高。

在侦破宁波海曙"2007-07-17"抢劫杀人案时，专案组据此测出犯罪嫌疑人的身高为170厘米左右，破案后测得犯罪嫌疑人身高为168厘米。宁波海曙"2007-07-17"抢劫杀人案犯罪嫌疑人身高测量实验图如图4-9和图4-10所示。

图 4-9 案嫌疑人图像

图 4-10 测量所做的身高实验图像

4.2.4 画像校正法

画像校正法是指监控图像所反映的犯罪嫌疑人面部特征不清晰、有明显变形或仅有侧面像时,根据监控图像所反映的犯罪嫌疑人动态过程、引起模糊和变形的规律,或结合目击者的描述,通过模拟画像技术、人像组合方法,对监控图像中犯罪嫌疑人的正面特征进行分析校正,给出犯罪嫌疑人的正面面貌以提供图像辨认的一种侦查模式。

在进行画像、组像校正时,要注意以下几点问题:

①仔细观看犯罪嫌疑人活动的全过程图像,重点发现拟还原部分在活动中的瞬间形象或在校正中可参考的部位。

②单帧截取犯罪嫌疑人最清晰的图像和在观察全过程中拟作为参考的图像,以清晰图像为基础,以参考形象作为补充,进行犯罪嫌疑人的面貌还原。

③有目击者时,要根据目击者的描述,对照初步的校正画像,进行必要的补充修正。

④在使用校正的画像时,要连同清晰化后的监控图像一并辨认。

2006年3月31日19时22分,宁波市江东区发生一起杀人抢劫案,犯罪嫌疑人尾随银行取款人进入银行自动取款室,抢劫杀死取款人。专案组利用处理后的监控图像对犯罪嫌疑人正面面貌进行画像(图4-11),开展辨认工作,很快发现犯罪嫌疑人系某老板的保镖,从而迅速破获此案。

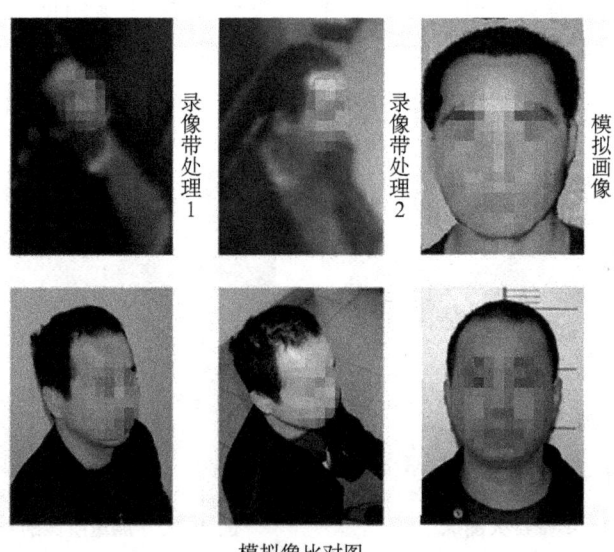

图4-11 宁波江东"2006-03-31"案嫌疑人画像校正后的比较

4.2.5 连线追踪法

连线追踪法是指从视频监控录像中查找、确定犯罪嫌疑人后,根据犯罪嫌疑人的面貌、衣着、车辆等可供辨认的特征,在其可能的来去路线沿途监控中寻找,将出现犯罪嫌疑人踪迹的各点相连,并定时、定位,进而确定犯罪嫌疑人的行走路线和落脚点,以缩小侦查范围的一种侦查模式。在连线追踪中,既要以现场为中心,按已知的犯罪嫌疑人来去方向沿线逐点进行查看,又要根据同一方向的交通情况前置式跨越查看录像,以及时发现犯罪嫌疑人有无通过此处或有无转向。

2007年4月23日,在瑞安市飞云江边一轿车内发现一人被杀害。专案组通过对沿途监控资料的分析,确定了被害人所乘汽车的行驶轨迹和行驶过程中的几个"消失点"(图4-12),判定被害人不同时段在车内不同的状态,精确刻画了作案过程,认定作案人为司机,最终破获了此案。

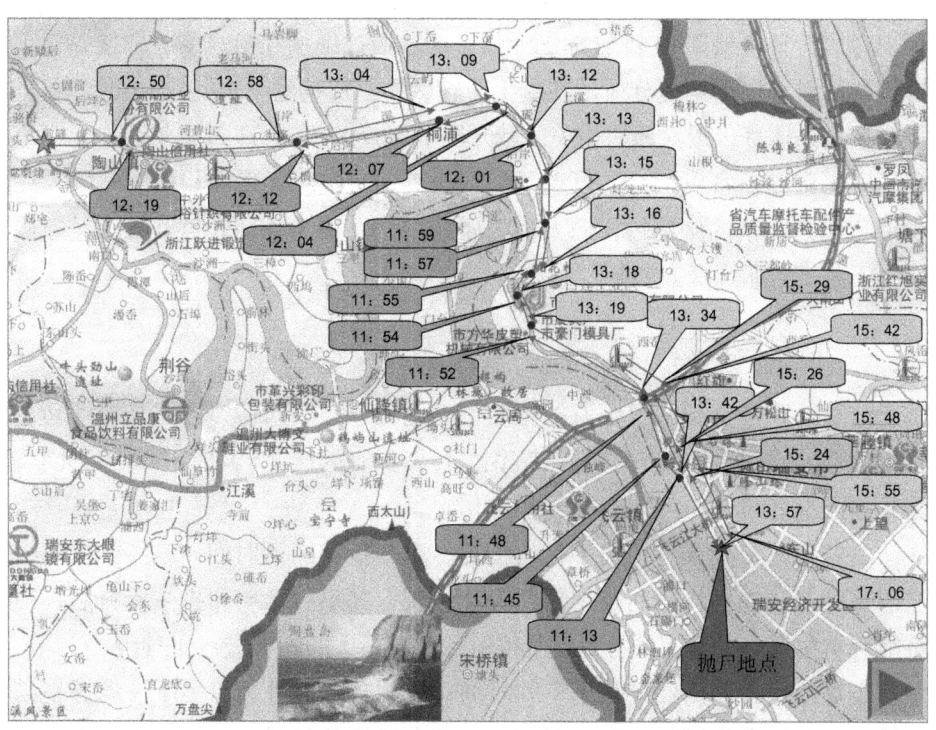

图4-12 "2007-04-23"案件犯罪嫌疑人与被害人乘坐车辆经过各监控点时间

4.2.6 圈踪拓展法

圈踪拓展法是指从视频监控录像中查找、确定了犯罪嫌疑人，但其来去方向不明时，依据犯罪嫌疑人的面貌、衣着、车辆等可供辨认的特征，以现场为中心，利用周边视频监控点的布局，向四周开展扩散性搜索，以发现犯罪嫌疑人的踪迹和来去方向，进而分析犯罪嫌疑人的落脚点，以缩小侦查范围的一种侦查模式。

2006年10月27日，德清县发生一起杀人抛尸案。专案组在现场勘查中没有发现有价值的痕迹物证，在确认死者身份后，专案组从其被抢的"浙CQ44××"牌照的出租面包车入手，组织侦查人员沿途调取监控录像，查看被抢汽车去向。侦查人员很快发现，被抢车辆于10月24日18时34分在乐清蒲岐入口进入高速公路，22时45分在杭州市北下高速，25日0时10分往北经过104国道德清三桥收费站，1时26分经过长兴县夹浦。经过专案组侦查人员对浙、皖、苏三省相关地区视频监控的查询，10月29日发现被抢车辆于10月25日凌晨2时45分经过无锡市胡埭镇。继续在沿途监控中搜寻该车踪迹的同时，根据案情分析，判断犯罪嫌疑人已连续驾车10多个小时，很有可能在无锡休息，遂对无锡相关区域开展了排查。10月31日中午，在无锡市北塘区惠前路新富汽配厂边发现了被抢汽车。专案组运用在相应时间内入住乐清和无锡北塘区旅馆的相同人员的碰撞中，发现了嫌疑人员刘某，经守候最终抓获了犯罪嫌疑人刘某。

4.2.7 信息关联法

信息关联法是指从视频监控图像中确定犯罪嫌疑人后，根据其在活动过程中反映出的打手机、进网吧、住旅馆等可资深查的情况，及时进行信息关联，拓展查证渠道的一种侦查模式。

①对犯罪嫌疑人有使用手机的情况，应分析其通话时间、地点、主叫、被叫等细节，提供给行动技术部门查证；获得其手机话单和机主资料后，即可结合常住人口人像信息与视频监控中犯罪嫌疑人的相貌进行比对。

②对发现犯罪嫌疑人车辆车牌号的，应结合车辆外观等关联信息提交给交管部门查证车主资料，进而将常住人口人像信息与视频监控中犯罪嫌疑人的相貌进行比对。

③对发现犯罪嫌疑人活动轨迹失踪点在网吧附近的，应根据网吧名称、

位置、犯罪嫌疑人可能上、下线时间等关联信息，提交给网监部门查证。

④对发现犯罪嫌疑人活动轨迹消失的，即可根据其消失的时间、地点、人数等关联信息，与出租车 GPS 等信息关联，进而寻找关联现场或犯罪嫌疑人的落脚点。

⑤结合已发现的犯罪嫌疑人活动规律特点，与案发前案发现场附近区域被公安机关盘查过的对象关联，经图片比对或辨认，确定犯罪嫌疑人。

2007 年 6 月 29 日，磐安县安文镇某旅馆发生一起杀人案。经现场勘查和调查访问发现，犯罪分子系两名与死者同住的男子，与死者熟悉。专案组在确定该两名犯罪嫌疑人于 6 月 28 日上午 8 时左右离开旅馆，11 时左右三人在房内喝酒、吃饭等情节后，决定依据三人的体貌特征、衣着、携带物品情况，以该旅馆为中心向四周扩散查看各个监控录像点的信息，以发现三人在磐安县城的活动情况。经查发现：

①6 月 27 日 18 时 21 分，死者与两名犯罪嫌疑人出现在北镇桥头（图 4-13）。

②6 月 28 日上午 8 时 12 分，两名犯罪嫌疑人从旅馆出发往菜市场方向走，穿黑色衣服的男子背着背包（图 4-14）。

图 4-13　6 月 27 日 18 时 21 分监控　　图 4-14　6 月 28 日上午 8 时 12 分监控

③6 月 28 日上午 8 时 17 分，两名犯罪嫌疑人往旅馆走，穿淡色衣服的犯罪嫌疑人手中拎着一个塑料袋。

④6 月 28 日上午 8 时 20 分，在一网吧门口监控录像里发现这两名犯罪嫌疑人，一人戴眼镜，上身穿圆领浅红色衣服，下身穿深色牛仔裤，脚穿白银色旅游鞋；另一名男子仅能看到下半身，脚穿皮鞋，通过监控中的影像可以发现其背有背包。两人所穿鞋子与现场遗留鞋印相吻合。

⑤6 月 28 日上午 8 时 28 分，两名犯罪嫌疑人在某 ATM 机上刷卡（图 4-15）。

图 4-15 银行监控图

专案组当即根据刷卡的信息顺线查证，发现了持此卡户主的信息及移动电话号码，随即通过技侦手段抓获犯罪嫌疑人李某和腾某，成功破案。

4.2.8 情景分析法

情景分析法是指侦查人员依据对案情的研究，分析犯罪嫌疑人进出现场时可能经过的路线、衣着和携带物品的变化情况，可能的交通工具，作案后为销赃等可能会去的场所等要素，并结合现场和相关区域周边的交通情况，查看相应处的监控录像，进而发现犯罪嫌疑人的一种侦查模式。该方法还可用于交通肇事逃逸案的侦破。

2007年7月8日，衢州市常山县国际大酒店发生一起笔记本电脑和挎包被盗的特大案件。从酒店视频监控中发现一人空手、一人挎包进入酒店（图4-16），但在离开酒店时，一人提着笔记本电脑，另一人挎着一个包，从电梯里出来时用手机接听电话（图4-17），由此确定此二人就是犯罪嫌疑人。在校正监控时间后，由技侦部门按此时间段手机话单排出被叫话单的机主资料，用百城联网查出机主的照片，与监控上的犯罪嫌疑人比对后确定犯罪嫌疑人。

图 4-16 犯罪嫌疑人进入酒店　　　　图 4-17 犯罪嫌疑人离开酒店

4.2.9 实验论证法

实验论证法是指通过现场勘查、调查访问后，侦查人员在相同地点和环境条件下，模拟犯罪嫌疑人的动作、衣着及随身携带的物品等，根据监控图像的比对，论证犯罪嫌疑人的作案过程、穿着特征、携带物品和交通工具等的一种侦查模式。

如在台州市黄岩"2007-02-04"特大放火案侦破中，不同身高、体态、性别的侦查人员在二环东路监控点穿戴各种颜色的服装和帽子，骑不同款式、色彩的自行车，模仿犯罪嫌疑人经过该监控点的动作，并调用该点的监控录像与犯罪嫌疑人经过该监控点的录像资料分析比较，如图4-18至图4-21所示。确定犯罪嫌疑人系男性、中等体态、戴浅灰色的帽子，衣服上浅下深，骑26英寸双斜挡女式银色铝合金泥板自行车。经在渌汀路案发现场起火点用各种火器点火和不同量的助燃剂做引火实验，分析比较案发时的起火情况和不同量的助燃剂实验，确定点火时用了500毫升以下的助燃剂。

图4-18 犯罪嫌疑人骑车经过二环东路

图4-19 侦查人员模拟实验

图4-20 起火时的情况

图4-21 模拟点火实验

4.2.10 实时抓捕法

实时抓捕法是指通过人机互动的方式,由监控人员通过实时观察发现犯罪,或是根据已发案件情况,结合犯罪嫌疑人的行动轨迹,直接利用各监控点跟踪、搜寻、锁定犯罪嫌疑人,即时引导有关部门现行抓获犯罪嫌疑人的一种侦查模式。

①实时预警引导抓捕。公安机关110指挥中心或派出所视频监控室,落实专人通过视频监控系统对辖区内的公共复杂场所、案件多发区域实行24小时不间断监控,及时发现发案苗头并预警制止犯罪;对已发生的犯罪,及时运用视频监控系统跟踪犯罪嫌疑人,引导有关部门及时封堵、抓捕犯罪嫌疑人。

2006年11月2日凌晨2时13分,义乌市稠江派出所监控中心值机人员在电子巡逻中发现辖区一路段上两名男子形迹可疑,立即指令路面巡防人员前往盘查,成功破获了一起发生在江滨公园内尚未被人发现的杀人案。

②实时搜寻跟踪引导抓捕。公安机关110指挥中心或派出所接到群众报警后,启动随警监控模式,在案发点周边的交通要道,特别是在犯罪嫌疑人可能逃跑的方向、路线上搜寻与犯罪嫌疑人特征相符的可疑人员,跟踪并引导有关部门及时抓捕。

2007年7月11日0时30分,舟山市定海区茅岭墩自来水厂附近发生了一起抢劫出租车案件。接警后,分局指挥中心指令刑侦大队、派出所快速出警,在现场勘查和调查访问的同时,迅速组织警力对案发区域附近开展路面巡逻、设卡堵截、集中清查。通过调查访问,发现犯罪分子为两名,年纪偏轻,头发偏长,穿黄灰色汗布衫,抢劫后往城区方向逃窜。指挥中心获悉犯罪嫌疑人体貌特征后,迅速启用随警监控模式,调用案发区域附近监控探头进行连环巡查。凌晨1时20分左右,指挥中心监控人员发现一名沿白虎山路由北向南而行的男子步履稍急,且年龄及体貌特征与犯罪嫌疑人相近。随即向现场周围处置人员下达查控指令,并引导处置人员将躲藏于路面宣传栏后的可疑男子抓获。经审查,犯罪嫌疑人邵某交代了伙同绰号"阿乔"的男子实施抢劫的犯罪事实。

4.3 轨迹比对

将目标对象的活动情况在电子地图上刻画出来,可以形成其活动的轨迹。利用各种信息化手段,通过分析人员、车辆、物品的移动时间和空间信息,对手机移动轨迹、QQ 等软件登录轨迹、旅馆住宿轨迹、出入境轨迹、民航轨迹、车辆行驶轨迹、GPS 轨迹、银行存取款记录、网络服务器数据轨迹、执法记录等犯罪嫌疑人的活动信息，利用相关信息进行正向查询，或者利用时空要素进行反向查询，确定犯罪嫌疑人所使用的如手机、QQ 号码、住宿的宾馆和使用的车辆、乘坐的航班等信息，最终达到抓获犯罪嫌疑人、破获案件的目的。具体流程如下：

①通过各种平台查询犯罪嫌疑人的活动轨迹。犯罪嫌疑人在作案时使用交通工具的，可通过全国机动车查询系统及全国被盗抢车辆查询系统进行查询，从中发现车主的个人信息，也可通过对交通卡点监控和公路收费系统进行查询，从中发现车辆运行轨迹；犯罪嫌疑人使用手机等通信工具的，可以通过机主信息、通话记录、基站信息发现犯罪嫌疑人的活动轨迹；犯罪嫌疑人使用互联网的，可以通过 QQ 等网络监控、上网信息分析等手段发现犯罪嫌疑人的轨迹；犯罪现场及犯罪嫌疑人逃跑路线上有视频监控的，可以通过视频监控发现犯罪嫌疑人的活动轨迹；犯罪嫌疑人出入境的，可以通过民航和海关发现其出入境轨迹；犯罪嫌疑人乘坐飞机的，可以通过民航部门，发现其乘坐的航班和监控视频；犯罪嫌疑人入住宾馆的，可以通过警综平台和宾馆监控发现其所住宾馆和监控视频，从中获取破案信息。

②根据对以上侦查工作获取的查询结果、视频监控资料、电信资料、宾馆住宿等信息加以分析，从中发现破案线索，并勾勒出犯罪嫌疑人的活动轨迹，预警出其下一步的犯罪目标及方向。

③在查出犯罪嫌疑人的作案轨迹后，可通过犯罪嫌疑人的作案习惯、作案方式，在其活动范围内通过旅馆业系统、技侦手段、网络监控等手段发现犯罪嫌疑人最终的活动地点，从而达到抓获犯罪嫌疑人、侦破案件的目的。

应用此战法时，侦查人员应开阔思维、多策并举，不能仅限于一种思路，以免遗漏其他犯罪证据。在找出犯罪嫌疑人踪迹时，应同时应用网上作战的其他战法，从而快速破案。

4.3.1　GPS 轨迹

GPS（Global Positioning System，全球定位系统）是 20 世纪 70 年代由美军陆海空三军联合研制的空间卫星导航定位系统。GPS 导航的基本原理是测量出已知位置的卫星到用户接收机之间的距离，然后综合多颗卫星的数据计算出接收机的具体位置。GPS 卫星会不断地用二进制码发送导航电文，GPS

接收机接到多颗卫星的导航电文后便可计算出接收机大致的经纬度（民用精度约20米，军用精度为2米），再配合含经纬度的电子地图，就可显示接收机所处的位置。

A-GPS（Assisted Global Positioning System，辅助全球卫星定位系统）。可以利用手机基站的资讯进行三角定位，配合GPS卫星定位，让定位更精确、更迅速。A-GPS通过手机定位服务器作为辅助服务器来协助GPS接收器完成测距和定位服务。辅助服务器有比GPS接收器强大得多的功率来接收GPS信号。在这种情况下，辅助服务器通过网络与手机的GPS接收器通信，接收器的功率比没有协助的时候有了很大的提高。故能将定位覆盖到GPS卫星定位无法覆盖的隧道、建筑物内、地铁等隐蔽位置。与纯GPS、基站三角定位相比较，A-GPS能提供范围更广、更省电、速度更快的定位服务。

随着GPS、A-GPS商业应用在我国的普及，其也为我们侦破案件、抓捕犯罪嫌疑人提供了一条非常有效的应用手段。其具体应用方法有：

一是通过移动通信服务商获取嫌疑人手机经纬度信息，利用GPS导航系统中的经纬度目标导航功能，适时定位、精确抓捕；

二是通过商业GPS应用服务商获取被盗抢机动车具体经纬度，利用GPS导航系统中的经纬度目标导航功能，适时定位，追回被盗抢机动车，抓获犯罪嫌疑人；

三是通过商业A-GPS、GPS应用服务商收集安装了相应设备的移动手机、机动车的历史数据，分析其经纬度数据，确定其活动轨迹，查找与发案轨迹、犯罪嫌疑人活动轨迹相吻合的轨迹信息，从而发现犯罪嫌疑人，以准确抓捕、及时破案。

通常，犯罪嫌疑人会选择租赁公司租赁汽车作为交通工具实施作案。由于租赁汽车为大宗物品，租赁公司审查把关较严，各类登记信息较为详细和真实，且信息量丰富，登记记录有租车人身份信息、手机号码、照片、车辆型号、车牌号等，便于公安机关进行网上信息二次查证和搜索；同时，租赁公司为防盗、防骗，在车辆上装有GPS定位系统，定位准确，便于跟踪布控，可以实现精确打击和抓捕，必要时还可实施远程断油、断电，进行拦截；部分车辆甚至安装有监控装置。这些都为我们网上作战提供了信息资源。下面介绍应用最广泛的引导排查法和案车碰撞法。

①引导排查法是指通过涉案车辆的GPS轨迹，重现车辆行驶路线，分析作案过程，查找案件节点要素，判明侦查方向的一种方法。

2007年11月18日20时45分许,温州市某酒店发生一起结伙故意伤害案件,犯罪嫌疑人驾车进入该酒店,将受害人张某砍伤,而后驾车逃离。民警将案发现场的经纬度和发案时间范围输入系统搜索,共排出4辆可疑车辆。对这4辆车的轨迹进行回放,发现牌号为"浙C0C6××"的白色广本轿车在现场停留过11分钟,该车极有可能为作案车辆。通过侦查发现,该车为租赁汽车,租车人为王某(男,湖北阳新县人),且系涉黑团伙主要成员。当晚民警顺藤摸瓜,将该团伙一网打尽。

②案车碰撞法指结合案件发生过程的多个节点,通过每个节点上GPS信息排查发现符合发案轨迹的可疑车辆的一种方法。

2007年9月10日23时,温州鹿城区江滨路一宝马车主在换汽车轮胎时被人用轿车劫持到附近南面的山上实施抢劫,被抢金额高达8万余元,其中4万元系被犯罪嫌疑人逼问银行卡密码后提取的,嫌疑人作案气焰极为嚣张。

利用GPS信息和地理信息应用系统进行上车地和抢劫地的车辆轨迹碰撞(图4-22),发现牌号为"浙CJK0××"的轿车行驶轨迹和停留时间与发案情况相吻合。后经汽车租赁系统排查,发现永嘉人赖某租用了该车,此人具有重大嫌疑。9月11日,通过GPS系统发现该车停在温州市区某娱乐城附近。当晚,鹿城区刑侦侦大队在娱乐城包厢内将该团伙一网打尽,现场搜出大量美元等赃款。经突审,4名犯罪分子交代了在鹿城等地绑架行人实施抢劫的6起犯罪事实,涉案金额达30余万元。

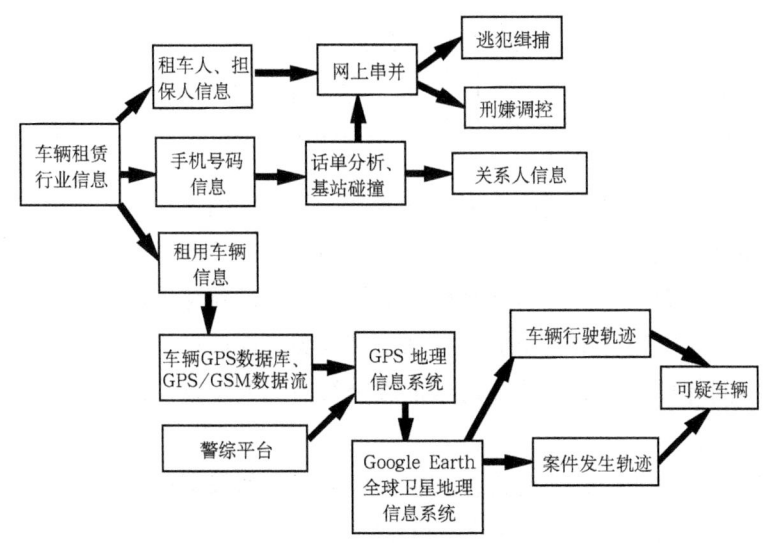

图4-22 GPS轨迹比对流程

应用此战法应注意时空碰撞条件的合理设定,提高排查可疑车辆的有效性和准确性。排查出可疑车辆较多的,可结合案件串并情况,将多个案件的发案现场或一个案件的多个现场时空信息进行分析,达到确定可疑车辆的目的。必要时还可对案件高发区域启动监测预警,如发现可疑车辆进入指定区域则立即报警,提前做好各项防范工作等。

4.3.2 交通卡轨迹

交通卡是一张集成电路卡,每张卡内集成有 IC 卡芯片,该芯片具有电子钱包及其他功能,可存储多次付款记录,亦可反复充值使用。使用交通卡时不分正反面,只要将卡片贴近读卡器的感应区,听到交易成功的提示音即可完成刷卡。交通卡一般无面值,先充值后使用。交通卡为非记名普通卡,在办理时不需要任何证件,不记载用户身份信息,也不办理挂失手续。

一次刷卡的一般过程是:用户持交通卡在读卡机具上刷卡,读卡机具读取该卡的相关信息,并进行有效认证,在系统程序确认金额足够的情况下,记录开始时间和结束时间。每张交通卡均有一个唯一的卡号作为系统识别用户的依据。用户在购买交通卡的同时,系统自动记录购卡时间和购卡地点。用户可以通过各种方式查询交通卡余额或充值。使用类型记录用户乘坐公交车、地铁、出租车,或者在电影院、药店等进行消费活动。交通卡系统的数据结构如表 4-1 所示。

表 4-1 交通卡数据结构

卡号	购卡时间	购卡地点	开始时间	结束时间	使用类型	使用地点	开始金额	结束金额	其他信息

交通卡活动轨迹,是持卡人在某时间、某空间内使用交通卡的记录,作为一种特殊的犯罪痕迹,在公安侦查中日趋普遍和重要。交通卡记录对应目标对象的活动轨迹,交通卡活动轨迹的模糊分析,就是针对持卡人可能使用交通卡的特定案情,根据交通卡活动轨迹的关联性原理,充分利用活动轨迹时间、空间等要素,对各类交通卡信息进行筛选或排除,最终确定目标对象的活动轨迹。

2010 年 5 月 17 日 12 时许,被害人曹某急匆匆报案称:其在控江路某超市门口被人抢劫,包内有现金 30 000 余元,以及大量票据和一张交通卡。侦查员根据曹某每天使用交通卡上、下车时间及所乘公交线路情况，到公交公司查出其交通卡卡号。根据卡号，发现案发后有人使用，经调阅公交线路监控录像，确定了一名犯罪嫌疑人，随后将其抓获。

4.3.3 手机轨迹

犯罪嫌疑人在某特定时空范围内使用过手机，移动通信设备如基站和交换机会记录其相应的时间和位置信息。根据手机移动轨迹的关联性原理，充分运用集合论、逻辑学和计算机技术，根据交换机记录的时间和位置信息进行连线分析，可以刻画出手机的移动轨迹，进而确定嫌疑人的活动轨迹。反过来，根据嫌疑人的活动轨迹，也可以分析确定嫌疑人所使用手机的号码。

记录在公众通信系统中的通信痕迹，因系统本身的技术要求和特点，各项参数与目标对象之间存在着关联性。例如：对象手机话单中，位置区字段与对象的活动区域关联；通话时间字段与对象的生活规律关联；对方号码字段与对象的社会关系关联；等等。根据这些关联性，既可以从犯罪通信痕迹推断犯罪情节或者犯罪分子的活动情况，又可以从犯罪情节或者犯罪分子的活动情况推断可能留下的犯罪通信痕迹。要想从这些庞大、复杂的通信系统中，准确、及时、全面地挖掘出犯罪通信痕迹，就必须在深入、全面了解通信系统的基础上，根据特定案情构建筛选或排除条件，逐步缩小嫌疑范围，直至确定目标。

在具体应用中，手机移动轨迹往往可以和车辆轨迹、视频监控、宾馆住宿、GPS 轨迹、QQ 轨迹、民航轨迹、出入境轨迹等结合使用，拓展出更多的线索。

根据表 4-2 中的手机号码（A 列数据），将目标对象的通话时间（D 列数据）和通话地点（F 列数据）看成一个点，将多个点连线，即可刻画出目标对象的活动轨迹。

表 4-2 手机话单

查询 号码 A	对方 号码 B	呼叫 关系 C	通话起始时间 D	通话 时长 E	小区 位置 F
135793674××	158868573××	主叫	2008-10-30 18:30:03.0	84	40562
135793674××	138992185××	主叫	2008-10-30 18:29:11.0	13	40562
135793674××	158868573××	主叫	2008-10-30 17:46:32.0	177	40121
135793674××	138992185××	主叫	2008-10-30 17:15:23.0	69	40121

2004年9月30日下午15时许，受害人朱某的父亲和妻子到公交分局刑警队报案称：朱某于9月26日早晨外出跑运输，下午19时30分后，便与家中失去联系，音信全无。10月2日早晨，受害人驾驶的车辆在延安路十七户附近被发现，车内有少量血迹，经DNA鉴定，确定为朱某的血迹。初步分析认为，朱某已遇害。

专案组介入调查后，对受害人话单进行分析，确定受害人当天的活动轨迹。根据分析，此案租车人有重大嫌疑。专案组根据受害人活动轨迹推理出租车人活动轨迹，最后锁定租车人手机号码，进而确定此案嫌疑人张某，并成功破获此案。

4.3.4 QQ轨迹

QQ是深圳市腾讯计算机系统有限公司开发的网上即时通信软件，是目前国内互联网上应用最为广泛的即时通信服务工具之一。人们可以使用QQ和"好友"用户进行交流，传递信息。目标对象登录QQ时，系统会自动记录其登录的时间和IP地址。将目标对象每次登录QQ的时间和地点连线，即可刻画出其上网轨迹，根据目标对象的上网轨迹，结合一定的时间和地点线索，也可倒查出其使用的QQ号码。

2010年年初，深圳市某区连续有多家网吧内的计算机设备被盗，包括内存条、硬盘等大批财物，案值5万余元。经调查，犯罪嫌疑人是几个社会无业人员，他们以通宵上网为名，在深夜趁人不备实施盗窃。案发后，侦查员根据案发时间和案发地点线索，经过对上网人员的活动轨迹进行排查（图4-23），最终锁定3名犯罪嫌疑人，从而成功突破此案。

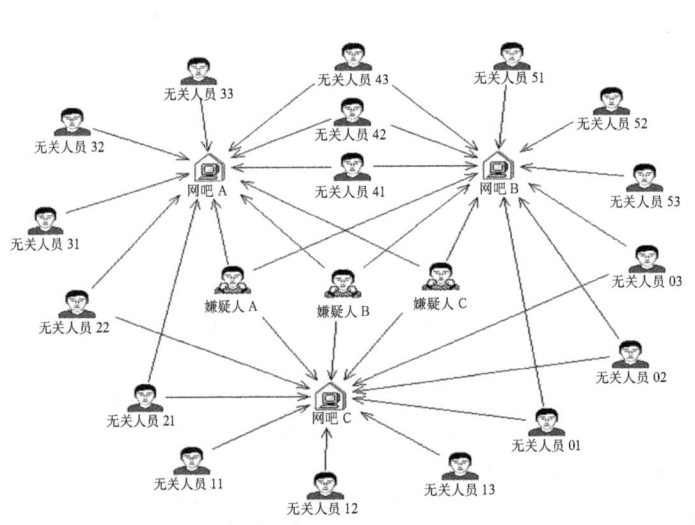

图4-23 上网关系

4.3.5 车辆轨迹

机动车在行经各"电子警察"与城市卡口系统或者收费站时,相关站点的视频监控会记录下车辆通过的时间和地点信息,将这些时间和地点信息连线,或者根据车载 GPS 信息,即可刻画出车辆的行驶轨迹。通常,根据车辆号牌,经查询相关卡点监控信息,可以获得车辆的行驶轨迹。反过来,根据相关时间和卡点信息,也可以倒查并确定相应的机动车辆。

2009 年 8 月 31 日晚,万象城地下停车场发生一起砸车窗盗窃案,一辆奥迪 A5 轿车车窗被砸,车内 2 部照相机被盗,价值 50 000 元左右。

案发后,侦查人员结合近期辖区陆续发生多起车内物品被盗案,从停车场监控入手,寻找突破口。经侦查发现,多起砸车窗盗窃案周边现场均发现一辆红色现代轿车。通过车辆轨迹碰撞和网上作战分析,确定该车牌号为"湘 F8ZY××",车主是有多次砸车窗盗窃前科的湖南籍男子郑某(男,34 岁)。办案民警连夜展开调查,分析郑某轨迹,随后成功将其抓获。经审查,其交代了采用砸窗盗窃车内物品 6 起,查证 4 起,追回部分被盗的导航仪、手机等物。

4.3.6 住宿轨迹

通过警综平台的宾旅馆系统,可以查询目标对象入住旅馆的时间和旅馆名称等信息。将入住时间和地点连线,可以刻画出目标对象的住宿轨迹。根据已发案件的时空关系,分析判断目标对象活动轨迹与发案轨迹之间的对应关系,并结合目标对象入住时间和籍贯等相关信息,在数据库中进行碰撞比对,可以排摸出有作案嫌疑的人员。利用宾旅馆系统开展网上侦查工作的核心为人、案轨迹碰撞,流程如图 4-24 所示。

"人过留痕、雁过留声",分析的目的就是要找到痕与声之间的内在联系,案件的侦破亦水到渠成。以下从 5 个方面分别加以阐述:

一是案件信息与入住高危地区人员信息的比对碰撞。案件信息是指通过梳理、串并辖区内作案手法、侵入方式等相似的系列案件。高危人员信息是指在某一地域内从事某种犯罪所呈现的地域性特征人员信息。在实际工作中,要注重收集、整理各级公安机关发布的高危地区人员信息。对于辖区内发生的案件,要根据作案手法的高危特征,确定出高危地区人群,再通过旅馆信息系统进行查询比对,排查出案发时段入住本地旅馆的相关高危地区人员信息，锁定嫌疑目标，开展侦查破案。也可以将案件信息拓展到全市及周边地区，及时与本辖区旅馆业信息比对碰撞，有效提升旅馆业信息的作战效能。

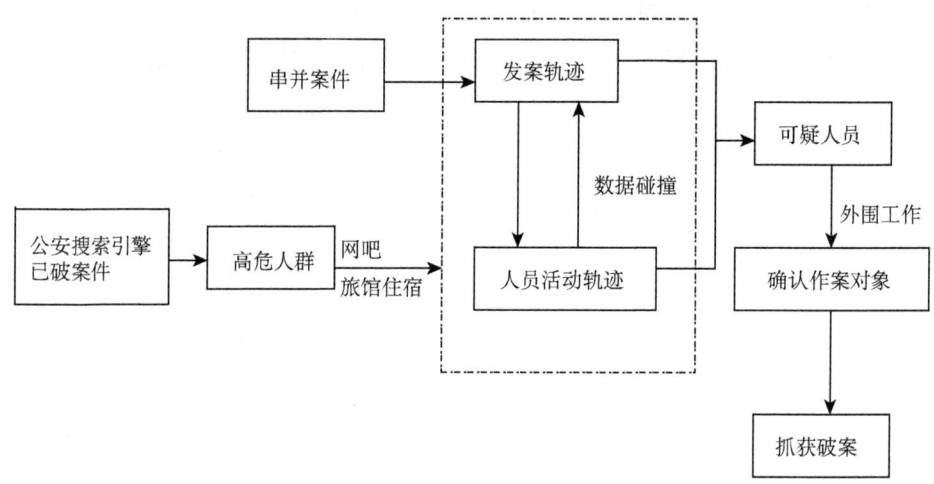

图 4-24　住宿轨迹比对流程

2010 年以来，某辖区内发生多起假牛黄诈骗案件，发案时间相距约 2 个月，其中一名犯罪嫌疑人为南方口音。案发后，情报人员立即梳理该案信息，及时串并全市及周边地市此类案件的发案情况，共梳理出同类案件 21 起。经高危人员地区查询，发现此类案件以河南、安徽籍人员为重点。据此，情报人员重点排查，比对案发前后入住宾馆的上述两地高危人员信息，从中发现安徽籍人员胡某在案发期间有入住记录的信息。刑侦部门以此为突破，成功锁定张某、王某、陈某、胡某等 4 名犯罪嫌疑人。经进一步工作，先后将 4 名犯罪嫌疑人抓获，破获 2010 年以来流窜多地、利用假牛黄诈骗案件 40 余起。

二是案件信息与入住反常人员信息的比对碰撞。入住反常人员是指多次、长时间在某类案件高发时登记住宿人员。随着作案手法的快速演变，我们也应特别关注其同住人员、活动情况异常人员。在实际工作中，某类案件在特定时间段内高发的情况下，要根据案件的发案规律和犯罪嫌疑人年龄、体貌特征等情况，与入住辖区内旅馆的人员情况进行比对碰撞，从中发现线索，锁定犯罪嫌疑人，破获案件。

2010 年 6 月底，某辖区相继发生 4 起持刀抢劫案件，犯罪嫌疑人有四五人，年龄都在 20 岁上下，体貌特征明显。经串并全市同类案件发现，自 6 月份以来全市共发生相同体貌特征人员实施抢劫案件 13 起。此系列案件犯罪嫌疑人明目张胆、不计后果、手段恶劣，符合外来人员流窜作案的规律特点。根据这一情况，经对旅店业入住人员信息查询发现，在一小旅店内有5人于6月初入住，年龄均在20岁上下，入住时间与抢劫案件高发时段相符。经进一步工作，发现此5人昼伏夜出、行动诡异，且体貌特征与受害人反映类似。经受害人辨认照片确认后，公安机关于7月4日将5名犯罪嫌疑人成功抓获，共破获系列抢劫案件23起。

三是案件信息与网上信息的比对碰撞。"他山之石，可以攻玉"。充分借鉴和运用外地公安机关发布的有关抓获犯罪嫌疑人、未破系列案件的预警信息和破获某类案件信息，将其中提到的相关人员基本情况与本地入住人员信息系统进行碰撞，从中找寻破案的交叉点。可立足于以下两个方面开展工作：一方面，将周边地市破获的系列团伙流窜犯罪案件中抓获的犯罪嫌疑人信息，录入本地入住人员信息系统中进行查询比对，查找其有无在本地入住的信息，从而确定其团伙是否进入过本市。如有进入，要对其进入本市的相关时间段进行案件查询，查找有无类似案件，组织受害人对犯罪嫌疑人进行辨认，确定周边地市抓获的犯罪嫌疑人有无在本地作案的信息。另一方面，将周边地市发布的系列流窜案件预警信息与本地发生的案件进行串并。串并成功后，将该地市在案发前后的入住人员信息与本地案发前后的入住人员信息进行碰撞，确定重点嫌疑人。

四是犯罪嫌疑人供述的活动轨迹与入住信息的比对碰撞。犯罪嫌疑人被抓获后，为逃避打击，往往会故意隐瞒其真实的活动情况，且编造出虚假的活动轨迹和与之关系密切的人员。在此情况下，通过查询犯罪嫌疑人在不同时间、不同地点的住宿情况和同行入住人员，查清其行动轨迹和同行人员，以及对其在住宿期间发生过的同类案件信息进行碰撞，可揭破其谎言，迫使其交代犯罪事实，扩大战果。

2009年9月，侦查员抓获盗窃犯罪嫌疑人王某。在对王某进行审讯时，其故意编造案发时间段不在本地的虚假情况，拒不交代犯罪事实。对此，民警将查证其真实活动情况作为迫使其交代犯罪的突破口。经查证发现，在案发前一天，其曾入住本地某洗浴中心，并在案发当天深夜离开，与之同行的还有一人，符合盗窃案件发生的时间段和作案人数。在掌握此情况的基础上，进一步加大对王某活动轨迹情况的审讯和对其同行入住人员的抓捕工作，最终迫使其如实交代实施重大盗窃的犯罪事实。

五是入住可疑人员信息的比对碰撞。可疑人员信息是指持有伪造身份证件的人员信息，以及有前科劣迹等违法犯罪人员的信息。在日常工作中，要注重发现、掌握和收集各种可疑人员情况，加强此类人员信息与入住本地人员信息的比对碰撞，从中查找案件信息来源，以便破获案件。

2009年7月份，侦查员在对日常入住人员信息的排查中，发现一男子虽系本地居民，但其不定期入住洗浴中心。经查，该男子为有吸毒前科人员，经常夜不归宿，不符合常规情理。在一次夜查中，侦查员将此人作为重点带回讯问。很快，该人便交代伙同他人吸毒并实施盗窃等违法犯罪事实10余起，并交代其毒品卖家。后经侦查，破获贩毒案件12起。

此种分析模型，也可以对网吧活动人员、暂住人口、往来车辆、重点人口等开展工作。情报分析人员根据不同案件特有的时空信息，刻画犯罪嫌疑人的活动轨迹，来挖掘案件信息和犯罪嫌疑人轨迹的相互关联性，步步深入，循线追踪，揭开人、案之间的相互关系。

4.3.7 民航轨迹

利用目标对象乘坐民航客机的时间和机场信息，可以刻画出其活动的轨迹。由于民航安检严格，乘客要使用真实身份证件登机，且在安检时均会留下影像资料。此外，同行人员信息也会被民航管理系统记录，利用相关筛选条件，也可分析出犯罪嫌疑人的同伙信息。民航信息和视频监控信息及手机漫游轨迹相结合，可发挥更大的效力。

2009年2月14日，南京市局建邺分局刑警大队在对广东抓获的迷信诈骗高危人员进行轨迹分析时发现，曾因迷信诈骗被广州越秀分局抓获的黄某（女，1955年7月生，海南省儋州市人）于2月13日乘坐航班由广州飞往南京。

情报人员分析：此人此行如是流窜作案必定有同伙。随即利用警综平台中"轨迹研判"功能，对黄某的同行人员进行深入分析，结果发现黄某的同行人员共有5人，分别是李某、陈某、黄某森、任某及黄某连。至此，一个主要由广东籍可疑人员组成的迷信诈骗团伙初见雏形。情报人员继续使用警综平台，对该团伙的活动轨迹查证并发现团伙成员之一的陈某在当日到达南京后下午即入住句容一家宾馆，而其他人员无住宿登记。根据流窜作案团伙的活动规律，情报人员将查明的5人不间断在省厅平台中检索发现：2月14日黄某森、任某二人结伴入住金坛一家宾馆；2月15日原入住句容的陈某伙同黄某森、任某入住常州一家宾馆。

2月16日上午，情报人员主动与常州市局刑警支队联系，通报研判成果。

常州刑警支队有关同志接报后,迅速查证并反馈在该团伙成员入住金坛时,该市发生迷信诈骗案件:2月15日上午10时,受害人李某至步行街电信局旁的巷子内遇到一名30岁左右的女子,该女子称李某家中有灾难,需要将家中金器带来拜佛。李某信以为真,将家中2400元及金器带去由该女子帮其拜佛。结束时发现袋内的现金、金器被调包拿走。随后,金坛市局根据南京市局建邺分局提供的信息,在常州某宾馆内将该迷信诈骗团伙6名作案成员一网打尽。

4.3.8 出入境轨迹

出入境管理部门记录的出入境管理信息,主要包括中国公民和外国人出入国境的登记信息、护照信息等。犯罪嫌疑人的出入境信息,在有些案件中也可发挥关键性作用。

4.3.9 轨迹的结合

实战中,通过"电子警察"与城市卡口系统调取涉案车辆通行轨迹,结合发案时段话单分析,碰撞与车辆通行轨迹相同的手机移动轨迹,能够迅速锁定犯罪嫌疑人的手机号码,快速抓捕犯罪嫌疑人。

主要步骤如下:

①筛选手机信息。摸排嫌疑人手机信息,通过调取手机通话位置信息,确定嫌疑人经常活动的轨迹和大概位置。

②筛选车辆信息。摸排嫌疑人驾驶车辆的基本信息,如车型、车身颜色等,信息越全越好。

③选定监控卡点位置。通过嫌疑人手机通话基站变化信息,选定一处或多处嫌疑人通过的监控卡点。

④选定排查时间段。通过手机通话时间和位置变化,选定一段嫌疑人通过卡点位置的时间段,调取该段时间内所有通过车辆录像资料。

⑤排查嫌疑车辆。根据摸排的车型、颜色、通行的大概时间等信息,通过查找录像资料锁定嫌疑人驾驶机动车牌照。

⑥确定嫌疑车辆行驶轨迹。登录交警卡口与电子警察系统平台,输入查询时间与车辆牌照,确定嫌疑车辆的行驶轨迹,从而确定嫌疑人车辆经常停放的位置,选择突破口展开工作。

⑦架网布控实施抓捕。通过确定的嫌疑人车辆经常停放位置,找到嫌疑车辆,在车辆周围开展布控,嫌疑人出现后将其抓获。

2009年12月30日上午9时51分，群众台某电话报案称：暂住在保定市百花路某电控厂宿舍的袁某失踪，该人的一辆本田CR-V轿车同时不知去向。

经做工作，得知该车为一辆银灰色本田新款CR-V轿车，车牌号为"津HF11××"。民警立即通过"电子警察"与城市卡口系统查询该车案发后的通行情况，成功发现并调取了该车案发后驶向清苑县的通行路线轨迹。随后办案民警结合车辆通行轨迹对调取的重点时段话单数据进行碰撞分析，梳理发现与车辆通行轨迹相同的通信轨迹号码，进而在短时间内迅速锁定犯罪嫌疑人曹某。

在锁定犯罪嫌疑人曹某后，发现其已经不知去向。通过调查得知，其拥有一辆牌照号为"冀FAH0××"的银灰色凌志轿车。后通过"电子警察"与城市卡口系统查询该车通行情况，发现了该车在案发后驶向津保高速方向的通行轨迹。经过综合分析，民警立即驱车追赶至天津，通过"以车找人"结合技术手段，成功将犯罪嫌疑人曹某抓获。

经讯问，犯罪嫌疑人曹某交代：2009年12月29日23时许至2009年12月30日凌晨，其伙同夏某、周某、刘某等人将暂住在保定市百花路电控厂宿舍的袁某绑架，后将袁某扎死，并用袁某的本田CR-V车将尸体运至清苑县进行掩埋。随后开走了本田CR-V汽车，瓜分了袁某包内的6万元钱及1块表、1条金项链。后根据曹某交代的情况，周某、刘某、夏某3名犯罪嫌疑人相继被抓获归案。

此案中，通过"电子警察"与城市卡口系统调取的涉案车辆通行轨迹，大大节省了技术手段分析犯罪嫌疑人通信工具的时间，从而达到快速抓捕犯罪嫌疑人的效果。

4.3.10 轨迹类数据挖掘分析

轨迹碰撞分析，是数据碰撞最主要的实战应用。常见的轨迹类数据有旅馆业数据库、通信记录数据库、银行数据库、交通违章数据库、高速公路缴费数据库、民航信息、出入境数据库、网络服务数据库、视频监控信息等。轨迹类案件的基本要素如下。

(1) 时间要素

时间要素就是在轨迹类信息流中，发生特定情景的时间段或者时间点，即起始时间、终止时间及其时间差，其单位可以是年、月、日，或者时、分、秒。时间要素是轨迹类数据模糊分析的重要元素，一旦时间设置不合理，数据分析也就无从谈起。因而，根据当事人或者有关人员的回忆或推理判断时间时，当预计的数据量不大的情况下，要尽量放宽时间跨度。再有，各种视频录像记录的时间与标准时间之间往往有一定的误差，在修正误差时，一定要认真细致。例如，银行摄像探头的时间往往有误差，有的快，有的慢，甚至多个探头的时间不一致。

（2）空间要素

空间要素是指轨迹活动的区域。空间要素可以细化为一个点，如持卡人进出地铁的刷卡地点，目标对象使用手机的地点，QQ登录地点等；也可以划分为一条线，如手机持机人沿某条公路前行所通过的区域，犯罪嫌疑人进入或者离开现场的区域，车辆沿高速公路前行的路径，民航客机行驶的城市连线，出入境轨迹等；还可以是一条带状区域，如犯罪嫌疑人从早到晚的活动区域，某时间段手机移动的区域，嫌疑人在一段时间内入住的宾馆等。

（3）其他的辅助要素

由于轨迹类信息系统本身的技术特点和要求，系统还记录了其他一些信息，可用于办案实践中辅助分析和判断排除的依据。如交通卡余额信息、手机计费信息、GPS原始信息等要素、出入境记录等，这些信息也是分析人员、甄别嫌疑的重要依据。

由于轨迹类挖掘分析获取的信息由电脑自动记录和生成，具有客观翔实性、反复使用性和外延拓展性等特点。根据轨迹类信息的关联性原理，充分运用集合论、逻辑学和数据挖掘技术，可以从纷繁复杂的轨迹类数据中筛选出目标对象犯罪活动轨迹，或者根据对象的活动轨迹，确定其使用的QQ号码、手机号码、交通卡、车辆、航班、住宿、出入境等信息，对于侦查工作具有很强的现实意义。

在实际办案中，时间和空间信息是轨迹类数据分析的核心，决定着数据挖掘的成败。确定时间和空间信息的依据主要有：

①根据当事人或者有关人员的回忆；

②现场勘查及分析推断；

③公共监视系统的录像记录；

④现有轨迹类记录基础上的分析；

⑤结合具体案情进行推断和分析。

根据轨迹类的时间和空间信息，结合痕迹物证、犯罪嫌疑人特点、行为特点、选择对象等具体特征，可以分析判断涉案轨迹类信息的运用方法，具体流程如图 4-25 所示。

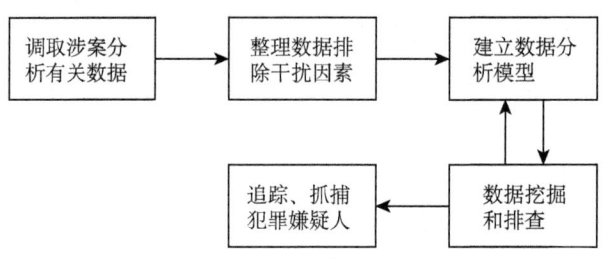

图 4-25　轨迹类数据挖掘流程

4.3.11　轨迹类案件常用模型

轨迹类案件中建立数据挖掘模型的过程，是把被调查对象之间错综复杂的社会关系问题简化、抽象为合理的数学模型的过程。目标数据仓库包括 GPS 轨迹、交通卡轨迹、手机移动轨迹、QQ 轨迹、车辆轨迹、住宿轨迹、民航轨迹、出入境轨迹等。轨迹类案件分析的基础是上述轨迹形成的数据库系统，分析的目的是从具体案情出发，根据时间和空间要素，结合其他辅助条件，对目标数据仓库展开数据挖掘，根据目标号码确定具体轨迹，或者根据已有数据仓库挖掘目标号码，如图 4-26 所示。轨迹类案件的常用模型主要有以下 3 种。

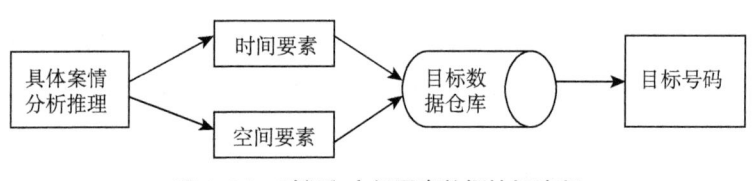

图 4-26　时间和空间要素数据挖掘流程

（1）时间要素明确，空间要素不明确

例如，根据当事人回忆或者案情大胆设想，犯罪嫌疑人在某时段（如发案时间）曾使用过手机、QQ、交通卡或者假定其活动轨迹，根据具体案情，分析推理出其使用的手机号码、QQ 号码、交通卡号、住宿的宾馆、乘坐的航班等。因为空间要素不明确，所以该模型获取的数据量往往很大，但如果在数据量较少的时段或空间，如深夜或偏僻郊区使用手机，数据挖掘成功的可行性会大大提高。另外，在时间比较精确的情况下，例如，根据手机的漫游信息，可以精确锁定嫌疑人乘坐的飞机或者火车；根据 GPS 或者视频监控信息，可以排查、确定嫌疑人使用的车辆。

（2）时间要素不明确，空间要素明确

这种模型的使用情景一般为时间不够精确，但空间（如案发地点）明确的情况下。例如，已知车牌号码，查询其行驶的轨迹；已知对象身份证号码，查找其入住的宾馆。再如，系列盗割电缆线案件，案发现场明确，案发时间往往跨度较大，借助手机通话信息、视频监控信息、GPS 信息等刻画的时间，可以缩小案发时间段。由于时间跨度较大，此种模型挖掘出来的数据量往往很大，不易排查。对一些多发性侵财案件，由于犯罪嫌疑人流动作案、跨地区作案，案发前流窜到案发现场，案发后离开，此种模型可以采用排除法。例如，可以排除经常在此空间出现的手机号码、QQ 号码。另外，也可以利用警综平台，对相关案件进行串并案分析，串并的案件越多，挖掘成功的概率越大。

（3）时间和空间要素均明确

这种模型的使用情景有：在跟踪或守候过程中，经常会碰到犯罪嫌疑人在某时某地使用手机或者交通卡；系列案件中，犯罪嫌疑人在某时间段内出现在甲案发现场，又在另一时间段在乙案发现场附近使用手机；监控录像显示，犯罪嫌疑人使用手机或者上网登录 QQ 号码等。此种情况下，因为时间和空间要素明确，数据挖掘比较容易成功。

涉及时间和空间要素的轨迹类数据挖掘，可以根据不同案件情况建立相应的挖掘模型，并根据案情灵活掌握、熟练运用。例如，可以就不同的情景，探索模型将如何变化，也可以根据实际情况改变最早所做的某些假设，指出由此挖掘模型的变化所引起的结果改变；还可以用不同的数值方法进行计算，并比较所得的结果。有时不妨拓宽思路，考虑由于建模方法的不同而引起的差异。

4.4 网上串并

网上串并信息分析破案法是指对于一定时间、一定地域特定多发案件，根据案件的成案因素和嫌疑人的作案手段，利用网上信息串并本市或外省市已经破获的类似作案手段案件，或者对已破案件中的已被抓获嫌疑人，分析研判其活动轨迹中类似案件是否系其所为。

当前，刑事案件侦破主要以"从案到人"侦查模式为主，也就是从犯罪现场入手，一步一步勘查现场、收集证据、分析案情、查找并确定犯罪嫌疑人、查明案件事实。开展侦查的方法有：从作案原因入手，从案件情况入手，从作案手段入手，从并案侦查入手，等等。所有这些具体途径都是以"案件情况"为起点，以"犯罪行为人"为终点，以已知的其他案件要素为中间媒介展开的，以作案时间和作案空间出发，结合作案原因、作案手段、作案过程、作案工具，排查分析痕迹物证，确定犯罪行为人。其侦查模型如图 4-27 所示。

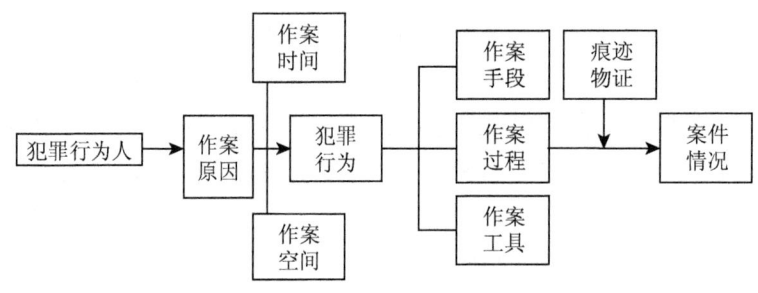

图 4-27 从案到人侦查模型

网上串并信息分析破案法步骤为：
①准确把握已发案件的作案特点；
②准确串并已破的同类型案件；
③如在本地区未发现同类型案件信息，可通过警综平台和情报分析平台，查找外省市同类型案件的协查信息；
④寻找已破案件中被抓获人员信息，提供侦查部门进一步甄别，或者放在网上供相关部门串并，以提供更多信息。

主要战法如下。

4.4.1 案件性质

通过对案件的分析、推理和判断，确定案件的性质，因为只有相同性质的案件才有并案侦查的可能。对案件的定性要准确，要细致分析嫌疑人作案过程。如在抢劫、杀人案中，犯罪嫌疑人是由盗窃引起的抢劫、杀人，或是先抢劫后杀人或先杀人后抢劫；在抢劫、强奸、杀人案中，犯罪嫌疑人是先抢劫，还是先强奸，或是先杀人。通过分析，了解犯罪嫌疑人作案时的第一意图是什么，从而判明案件的性质。

4.4.2 涉案物品

对被盗抢赃物，如手机、项链、有价证券及其他可疑物品和赃物进行分析，也可通过对受害人和现场周围目击者的访问，获悉犯罪分子作案时的交通工具和运输工具等，为串并案件提供依据。

4.4.3 选择对象

犯罪嫌疑人作案目标的选择主要是对物品的选择，有些盗窃物品具有一定的特殊性，例如，有的专盗工业原材料，有的仅盗现金、金饰品，有的专盗香烟，有的对妇女用品感兴趣。对象的选择一般是针对人，特别是强奸、抢劫等案件，有的嫌疑人习惯选择同一类对象，如针对年轻女子或者针对中年妇女等。

4.4.4 赃物控制

网上串并发现涉案赃物的可能去向后，可以通过刑事侦查阵地控制赃物，发现线索，抓获犯罪嫌疑人，破获系列案件。这种战法适用于有特定赃物可资控制的系列案件。要特别注意：一是要快速掌握案件有无可控制赃物，赃物的具体特征是什么，特征刻画越具体、越具唯一性越好；二是为赶在犯罪嫌疑人销赃前完成布控，可依托公共通信网建立网上发布控赃信息平台，该办法建设成本低，简便易操作，实战效益明显；三是发现赃物后，抓捕措施要快速，也要积极稳妥。

4.4.5 作案手段

犯罪嫌疑人的作案手段在作案过程中常形成一种定势，具有特殊性。如入室方式，有的习惯撬门扭锁，有的习惯钻窗入室，还有的习惯挖墙洞入室等；对于选择作案工具来说，有的习惯就地取材，有的习惯携带预备的工具等；作案后，有的犯罪嫌疑人有在现场大、小便的习惯，有的有打扫现场、进行伪装的习惯，有的有洒酒的习惯等。要注意发现这些隐蔽的作案手段和惯性手法，为串并案件提供重要的依据。

4.4.6 作案特征

系列案件中犯罪嫌疑人作案时间、地点、部位的选择，大多是有规律可循的。如白天入室盗窃案件，有的选择上午 8 时至 10 时，有的选择下午 2 时至 4 时，有的选择楼房，有的选择平房；撬盗保险箱案件，有的选择公路沿线的厂矿企业，有的选择机关。可以根据这些作案特征进行串并，也可根据犯罪分子或犯罪团伙在实施犯罪过程中暴露的相貌特征和心理特点，包括相貌特征、心理痕迹及特定纠合条件进行串并。通过现场访问或者视频监控，认真细致地走访受害人和现场周围目击者，准确地刻画犯罪分子的相貌特征及口音，为串并案件提供依据。

此外，系列案件的犯罪分子在作案时，其心理状态大都有一个逐步强化的过程，形成特有的心理活动痕迹。如对妇女实施强奸时，若遇反抗，即进行威胁，作案后恐吓受害人不许报警。对查获的嫌疑人，要围绕他们的特定主体和纠合条件进行调查，以人串人、以点带面，扩大线索。

4.4.7 跨区域串并

依托警综平台和情报研判系统，展开跨区域的串并案碰撞审查。碰撞发现可疑情况后，联合涉案地公安机关深入展开串并案侦查。工作中，侦查员必须要有强烈的串并案意识，抓获犯罪嫌疑人（尤其是流窜犯罪嫌疑人）后，要归纳出能反映其特征的作案特点，在相关平台进行关键词检索查询，对相关案件展开串并。也可以依托全国公安信息网，在本地案件人、事、物等涉案要素指向的外省市公安网页上，有重点、有针对性地展开网上串并案工作，力争发现线索，顺势破案。但必须注意的是：一是迅速准确地掌握本地发案的手段、作案工具、犯罪嫌疑人形象和涉案物品特征；二是熟悉市外相关公安网站，尤其是刑侦部门的网上协查通报，结合本地发案与之进行有根据的串并审查；三是适时跟进传统调查手段和其他专门工作，确保串并案工作稳妥进行。

4.4.8 实例分析

在警综平台和情报研判平台上，由于串并案所获取的案件信息由电脑自动记录和生成，具有客观翔实性、反复使用性和外延拓展性等特点，在侦查破案和打击犯罪中发挥着独特的作用。相比个案而言，串并案信息中蕴含有大量犯罪嫌疑人、相关关系人的活动轨迹信息，可以在短时间内将侦查部门难以获得或者需要付出很大成本才可能获得的犯罪线索和证据集中起来。充分利用网上串并为侦查破案服务，能够节省侦查人力、物力和财力，为重、特大疑难案件打开突破口。

对于已抓获的嫌疑人，可通过警综平台对其涉案性质、作案手段、形象特征和作案时间进行综合分析，判断其与本辖区或相关已发案件是否有关联或者有何关联。对有关联的案件，可以隐蔽展开串并案侦查和审讯。应注意：一是抓获嫌疑人后，要迅速查明和掌握其作案的基本事实，从中发现支撑串并案侦查审讯的准确特点；二是以警综平台和情报系统为依托，熟悉和掌握本辖区刑事案件的具体情况，对指定个案和通报协查的案件要烂熟于心；三是串并案依据要确实，忌先入为主，要以相互印证来支撑；四是审查方法要科学，过程要细致，以确保案件侦审质量。

串并案具体步骤分为以下 5 个部分，如图 4-28 所示。

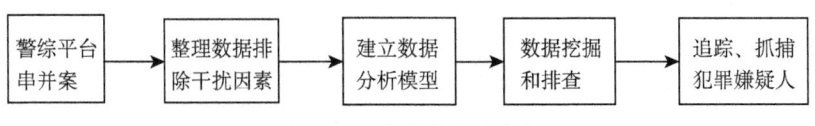

图 4-28　串并案分析流程

（1）研究案情，建立串并案分析数据集

串并案分析的核心是依托警综平台和情报研判系统。细致分析人口信息、车辆信息、刑事犯罪信息、旅馆治安管理信息、涉外信息、指纹信息、看守所在押人员信息、驾驶员基本信息、违法犯罪人员信息、刑侦综合信息等各类公安业务系统及交通、通信、水电等各类社会采集信息，将各类信息系统集成起来，在警综平台上展开串并案分析。

（2）整理海量数据，排除各种无关因素干扰

全面细致梳理涉案时间信息、空间信息和各种案件信息，全面排查海量数据，对相关数据库和日志文件、历史记录进行认真细致的排查，排除无关因素的干扰，剔除无关案件，是串并案分析的基础。

（3）根据案情，建立串并案分析模型

串并案分析中建立数据分析模型的过程，是把被调查案件之间错综复杂关系简化、抽象为合理的数学结构的过程。情报人员在充分了解案情的基础上，观察和研究嫌疑人的作案特征和实施犯罪行为内在规律，抓住问题的主要矛盾，根据案件信息建立起反映实际问题的数量关系，解决实际的问题。把涉及串并案分析的实际问题归结为一定的数学问题后，对所做的数学模型可以进行多方面的讨论。

(4) 根据时间和地点等要素展开串并案分析

涉及时间和空间要素的串并案分析,可以根据不同案件情况建立相应的挖掘模型,并根据案情灵活掌握、熟练运用。例如,可以就不同的情景,探索模型将如何变化,也可以根据实际情况,改变最早所做的某些假设,指出由此挖掘模型的变化所引起的结果改变。还可以用不同的数值方法进行计算,并比较所得的结果。有时不妨拓宽思路,考虑由于建模方法的不同而引起的差异。

(5) 多角度排查,锁定犯罪嫌疑人

利用数据分析模型对涉案数据进行挖掘后,对筛选出的部分数据进行多角度排查。可以结合视频监控、调查走访信息和其他数据库的支持,缩小侦查范围,结合对犯罪嫌疑人使用活动时间、地点的频度分析,确定犯罪嫌疑人的活动轨迹和落脚点,再结合各种侦查技术和手段,最终锁定犯罪嫌疑人。

(6) 循线追踪,全面布网抓获犯罪嫌疑人

通过数据分析和排查,根据"由案到人"的侦查模式,对犯罪嫌疑人展开细致排查和监控。随之,对犯罪嫌疑人的社会网络关系展开调查,确定犯罪嫌疑人的关系人和团伙网络结构。制定详细周密的行动方案,根据团伙成员作案的特点及案件进展情况,选择主要嫌疑人展开抓捕,以此打开全案的突破口,顺藤摸瓜,将犯罪团伙一网打尽。

4.5 网上追逃

当前,网上在逃人员信息在办理各种证照、巡逻盘查、设卡堵截及旅店管理、列车查缉等方面得到了广泛的应用。下面结合不同业务,分别阐述其具体用法。

4.5.1 人员布控

依托警综平台和情报研判平台"人员布控"模块,对于指定目标对象,可以实时反映出其办理银证信息、宾馆住宿、上网记录、手机轨迹等信息,锁定违法犯罪嫌疑人行踪,准确实施抓捕。

2010年3月11日下午,某辖区一辆送货车在北陵废金属市场门前停放时,驾驶室内的6000余元现金被盗。经做工作,发现该货车所属公司员工陈某有重大作案嫌疑。经进一步了解得知,陈某居住在浑南,离异单身,平时喜好上网聊天,侦查员据此进行网上布控。3月16日上午8时53分,侦查员手机

接到短信,提示陈某正在浑南新区浑河堡街一网吧上网。侦查员兵分两路,一路迅速驱车前往该地实施抓捕,另一路通过互联网与陈某进行聊天,为抓捕争取时间。10 时 30 分,侦查员将陈某抓获,经审讯,其供认了犯罪事实。

4.5.2 关系人抓捕

通过寻找与其关系密切的关系人作为切入点,获取需要抓捕的在逃人员的相关信息,寻找突破口,择机抓捕。

2009 年 8 月,犯罪嫌疑人罗某(女)因参与聚众斗殴并将他人打伤后负案在逃,经过网络特情的信息反馈和 QQ 信息库比对,确定其经常与其男友一起上网。民警在不知道罗某网络信息的情况下,收集到其男友的网络博客,利用博客和其男友交谈,最终确定罗某上网的位置,后及时赶到将其抓获。

4.5.3 网络分析

充分借助网络化、科技化手段,将非涉密案件信息公布于协查平台,以寻求战机,扩大战果。

2008 年 7 月以来,某派出所辖区内连续发生利用相似手段盗窃电动自行车的案件数十起,影响恶劣。派出所通过信息手段抓获 1 名涉犯罪嫌疑人王某,并迅速将案件信息和犯罪嫌疑人信息、照片等发布到全区多发性侵财案件区域 OA 自动化办公平台上。先后有 7 地派出所在阅读案件信息后,与该派出所联系展开串并工作,从而破获同类型盗窃案件 162 起,抓获犯罪嫌疑人 18 名。

4.5.4 网络搜索

"互联网搜索引擎法",是对案件涉及的信息,利用互联网的搜索引擎进行搜索,从中查找出相关联的信息,扩大线索,最终达到抓人破案的目的。该战法是利用现代信息科技,变传统的以人找人、以物找人、以人找物为整合和利用一切可以利用的网络信息资源进行搜索查询定位,不仅节省了警力,还大大提高了工作效率。

对于犯罪嫌疑人故意隐瞒自己真实姓名及身份,办案民警可以将已掌握的相关信息通过人口信息网、网上在逃人员信息库、机动车驾驶员系统等进行模糊查询,以确定其真实身份。对一些已发和现发案件,可以根据嫌疑人相关信息,在互联网和情报研判平台中进行信息搜索,从中获得有价值的案件情报线索,直接破案。

2009年4月14日，某派出所在调查一起治安案件过程中，抓获一名自称叫"张某某"、1975年出生的涉案嫌疑人。但民警查询人口信息网后发现，本地叫"张某某"、1975年前后出生人员照片与其无一匹配。经询问，"张某某"的同伙又称其名叫"徐某"。二人交代的明显差异立即引起民警的警觉，民警再次登录人口信息查询系统、网上在逃人员信息库，利用"徐某"、"张某"等同音字，同时把出生年范围划定为1970—1980年进行模糊检索。最终发现本市有一名1975年出生的张某与面前的"张某某"极为相像。经进一步询问"张某某"家庭成员情况，最终锁定该人名叫张某，1975年生，后经网上比对，发现张某系2002年3月持枪杀人后外逃的网上逃犯。经审讯，犯罪嫌疑人张某对参与殴打他人及2002年杀人后外逃的犯罪事实均供认不讳。

2010年2月，某辖区内发生了一起诈骗案件。被害人罗某被李某诈骗4万元，因李某无正当职业和固定住所，社会接触人员较少，造成这起案件久侦未破，被害人意见较大。2010年3月，民警针对此案件，在实名校友网站"www.qqxiaoyou.com"上对与李某出生日期和姓名相同的信息进行检索筛查，通过2天的工作，在近百条信息中确定了嫌疑人的互联网信息，仅用3天就将李某抓获。

4.5.5 阵地控制

依托车站、旅馆、网吧、二手机市场、典当行业、建筑工地等实行阵地控制，加大管理和巡查力度，充分利用公安网络资源与系统，扩大信息比对层面，仔细甄别，进而发现逃犯的踪迹。

2009年3月15日，在对建筑工地外来人员统一清查登记时，一个自称"徐某某"的人言辞闪烁，侦查员见其可疑便上网查询。在人口信息中找不到与该人名字相符的信息，在网上逃犯信息中，只有一个本市的同音不同字的"徐某某"的逃犯信息，系统中也没有逃犯照片可供辨认，身份证号码也不相符。通过到"徐某某"的居住地核实辨认，终于查实了眼前的"徐某某"就是10年前涉嫌盗窃的网上逃犯"徐某某"，其利用房屋搬迁之机重新换领了身份证，企图逃过法律的制裁，但最终未能得逞。

4.5.6 多警联动

通过建立扁平化指挥系统，发挥在侦查办案中迅速快捷、打击准确的效能，以指挥中心为平台，用350兆集群对讲系统下达命令、整体指挥，以刑侦、治安、派出所为先锋，进行高危人员查控和对犯罪嫌疑人抓捕。

2009年5月16日，某市发生一起持枪滋事犯罪案件。接到报案后，扁平化指挥系统立即启动，指挥中心用350兆集群对讲系统向刑侦、治安、巡警、交警和城区派出所发布指令，以案发现场为轴心，沿街面向周边辐射，以交通路口为控制点，堵控排查逃窜的犯罪嫌疑人。刑侦组负责围绕被害人交往关系进行深入排查，以有无作案时间及结伙条件筛查犯罪嫌疑人，通过人口信息查询确认参与此案的犯罪嫌疑人；治安组协同辖区派出所对全市公共场所进行地毯式排查；交巡组负责社会面搜寻和交通路口监控录像调取工作。由此案件侦破进展情况不断向指挥部集中，犯罪嫌疑人也逐渐浮出水面。指挥部果断下达抓捕指令，张某等12名嫌疑人全部落网，作案工具全部缴获。

4.5.7 刑嫌人员情报调控分析

很多刑满释放及解除劳教人员，从监狱或劳教所出来后面对形形色色的诱惑，很自然地又会走回头路。俗话说，"狼有狼道，蛇有蛇踪"，其作案的手法、规律保持一定的习惯。掌握了刑嫌人员的犯罪信息，通过案件现场的情况可以初步判断符合特定刑嫌人员的作案手段，可以对其进行重点排查。

2010年5月6日晚，罗田桥南某商住楼潘某家被盗，案发后有人使用潘某被盗的手机打过九资河镇方某的电话。侦查员找方某调查时，方某说给他打电话的是一个自称叫"陈小毛"的人，姓名不清楚，而且不是罗田口音。方某说此人不会说罗田话是因为其曾经被判过无期徒刑，坐了17年牢，刚刚释放。通过查询判过无期徒刑人员记录，确定此人为陈某。侦查员将其抓获后，一举破获了其在罗田城区采用攀高翻窗入室的手段盗窃10几个机关单位办公楼、20几家私人住宅的系列盗窃案。

4.5.8 次逃犯分析

实战单位尤其是基层所队、探组中，掌握着大量的重点嫌疑人员信息，但苦于没有直接证据开具刑拘手续、没有照片或不符合上网追逃的条件等原因，大量此类线索散落在基层办案单位或是办案民警手中，没有转化为打击战果。同时，随着网上作战工作的不断深入，大量网上信息可以为实战单位利用，为侦查破案提供快捷、高效服务，为"次逃犯"工作方法打下了网络基础。"次逃犯"工作方法正是将散落在办案民警手中的不够立为上网追逃条件的嫌疑人员信息，通过网上侦查的模式来开展工作，为一线实战单位服务，成为刑侦系统打击破案的新增长点。工作步骤流程如图 4-29 所示。

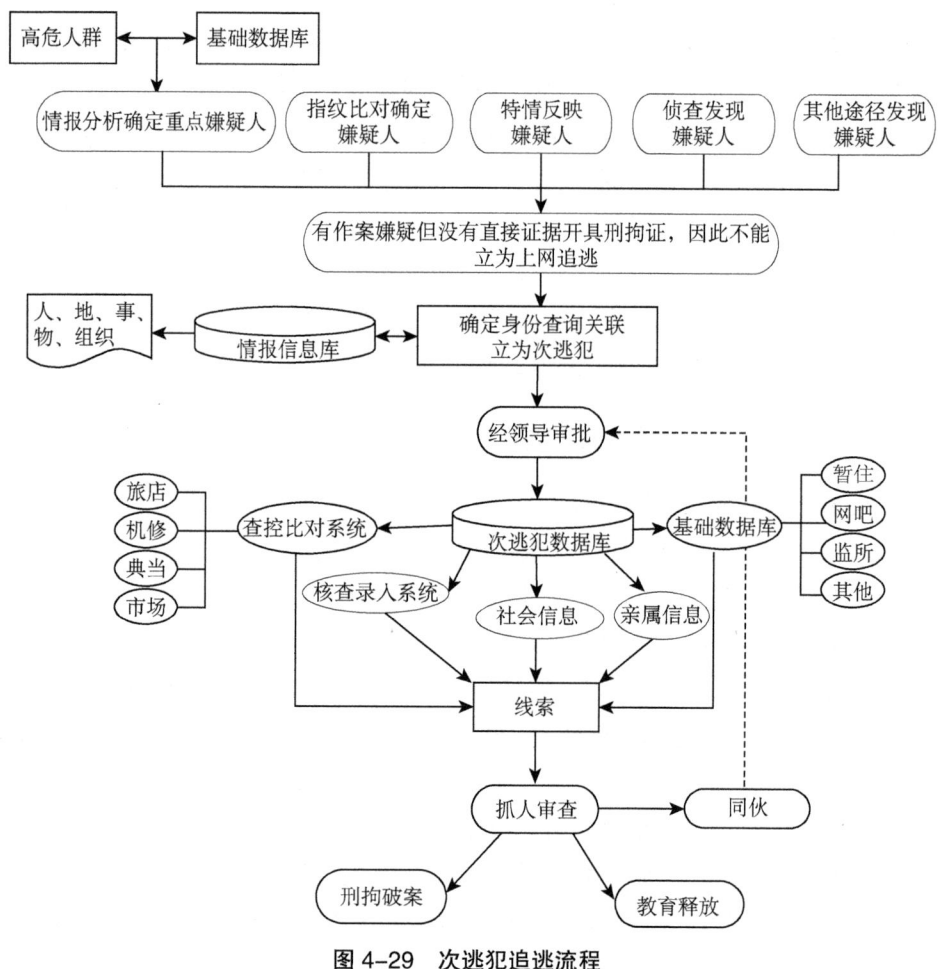

图 4-29 次逃犯追逃流程

4.5.9 网络犯罪情报分析步骤

随着犯罪嫌疑人反侦查意识的提高，单一网上追逃战法越来越难以发挥有效作用。这就要求情报分析人员不能局限于每个平台的一些固有作用和查询功能，应该活学活用，多平台综合应用，互相验证，逆向查证，除了使用各种信息平台的固有功能外，还要灵活拓展该平台的其他用途，从而使平台效能最大化。网上犯罪人员情报分析具体分为以下几个步骤：

①梳理案件。对个案进行认真研究，对类案进行细致总结，加强串并案

工作。认真梳理辖区内各类在逃人员信息，尤其是督办案件在逃人员和命案在逃人员，在违法犯罪信息网上调取案情和作案规律特点，登录常住人口信息网，掌握犯罪嫌疑人基本特征。

②走访摸排。围绕犯罪嫌疑人家属及其社会关系进行走访摸排，采取人工排查的方式寻找在逃人员潜逃线索。

③发布协查。充分利用网络等媒体，通过发布协查通报和政策招降，广泛发动群众展开追逃。

④重点关注。针对在逃人员会凭借一技之长的谋生区域和行业，进行定向比对，及时关注该类区域或行业的案件和逃犯信息及相关工作信息。

⑤信息碰撞。充分利用警综平台中的在逃人员信息、车辆和驾驶证信息、暂住人口登记信息、交通违章人员信息、看守所在押人员信息等数据，制作成批量文件，进行比对碰撞，广泛收集在逃人员各类信息，发现其逃跑路线及在逃线索。

⑥网上比对。充分利用情报平台抓捕在逃人员，通过接受情报平台三级联动指令并指令基层出警抓捕，有效利用金融银行业联网核查日志、旅馆业重点在逃人员比对系统、网吧实名登记比对在逃人员系统和涉毒人员等信息，摸排在逃人员并精确出击抓捕。

⑦海量搜集。广泛搜集案件和逃犯各类情报信息，在辖区群众、重点人员、出租车驾驶员等各类人员中物建特情耳目，加大情报线索有奖举报力度，及时发现在逃人员行踪线索，缩小筛选范围，明确追逃方向，提高案件侦破率和在逃人员抓获率。

⑧轨迹研判。对犯罪嫌疑人的可能藏匿地进行深入的轨迹研判，通过调取在逃人员可能活动的重点区域监控视频和住宿、洗浴、饭店、网吧等重点部位的人员登记信息，加强专项研判，确定在逃人员活动轨迹，进一步摸排其可能的藏匿地。

⑨技术锁定。利用科技和技侦手段，发现在逃人员的工作单位或暂住地址，通过精确定位确定在逃人员所处的具体位置，准确出击，组织抓捕。

⑩实施抓捕。在调取、掌握在逃人员案发时和在逃期间所有体貌特征和活动信息的基础上，抓捕成员人手一套在逃人员多张照片及其资料，对抓捕对象做到全面掌握，发现在逃人员迅速确认，成功抓捕。

4.6 高危人员分析

高危人群是指某一类犯罪频率较高、带有地域特性的犯罪群体。同一地域流出的犯罪嫌疑人或犯罪团伙，由于地域文化、生活习惯、行为特长、经济状况接近，并且有机会相互交流和模仿，因而在犯罪过程中在作案目标的选择、作案手段的采用和作案工具的使用等方面，具有一定的特定性和类似性。此战法可以在侦查破案、旅馆清查、设卡堵控等工作中发挥作用，已成为打击流窜犯罪、外来人口犯罪的撒手锏，如图4-30所示。

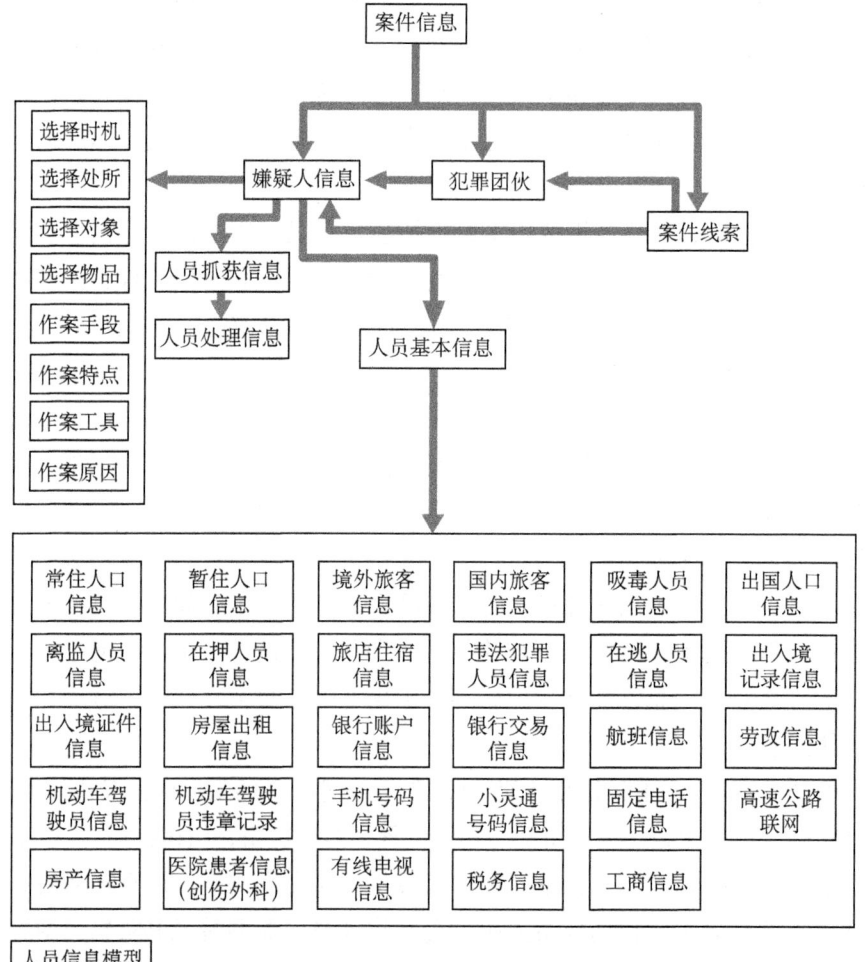

图4-30 高危人员信息的基本模型

4.6.1 高危筛查破案法

分析有前科劣迹的高危人员活动轨迹，重点对本地有固定处所却频繁入住旅馆的前科人员进行筛选，将具有重大违法犯罪嫌疑的高危人员信息以情报指令的形式下发各实战单位，通过长期经营发现线索、破获案件。

2010 年 4 月 16 日，某地公安分局通过情报得知一名叫"焕东"的毒贩比较活跃。民警迅速对其有关情况进行核查，发现王某（男，沈阳人）曾因贩卖冰毒被处理过，释放后长期居无定所，有重大贩毒嫌疑，于是缉毒队决定对其立线侦查。5 月 24 日，缉毒队获取一条线索，某吸毒人员曾在一名叫"焕东"的毒贩手中买过冰毒，除自己吸食外，还卖给其他吸毒人员。民警立即将该人抓获，缴获毒品 10.44 克。经突审，该人供述了曾多次在王某手中购买冰毒吸食和贩卖的犯罪事实，并交代王某藏匿于其朋友租的写字间内。民警迅速对王某藏匿地点进行布控，最终将王某当场抓获，在其身上收缴冰毒 0.8 克。通过架网守候，又先后将来写字间向王某购买毒品的吸毒人员佟某等 5 人抓获。

4.6.2 二次研判破案法

根据上级每日发布的比对线索及重点人员动态信息，对高危人员进行二次网上研判，分析活动轨迹和同行、同户人员情况，第一时间将比对结果以"电话通知"和"OA 下发指令"两种形式通知实战侦查部门，要求迅速前往查证处置，从而抓获犯罪嫌疑人，破获案件。

2010 年 3 月 9 日，"三级联动"部级逃犯指令称：历年邪教逃犯姜某在铁西区艳粉街工商银行出现。接到指令后，分局迅速指派辖区派出所民警前往工商银行进行查控。由于姜某停留时间短暂，出警民警未能将其抓获。分局对姜某轨迹进行二次研判，对其同户人员进行逐一核查比对，对姜某的配偶、子女、父母、兄弟姐妹等家庭成员关系进行标识，列出了关系图表。经过警综平台和其他信息查询——核实，并将姜某可能接触的人员信息制作成情报指令下发到各实战单位。3 月 30 日，某派出所民警通过姜某儿子的行踪，发现姜某藏匿在北二西路一居民楼的家中，最终，将逃窜多年的姜某成功抓获。

4.6.3 高危人群管控法

利用情报信息研判平台发布的案件预警信息，对辖区周边此类多发案件进行综合分析研判，确定重点人员，安排特情耳目，及时掌控高危人群犯罪动向，适时采取行动措施，抓捕犯罪嫌疑人。

2009年2月，某地侦查员利用情报信息研判平台中的情报预警信息发现，新抚区近期发生的多起持刀抢劫案件均为流窜作案。分析研判后发现，后安派出所辖区重点人员张某、刘某、蒋某3人体貌特征与市局预警信息中发布的犯罪嫌疑人体貌特征极为相似，且该3人近期经常到新抚地区活动，回来后出手大方，形迹十分可疑。该派出所立即安排对3人进行秘密布控。4月初，有情报反映，张某酒后自称在市内持刀抢劫作案多起。4月24日，抚顺县局先后将张某、刘某抓获。经审讯，张某、刘某如实交代了伙同蒋某于2008年10月至2009年3月先后在抚顺市新抚区、顺城区持刀抢劫作案8起的犯罪事实。

4.6.4 高危人群锁定法

对现发案件的线索及规律特点，有针对性地安排网络特情；对发案地区的高危人群进行摸排和监控，及时获得有价值的情报线索，从中锁定犯罪嫌疑人，直接破案。

2009年6月，某地公安分局曙光辖区内发生一起团伙抢劫案件。根据被害人王某提供的犯罪嫌疑人年龄较小、人数为8人和被抢的手机品牌及型号等线索，办案人员立即将信息发布给该地区的网络特情，在不到一天的时间内特情就将此地区的重点人员摸排出来。经过被害人辨认，其中有2人为犯罪嫌疑人，办案人员随即将2人在家中抓获，其余6人也相继落网。

4.6.5 高危关联分析法

高危关联分析法，是依托公安信息网络资源，以基础情报信息为保障，进行关联分析，比对碰撞查获犯罪嫌疑人。对于一般地域高危，也称籍贯高危，可参照公安部刑侦局发布的高危犯罪人群对照表进行查询，适用于已有类型案件的高危人群籍贯查询。对于刑侦局发布的高危人群表中没有的新型犯罪案件，可在互联网和公安网上进行搜索，查找高危人群。

工作流程如下：

①分析研判案件特点。依据案件的作案特点、作案手段、作案时间、作案工具、侵害对象、嫌疑人特征及痕迹物证等信息进行认真分析研判，梳理出案件的规律特点，从中发现案件线索。

②分析确定高危人群。对梳理出的案件规律特点，对公安机关掌握的高危地区人员作案侵害目标、规律特点进行比对分析，确定作案人员来自的高

危地区。

③查询分析确定重点嫌疑人。根据确定的高危人群，利用公安网络资源，如违法犯罪综合信息管理系统、旅馆系统、暂住人口系统等，搜索高危人群的活动轨迹及相关信息，细致分析研究，反复比对碰撞，层层筛选，寻找线索，缩小侦查范围，确定犯罪嫌疑人。

运用要点如下：

①案发后立即对辖区及周边区域内流动的高危人群进行技术分析比对，从已知的高危人群作案规律中缩小排查范围。

②将初步筛选出的高危人员近期活动轨迹同其活动区域内发案情况进行比较，从而剥离出嫌疑人。

③采取实时监控其住宿、暂住轨迹、活动规律的方法进一步固定证据，抓获犯罪嫌疑人。

上述工作过程中要做到"快、准、狠"，利用犯罪嫌疑人作案后的侥幸和自大心理，抓住战机及时查控犯罪嫌疑人和涉案物品固定证据。

2010 年 5 月 6 日凌晨 3 时许，接保定市某木器加工公司报案：公司保险柜被撬，被盗现金 28 000 元。新市区侦查员一方面进行走访调查，另一方面进行现场勘查。通过勘查发现，犯罪嫌疑人是利用撬棒之类的物品将保险箱撬开，盗取保险箱内财物。

侦查员围绕侵害对象和作案手段，与高危地区人群进行分析比对，发现广西某地人群系盗撬保险柜的高危人群，遂通过暂住人口系统和旅馆业系统对近日入住新市区的相关地区人员进行查询。通过查询发现，辖区某旅馆于 5 月 3 日入住一名相关地区人员刘某。经秘密调查及旅馆反映，该人入住旅店后连续两夜外出，早晨返回，且 5 月 5 日 22 时许离开旅店未回。初步确定此人有重大嫌疑，上案民警立即围绕该旅馆布控。6 日 23 时许，刘某返回旅馆后被蹲守民警抓获，并在其住处查缴了大量现金和自制螺纹钢撬棒一根。经突审，犯罪嫌疑人刘某交代了当日凌晨伙同黄某、梁某、周某（3 人系广西靖西人）在木器加工公司盗撬保险柜的犯罪事实。专案组根据刘的交代，于 5 月 7 日晚在北京西客站将潜逃的 3 名犯罪嫌疑人黄某、梁某、周某抓获。经审讯，4 人对 5 月 6 日凌晨秘密潜入木器加工公司撬盗保险柜获赃款 28 000 元的犯罪事实供认不讳。同时，4 人还交代了 2010 年以来在河南省鹤壁市、河北省邯郸市峰峰矿区及加油站等地盗窃保险柜作案 8 起、涉案金额 10 万余元的犯罪事实。

4.6.6 身份证号碰撞

将身份证号碰撞比对法运用到针对高危人群的分析破案工作中，也就是从犯罪单个人员出现的频率扩展到群体出现的频率，从而得出相对精确的结果。

2007年5月以后，情报人员梳理案件过程中发现那段时间在保定市区发生了数起假冒尼姑谎称受害人家中有"血灾"，让受害人用钱和金银首饰"压灾"，并乘机用调包手法骗取受害人财物的案件。按照常规程序，侦查员从串并案件着手，以高危人群和轨迹信息梳理为突破口，重点开展如下几步工作：

①串并案件。利用平台串并案模块，根据"案件类别"包含"诈骗案"、"诈骗手段"包括"迷信行骗"、"发案时间"设定为"2007-05-01～2007-08-01"进行搜索，梳理同类案件6起。

②分析高危。通过平台高危查询模块，结合公安部搜索引擎，分析梳理福建仙游、湖南宜章、河南驻马店等3个高危地区。逐一进行轨迹梳理和调检，但未发现可疑人员。

③寻找前科。根据警综平台中犯罪前科人员比对模块，未发现符合条件的人员。通过检索，未发现可疑人员。

④比对碰撞。通过调取多起案件时间段的旅馆住宿人员、网吧及出入城车辆车主信息数据进行碰撞，找出一大批符合条件的人员，但因为甄别工作量太大而不得不放弃。

依据身份证号碰撞比对法，把原来的数据比对条件，按照身份证号码编码规则，从18位变为具体到区县的6位户籍区划码比对，这样就能解决上述问题。在重新调整思路后，又开展了以下几步工作：

①确认存在高危人群作案。在前期串并案件的基础上，发现犯罪嫌疑人均假冒尼姑谎称受害人家中有"血灾"，让受害人用钱和金银首饰"压灾"，并乘机用调包手法骗取受害人财物，且事主反映多数犯罪嫌疑人口音一致，应该来自同一地区。

②重新设定条件碰撞。以前6位身份证号相同的人群作为比对条件，对多起发案时间段的旅馆住宿人员进行比对，成功地比对发现上述时间内出现频率最高的户籍区划是安徽省安庆市枞阳县。

③缉控高危人群。通过警综平台"高危区域新增"模块将安徽省安庆市枞阳县加入缉控。通过侦控，成功发现2007年5月以来，共计10多名安徽

省安庆市枞阳县人员入住保定市区某旅馆。

④全面侦控、一网打尽。2007年8月14日21时，为确定上述嫌疑人的犯罪事实，查明该团伙的作案方式，掌握确实的犯罪证据，侦查员根据前期侦查工作，安排2名民警住进该旅馆。经在旅馆内侦查发现，该团伙在旅馆共租住四人间6间，并且仍有人在打地铺，最后确定了人数为24人以上。

2007年8月15日早4时，侦查员在该团伙成员准备退房时，将其一举擒获。民警在现场检查了多人行李，发现了尼姑衣服，并且在一名叫钱某的可疑妇女行李中发现了大量金银首饰。经过深入审讯，成功侦破此案。

目前，刑事犯罪扩散蔓延很快，犯罪分子相互之间交叉作案，高危地区概念逐渐变得模糊。同时，犯罪分子也在不断地提高反侦查意识，经常使用假身份住宿、一人登记多人住宿、换人换房住宿、甲地作案乙地住宿等手段逃避打击。依靠传统的方法分析高危人群已经难以奏效，打击工作面临创新。在高危人群日益翻新、流窜犯罪快速蔓延的今天，只有在以往收集高危人群方法的基础上，开创思维、更新方法，才能让网上侦查具有更加蓬勃的生命力。

4.7 网络侦查

QQ功能全面，可以根据QQ号码、昵称、姓名、E-mail地址等关键词搜索网友，进行即时交谈，即时传送文件信息，它可与传统移动电话的短消息系统互联，是十分灵活的网络寻呼工具。尤其是"移动QQ"服务，使互联网和移动电话之间的相通成为实现，使人们步入"移动互联网"时代。

实际工作中，往往使用网络侦查技术及时发现和精确监控目标对象，引导其他侦查方式完成精确抓捕和审查。要注意以下3个方面：一是注意掌握涉案的QQ号、博客号或其他互联网涉案信息，实时提供网监部门展开工作；二是网监部门要密切与侦查部门的工作协同，发现监控对象后迅即通报，并联合展开抓捕行动；三是根据案侦进展情况视情，进一步展开网络侦查工作，以进一步发现线索，转化并固定相关证据。涉及QQ案件的侦查，有以下9种常用方法：

①询问法。从知情人入手，通过询问报案人、受害人、嫌疑人的好友、网友、网吧管理员查获犯罪嫌疑人的QQ号。

②讯问法。从团伙犯罪成员入手，通过讯问查获某一犯罪嫌疑人的QQ号码及密码，上网查看其好友列表及聊天记录，以此发现团伙犯罪其他成员

的网名及 QQ 号。

③阵控法。从网吧入手，加大监管力度，严格上网实名登记，推行 IC 卡管理，将上网者实名登记及日志留存信息及时传递至网监中心，从中发现犯罪嫌疑人的 QQ 号。

④特情法。从物建刑事特情、网络特情入手，在与目标对象交往活动、网上聊天中获取有关人员网名及 QQ 号。

⑤检索法。利用腾讯网站提供的网名"昵称"搜索功能，在腾讯网站的"查找好友"页面，对惯用某一"昵称"的犯罪嫌疑人，检索其 QQ 号。

⑥控友法。有些犯罪嫌疑人出逃后，常利用 QQ 与其女友、亲朋保持着联系，对此跟踪监视，可秘密查获犯罪嫌疑人的 QQ 号。

⑦密截法。在侦查环节中，如被侦控对象有在某一网吧上网的习惯，为了密获其 QQ 号码及密码，可在该网吧电脑上种植"QQ 潜伏者"程序，截取其 QQ 号码及密码，秘密传输到指定的 E-mail 中，以此破解其聊天记录，进行更为深入的侦查活动。

⑧座机号码倒查法。对有在家上网习惯的犯罪嫌疑人，可到电信公司或互联网接入服务商处，通过其家庭电话号码，查出其 IP 地址及上网记录，再通过腾讯公司网站倒查出其使用的 QQ 号。

⑨手机号码倒查法。有的犯罪嫌疑人使用"移动 QQ"，他们利用腾讯"QQ 加油站"中的手机和 QQ 号码捆绑功能，将自己的手机号与其 QQ 号捆绑在一起，一一对应，设置好友上线通知，利用发手机短信与 QQ"好友"聊天。因而，已知犯罪嫌疑人手机号，可通过腾讯网站倒查出其 QQ 号。

针对 QQ 的战法有很多，下面介绍几种具体的战法。

4.7.1　QQ 追踪

QQ 号码是目前犯罪嫌疑人使用比较多的一种通信工具，而且犯罪嫌疑人之间多以网吧纠合聚集，作案后又返回网吧销赃、挥霍赃款。利用这一点，侦查人员可以在日常工作中，掌握有前科劣迹、高危人员的 QQ 号码、密码，通过 QQ 号码，进入其 QQ 空间，及时获得犯罪嫌疑人的视频、照片、电话号码等相关信息。与此同时，犯罪嫌疑人出入网吧后，侦查人员可以调取网吧监控，获得嫌疑人影像资料，及时抓获嫌疑人。

从此理论上来说，只要知道犯罪嫌疑人的 QQ 号码，而且一旦这个 QQ 号码正在使用，就可以确定犯罪嫌疑人的地理位置，从而为抓捕提供条件。

主要步骤如下：

①要设法掌握犯罪嫌疑人或其经常交往人群的 QQ 号码。

②如果是犯罪嫌疑人的 QQ 号码，可直接利用技术手段进行监控；如果是其经常交往人群的 QQ 号码，则要安排专人进行网上贴靠，想方设法获取有价值的信息，从而掌握犯罪嫌疑人行踪进行抓捕。

在办理某地"2010-02-04"聚众斗殴案时，侦查员通过前期工作发现，其中一名持刀嫌疑人的绰号为"涛娃子"，其余情况一律不详。民警通过特情工作获得该嫌疑人的 QQ 号码。但是在该嫌疑人 QQ 空间未发现该人视频、照片。通过网监调取该 QQ 近期上网的 IP 地址，侦查员到嫌疑人上网网吧，调取网吧监控，根据获得的关键线索，最终将嫌疑人抓获归案。

4.7.2 网上经营法

在抓捕犯罪嫌疑人的过程中，充分挖掘互联网这一资源，利用目标对象上网信息，采取灵活多变的方式进行经营，拓展信息来源，发现其活动轨迹，最终成功实施抓捕。

2010 年 2 月，侦查员工作中发现，犯罪嫌疑人张某经常用手机上网与他人聊天。根据此情况，网名为"强子"的侦查员加其为好友，与其多次网聊，并逐步取得了张某的信任。3 月 3 日，张某让"强子"往一张叫徐某的邮政储蓄卡里汇款，侦查员立即对徐某展开调查。经查，徐某系辽宁某技术学院学生，2009 年 8 月与张某开始网恋。在学校班主任老师和其家长的支持下，徐某同意配合公安机关抓捕张某，并提供了张某在大连藏身的信息。2010 年 3 月 10 日，在侦查员的安排下，徐某再次与张某网上联系，并提出要与其见面，张某爽快答应。侦查员立即驱车前往大连市张某与徐某网上约定的见面地点，当晚 23 时许，张某在大连市中山区某饭店门前被抓获。

4.7.3 虚实结合法

虚拟社会不是孤立的，和现实社会通过某种途径相关联。利用每个网民的亲人、同学、朋友和地区所产生的网络朋友，通过查询在逃人员相关信息后，将其真实姓名在虚拟身份信息库中进行比对，得到其生活照片、虚拟身份和网络中与其聊天网友等相关信息，通过有效甄别，迅速掌握并确定其经常活动范围与地点，为实施准确抓捕创造条件。

在实施网络侦查时，一般情况下，犯罪嫌疑人在作案后，都会千方百计地抹掉以前留下的方方面面的痕迹，其以前申请的虚拟身份就很有可能成为弃用的痕迹之一。因此，就原虚拟身份实施单一网络缉控很可能会走进死胡同。

2010年2月，民警发现家住立山区双山管内的兰某被辽阳市局立为故意伤害逃犯。民警得知此情况后，在信息库中找到了该人曾经使用的QQ号码，民警对该号码进行了布控，经工作发现该号码2个月没有登录过。分析认为该号码已经被废弃，民警通过该人的网络关系查到其新的QQ号码，一天后就将嫌疑人抓获。

4.7.4 投其所好接触法

根据犯罪嫌疑人特点，投其所好，通过聊天的方式和所需把握的尺度，发现并抓获犯罪嫌疑人。也可利用互联网虚拟世界的特点，在网上申请多个QQ号码作诱饵，与所要核实的在逃人员通过不同年龄、性别和职业身份进行交流，择机进行缉捕。

2010年5月初，家住千山区宁远镇的徐某因在海城市涉嫌寻衅滋事犯罪被通缉。民警通过宁远镇的网络特情，查到了疑似网名为"小鸣"的徐某的QQ号，在2次遭到"拒加"后，民警改变了侦查思路。通过特情了解到该人特别爱玩某款网络游戏，于是，民警及时变换为该游戏的玩家，在几个来回的对话中，渐渐得到了徐某的信任，打消了其戒备心理，通过视频确定该人正是逃犯徐某后，将其抓获。

2010年2月，某辖区发生了一起金柜盗窃案件，通过视频监控怀疑犯罪嫌疑人为曾为饭店送过货的一名男子。民警在侦查中通过其经理获取了该人的QQ号码，但该人的真实身份不清楚。民警加其QQ号为好友，但是始终被拒绝，为此，民警使用了10个不同身份的QQ号码同时加其为好友，在大部分被拒绝的情况下，有一个号码成功将其加为好友。与其聊天中获取了该人名叫高某的身份信息，和监控录像进行比对，确定实施犯罪的就是该人，最终成功将其抓获。

4.7.5 QQ群阵地控制法

QQ群阵地控制法是指由社区民警收集辖区二手回收行业经营业主的QQ号和布建行业场所情报信息员，由社区民警建立QQ群。治安民警通过社区民警将辖区内发生的刑事案件、涉案物品信息等通过QQ群向业主发布，进行网上布控，由业主在经营活动中注意发现相关案件线索，及时通过QQ群或电话为公安机关提供破案线索，起到控制犯罪嫌疑人销赃的作用。

主要步骤如下：

①由派出所社区民警收集辖区二手手机收购业、典当寄卖业、废旧金属回收业业主的 QQ 号，由实战部门牵头建立"社区阵控 QQ 群"，并发展情报信息员。

②实战部门将辖区涉案物品信息通过社区阵控 QQ 群通报给各业主，进行网上布控。

③辖区二手回收行业业主发现涉案物品信息后，由二手回收业信息员通过社区阵控 QQ 群及时向实战部门报告相关涉案物品销赃情况，由实战部门及时处置，从而抓获犯罪嫌疑人。

2010 年 3 月 22 日，某派出所接报案称：当日上午 9 时 30 分，李某在保定学院南侧某浴池洗澡时，其存放在女换衣间储物柜内的 1 部三星 J808 型手机及钱包被盗，钱包内有现金 800 余元、白金项链 1 条。案件发生后，社区民警随即将被盗手机特征通过社区阵控 QQ 群通报给辖区二手手机回收行业业主进行布控。4 月 14 日 16 时，东二环一名二手手机回收业信息员通过 QQ 群及时报称：有一年轻女子持一部三星 J808 型手机在该店准备出售，特征与通报被盗手机非常类似，形迹可疑。接到线索后，社区民警快速通报治安民警并一起赶赴现场，当场控制了兜售手机的年轻女子。经比对，缴获的手机与涉案物品完全吻合。经审讯，该名女子名叫张某，其对 2010 年 3 月 22 日上午 9 时许，在保定学院南侧某浴池女更衣间内，盗窃一储物柜内三星 J808 型手机 1 部、现金 800 余元、白金项链 1 条的犯罪事实供认不讳。同时，其交代了分别于 4 月 10 日、13 日以相同作案手法，在其他 2 家浴池盗窃手机、购物卡、现金等总价值 1900 余元的犯罪事实。

4.7.6 网络特情法

网络特情是在互联网网民中物建的，为公安机关提供案件线索的重要辅助力量。网络特情以其收取信息渠道更宽、传递信息更迅捷、分析研判信息的时间与空间更广泛等诸多优势，成为公安情报工作重要的秘密力量。

2010 年 2 月，王某、李某、高某 3 名犯罪嫌疑人结伙在鞍山市立山区某商场附近连续实施 2 起持械抢劫案。案发后，3 名嫌疑人畏罪潜逃。民警将简要案情向案发地区的网络特情发布，将嫌疑人的相关信息，包括人数、大致年龄、体貌特征等告知网络特情，要求网络特情收集 3 名嫌疑人的 QQ 号码。

经过一段时间的网上侦查，2010 年 3 月，在获知一名嫌疑人 QQ 号码后，将藏匿于某网吧的该嫌疑人抓获，其余 2 名嫌疑人也相继落网。

4.7.7 网吧信息比对

办案民警接到网吧附近刑事案件后，首先应全面收集该网吧案发前后的各类综合信息，包括上网人员实名登记信息、网吧内外监控录像资料、受害人及网吧工作人员对案件的描述等信息，掌握第一手的全面、翔实、准确的案件信息资料。随后，让受害人、网吧工作人员观看网吧监控录像，回忆案发前网吧附近情况以寻找破案线索。如果网吧工作人员及受害人可以辨认出可疑人员活动情况，并且确定其曾经到网吧上网，办案民警结合上网人员实名登记信息系统，定时、定点地查找可疑人员身份信息，由网吧工作人员及受害人对照片进行二次辨认。确定嫌疑人员后，办案民警根据获取的犯罪嫌疑人身份证号码，通过查询警综平台获取其家庭住址、违法经历等信息，快速、准确抓获犯罪嫌疑人。

主要步骤如下：

①办案民警首先全面收集案件前后网吧附近的各类综合信息，特别是视频录像信息与网吧实名登记信息，让受害人和网吧工作人员对可疑人员视频资料进行辨认，初步确认嫌疑人的基本影像及作案时间信息。

②在确定监控录像中可疑人员信息后，请网吧工作人员和受害人对网吧实名登记信息上的人员图像进行二次辨认，确定犯罪嫌疑人是否到网吧上网，对嫌疑人作案前后的活动轨迹进行定时、定位，全面收集证据。

③办案民警通过从网吧实名登记信息系统中获取的嫌疑人身份证号码，快速获取其前科情况、家庭住址及社会关系等基础信息，并快速、准确抓获犯罪嫌疑人。

2010 年 6 月 16 日 22 时许，王某报警称：当晚 20 时许，其到某网吧上网时将电动车停放在网吧门口后被盗。接警后，民警迅速赶到现场开展侦破工作，一方面，对报案人及网吧工作人员进行现场取证走访；另一方面，调取网吧视频监控录像和上网人员实名登记信息开展侦查。民警通过观看案发时间段网吧的视频监控录像，发现当晚 21 时 32 分，有一男子来到王某的电动车前，用钥匙将电动车打开后偷走。通过受害人和网吧工作人员辨认，结合上网实名登记信息，民警认定何某（男，20 岁，东金庄乡何辛庄村人，有盗窃犯罪前科）有重大作案嫌疑。民警立即赶赴何某家中将其抓获，并追回被盗电动车。

经审讯，犯罪嫌疑人何某交代了 6 月 16 日晚，在网吧门前盗窃电动车的犯罪事实。

4.7.8 舆论引导

网络已成为当今世界传播信息最快捷的平台，由于网络世界互动关系的虚拟性，导致网络中的不少信息不真实、不准确，这给一些别有用心的人提供了传播不良信息的渠道。

利用网络平台引导正确舆论技战法是指针对当前社会上存在的一些突出问题，无法通过法律手段对其开展工作或通过法律手段难以达到预期效果，依托互联网，通过发布提示预警信息或公布事件真相等，占领网络阵地，引导正确舆论，消除社会矛盾和隐患。

主要步骤如下：

① 首先由社区民警深入社区、农村，通过走访等形式，了解掌握辖区内存在的不稳定因素。经甄别筛选，对一些有可能在一定范围内造成影响的苗头隐患，由情报中心人员及时在"百度贴吧"网页上发帖，起到提示预警作用。

② 情报中心民警每天浏览"百度贴吧"网页，从中筛选带有倾向性、煽动性或歪曲事实真相的言论、帖子，进行追帖，揭示真相。

2010 年 5 月 29 日，一名网名为"不要再害我"的网友在百度贴吧发表标题为"某某政府只手遮天"的帖子。帖子称："其在某地打工的丈夫在家中被当地公安局的人无理带走并被刑事拘留，并称丈夫做正当生意，没有做违法犯罪的事，恳请网友们帮忙，揭露政府行为。"部分不明真相的网友在网上回帖，发表过激言论。此事立即引起当地民警高度重视，专门就此情况展开了调查。经查，帖子的发帖 IP 地址为江苏某地，经对某局办理的案件进行梳理，确定该帖针对的是某局正在侦查的一起诈骗案。该案因涉案人涉嫌诈骗群众预付款 200 余万元后潜逃，被某局立案侦查，并先后抓获犯罪嫌疑人 3 名。根据情况，某局安排专门人员在网上进行了回帖，澄清了案件实际情况，并秘密监测观察。真实情况发布后，大部分网友情绪逐渐平静下来。通过引导正确舆论导向，维护了公安机关的良好形象，消除了群众误会，为进一步开展工作创造了良好的环境。

4.7.9 综合运用

通过视频侦查确定犯罪嫌疑人的活动轨迹，追踪确定上网网吧。网侦部门再根据网吧的录像及上、下线时间确定嫌疑人上网电脑,开展网络侦查,获取嫌疑人及聊天对象的QQ号,及时开展网上侦控,确定并抓获嫌疑人。同时,还可以通过注册登记信息及聊天内容来刻画嫌疑人的脸谱,分析确定嫌疑人的真实身份。反过来,在只知道嫌疑人使用QQ号,但不知其真实身份的情况下,可以通过掌握的QQ号,查询嫌疑人上网历史记录和IP地址,获取其在网吧上网时的截屏图像,然后采取"以图像找人"的措施抓获嫌疑人。

总之,随着科技的进步和犯罪嫌疑人反侦查伎俩的不断改进,网络侦查技术也必须适应形势的发展而不断改进,只有结合多种侦查技术,才能发挥网络战法的巨大威力。

4.8 预警研判破案法

预警研判破案法是以重点人员动态管控和重大事件预警研判为切入点,全面开展分析研判。对重点人员的动态管控,就是通过整合重点人员的静态信息和旅店住宿登记、网吧上网记录、交通卡口记录、银行账号信息等动态信息,通过平台不间断地碰撞比对,发现重点人员的确切方位、掌控行踪轨迹。根据管控处置重要程度分级预警,分别采取抓捕、管控、经营、核实等措施。具体战法如下。

4.8.1 四色预警分析

通过"四色预警分析"对本地刑事案件的发案规律、地域分布、重点时空等实时开展分析研判,并以文字、图表加颜色显示的形式上网公布,提出巡防重点,对特定类型案件,立即发布指令,指导一线实战部门进行巡防"补位",实现"精确制导"。

情报平台实行三级联动运行以来,各级公安机关通过平台预警成功抓获大量在逃犯罪嫌疑人,但是也有少数在逃犯罪嫌疑人未能现场抓获。对未能抓获的嫌疑人,可在后期工作中通过分析研判情报平台预警信息,以及犯罪嫌疑人相关信息,获取线索后将其抓获。可以根据当前一段时期内多发现行案件,通过专题分析研判,收集案件信息、线索,总结案件的规律、特点,做出预警研判信息,指导各派出所及相关警种,做好预防及提高打击效率;研判犯罪分子最有可能侵害的范围和目标,缩小范围,汇聚警力于重点地区,在易发案地区和重点部位进行巡逻、检查、蹲点、守候,快速有力防范和打

击犯罪,争取直接抓获现行犯罪嫌疑人。运用流程如下:

①收集资料。坚持每天收集当日刑事和治安案件信息,作为第一手资料确保案件信息真实、准确,为下一步信息研判打牢基础。

②同类串并。通过日常警情监测,关注并及时发现和梳理近期较为突出的多发性现行违法犯罪案件,并对已发同类案件进行串并。

③及时研判。适时组织派出所、刑警队、刑事技术等单位民警召开信息研判会,分析案件发生的高危时段及区域,作案人员数量、作案手段、作案工具、交通工具等特点,准确把握已发案件的作案规律和特点。

④重点预警。重点研判和预测犯罪嫌疑人下一步可能侵害的目标和范围,精确制导,向重点侵害目标责任单位发布预警信息,提出防范和打击建议。

⑤精确打控。派出所、刑警队等责任单位根据预警信息,结合本辖区治安实际,科学布警,专案侦查,采取巡逻、检查、蹲点、守候等多种有效手段,有针对性开展工作,防范和打击现行违法犯罪。

2010年1月初,情报分析人员利用警综平台刑事案件预警模块,发现某派出所管内入室盗窃案呈现红色预警状态。立即通过警综平台案件串并模块,从作案时间、作案地点和作案手段角度,比对碰撞该地区入室盗窃案件的基本信息。发现多起案件作案手法为堵锁眼钻窗入室盗窃,符合串并条件。通过视频监控系统调取了案发时间案发地周边的视频图像资料,第一时间将案件信息以预警指令的形式下达全区各实战单位,迅速启动了"快速联动防范"预案,组织巡警、刑警及社防力量,加强对该地区下午重点时段的防控工作。1月13日,派出所民警巡逻时,将犯罪嫌疑人李某、康某抓获,两人对盗窃犯罪事实供认不讳,并交代伙同其他嫌疑人在市内作案多起的事实。

4.8.2 纵横比较法

根据已掌握的历史数据和情报信息,结合区域特点,采取横向区域比较法和纵向历史比较法进行比较,评估本地区几类主要多发案件情况,预测犯罪辐射的可能性和趋势,提出打击、防范、控制和管理意见。

将某地2010年6月刑事警情与5月警情对比分类发现,入室盗窃案件所占比例为52%;作案时间多在凌晨1时至3时,针对此案发时间段,该地开展有针对性巡防工作。7月16日凌晨2时许,社区民警在巡逻时发现两名年轻男子,正在扒着窗户向居民家中偷窥,巡逻民警随即将两人带回审查。经审查,犯罪嫌疑人孙某、王某,均属辍学少年,16日凌晨,从网吧出来后,因没钱上网,在此游荡,并伺机入室盗窃,被巡逻民警抓获。

4.8.3 调查统计法

对收集的各类历史数据进行统计分析,按照时间和地域等参数进行类比,发现存在问题或苗头性趋势,进行综合性研判,提出相应对策,从而破获案件。

某地公安机关在对2010年上半年盗窃案件进行静态分析时发现,受理的111起盗窃案件中,挑竿盗窃类案件的高发时段、作案手段、作案地点、作案特点、侵害目标等相对集中,以此提出了针对性的打防建议。7月11日,侦查员在一平房区进行蹲坑抓现行活动,凌晨1时30分,发现两名男子正在用竹竿向外挑用户的物品,随即将两人当场抓获。两人交代了2010年上半年以来,利用挑竿和顺手牵羊的方式,在铁西平房区盗窃20余起的犯罪事实。

各种统计工具和统计软件在我国其他领域中使用较早,但在公安情报分析中还不够深入。充分结合公安情报业务需求,利用统计软件的功能,开创有公安情报分析特色的统计方法和实战效果,有着现实和广泛的应用价值。

4.9 银证信息追踪

对于在逃人员的自动比对报警,银行信息不同于旅馆和网吧信息,其留给民警现场抓捕的时间很短。在现有的比对条件下,如何在最短时间内抓获在逃人员,如何提高在逃人员抓获率,在很大程度上取决于民警的出警速度及抓捕的方式、方法。按工作步骤,将该技战法命名为"快、粘、盯"银证信息追逃三步法。

(1) 快

从逃犯身份证信息输入银行系统到省厅将短信信息发到分县局信息研判人员的手机,大约需要5分钟。这段时间中,大部分银行业务应该可以完成或接近尾声,因而抓捕动作一定要快,抓捕时民警要携带网上打印的逃犯信息登记表,且要注意工作方式和方法。尽管民警可以第一时间赶到现场,但也需要1~5分钟,因而现场抓获率并不会很高。通常最可能抓获的为3种逃犯:取、存、转款时间较长、数额巨大的,事先自助查询账户余额的,取款后在银行内数钱的。

信息情报人员要掌握辖区内所有银行、信用社、邮政储蓄等网点分布地址及辖区派出所,每个所单线联系1~2名精通此项业务的民警,必要时可请金融单位保卫部门配合。

2008年12月23日14时59分，某市信息研判中心接省公安厅指令称：在逃人员卫某于当日14时51分在该市珠江路邮政储蓄所活动。接指令后，信息研判中心迅速指令辖区徐塘派出所巡逻车出警。该所正在巡逻的民警接指令后第一时间赶到珠江路邮政储蓄所，于15时03分将逃犯卫某现场抓获。该逃犯抓获后，办案民警与信息研判中心民警及时沟通，通过检查其手机通话记录发现另一名同伙，经突审卫某，在辖区一小旅社内将其同伙抓获。两人均系山西省五台县人，于2006年12月8日被山西太原市警方上网追逃。

（2）粘

若在金融网点现场未发现逃犯，此时抓捕民警不能一走了之。由于错过时间较短，多为几分钟，此时逃犯应该近在咫尺，说不定刚刚就在银行门口与其擦肩而过。此时民警应该向信息研判民警通报情况，同时迅速了解逃犯刚刚办理的业务、银行内外监控图像等相关信息，然后根据逃犯的籍贯、年龄、涉案的类别等信息综合分析刚才存、取款人是否就是逃犯，若是，则应判断其现在的去向及场所等，以便实施第二次定位抓捕。

要迅速根据逃犯的籍贯、年龄等信息判定逃犯的去向，如是车站、码头还是网吧等娱乐场所；若是本地逃犯可考虑其是否回家、什么时候回家等。逃犯既然出现了，就要灵活运用武术中的"粘"字诀，想方设法粘住他。

2008年9月2日14时57分，某信息研判中心接省公安厅指挥中心指令称：在逃人员孟某于9月2日14时51分在邳州市邹庄邮政储蓄所办理银行业务。接指令后，信息研判中心迅速指令邹庄派出所开展工作，民警赶到邮政储蓄所时，孟某已取款离开。然而，民警并未放弃，考虑孟某比较年轻，便迅速在街面及附近的公共娱乐场所搜寻，于16时08分在邹庄街道某网吧内将其抓获。

（3）盯

在上述工作的基础上尚未能抓获的，也要盯住不放。盯的方式很多，例如：办理业务时留有通信方式或金融部门可以限制其存、取款网点的，可以请金融部门配合或钓或守；本地籍贯的逃犯，安排专人或特情盯守，或直接做其亲属工作，动员其投案；逃犯抓获的，要想到其在本地是否也有案件或其同伙是否一起流窜到本地等，不能就事论事。

刑侦术语说"盯案"，要的就是"盯"的精神。只有思想上重视了、精力上投入了，才能取得战果，继而巩固战果，最后要设法扩大战果。

2008 年 11 月 5 日上午 9 时 57 分，某信息研判中心接省公安厅指挥中心指令称：在逃人员张某于 9 时 51 分在邳州市珠江路邮政储蓄所办理银行业务。接指令后，信息研判中心迅速指令辖区徐塘派出所出警。出警民警经查阅邮政储蓄相关信息，确定刚刚办理业务的就是逃犯张某本人，但逃犯已经离去。因其系查询汇款是否到账，民警在充分争取了邮政部门的配合后，长线工作，于 11 月 7 日上午 8 时 50 分将再次前往该邮政网点取款的逃犯张某抓获。

总之，银证信息只是给我们提供了一个信息：该逃犯回来了，或该逃犯正在本辖区活动，只要充分利用这一信息，就能掌握主动权。尽管我们可利用的时间和空间并不充裕，但怎样抓捕逃犯、何时抓获逃犯，决定因素在我们而不在逃犯。

4.10 通信数据分析

手机话单信息客观记录了通话双方的详细情况，反映出持机人与被叫人时间、空间活动变化的轨迹及双方之间的内在联系，将话单信息与案件中嫌疑人的活动轨迹、涉案电话相关联，可以为甄别作案嫌疑，明确侦查方向，摸清团伙成员，跟踪锁定对象提供重要依据。

4.10.1 电话号码侦查

查询电话号码和通话详单是明确和抓捕犯罪嫌疑人的重要手段，分析、利用电话号码也是侦查员的一项必备基本技能，查询电话号码又是侦查工作的重要切入点。以下 5 种为不涉及技侦手段的工作方法。

（1）公安网查询法

对于工作中掌握的电话号码，可以通过两种方式查询：一是通过警综平台的电话号码排查模块进行检索，可以查询到犯罪嫌疑人使用该号码留下的报警记录、人员信息、案件信息、单位信息和联系方式；二是通过公安综合查询系统的电话号码查询，可以查到该号码登记的常住人口信息、驾驶证信息及机动车登记信息。这是利用最多、最有效的查询途径，通过上述查询可以取得事半功倍的效果。

2007 年 12 月 5 日晚，南京市秦淮区集合村路某游戏机室发生一起敲诈勒索案：数名犯罪嫌疑人持凶器，以在该游戏机室赌博输钱为由，敲诈老板 10 万元钱，并砸坏游戏机 5 台。案件发生后，通过走访，被害人仅提供了嫌疑人留下的一个手机号码，该号码没有登记机主资料。为了迅速明确嫌疑人，侦查员将号码输入警务平台的电话号码排查模块查询，结果显示该号码曾经在2007年11月5日报过110警情。随即警方通过关联查询到该警情，查明了嫌疑人的身份，同时发现嫌疑人住宿的宾馆记录。通过号码查询到实施精确打击仅仅10分钟，就将该黑恶势力团伙一网打尽，破获全市串案10余起。

(2) 互联网搜索法

现代社会的信息是高度公开、高度共享的，最广泛的来源就是互联网信息，通过互联网强大的搜索引擎，可以查找到意想不到的信息。一方面，通过搜索引擎可以查询手机号码的归属地；另一方面，通过搜索引擎还可以查询到与电话号码相关联的其他信息，如交友信息、租房信息、广告信息、交易信息、个人网页信息等。通过对上述信息的分析研判，可以发现犯罪嫌疑人的蛛丝马迹。该方法对于经常上网的嫌疑人效果尤其明显。

2006年3月25日，南京市长乐路某机房在用电信网络设备被盗，造成全省小灵通业务中断7小时，直接经济损失46万余元。通过工作查明犯罪嫌疑人是付某（男，30岁，江苏沭阳人）。追捕工作中，侦查员了解到嫌疑人文化程度较高，经常上网。为此，侦查员将嫌疑人的联系电话号码进行网络搜索，结果发现嫌疑人在网上出售赃物的帖子，进一步将嫌疑人关系人的电话号码在网上搜索。其中一个小灵通号码关联到一则租房信息，经查发布该信息的人是嫌疑人的房东，顺线查获了嫌疑人的潜址。

(3) 社会信息碰撞法

当前，服务业竞争日趋激烈，很多大型企业都为客户建立了信息资料库，这也是侦查工作中可以充分利用的资源。例如，某公司就为每一位在其公司购买电器并送货上门的顾客建立了电脑档案，里面包括顾客的姓名、联系电话及送货详址等。在办案过程中，对一些不知道住处的嫌疑人，可以将其本人或家庭成员的电话号码提供给上述单位，在其资料库中查询碰撞。目前，大的购物公司、超市、大型家电企业及大多数汽车4S店都可以提供这样的查询，除了电话号码外，也可以用姓名直接查询。

2005年初，南京秦淮区发生了一系列"跑台子"盗窃案件，数名犯罪嫌疑人利用早晨店家刚开门的时机，以订餐为名转移服务员的注意，其他人乘隙盗窃。案件发生后，通过工作查明一名嫌疑人李某和其曾经使用过的一部手机号码，因为李某是淮安人，多次受过打击处理，在南京没有暂住记录，一直没有被抓获。侦查员将李某曾经使用的手机号码提供给某电器商场售后服务中心展开查询，结果发现嫌疑人曾经在该电器商场购买过1台电视机，并登记有详细的送货地址，在送货员的进一步回忆下，侦查员准确找到李某的暂住处，一举将其抓获。

(4) 特服号码追踪法

在获取犯罪嫌疑人的电话话单后，可以特别关注一些特定的电话号码，包括银行的客服电话（以9开头的5位数电话），各类商家的投诉电话和售后服务电话，以及各类声讯服务台的接入电话，这类电话往往要经过单位电话服务器的转接，会留下记录。通过到上述单位追踪查询，可以获取嫌疑人的电话内容，这当中会有很多有价值的信息，例如：通过银行查询可以获知嫌疑人查询的银行卡号、开户身份、交易记录等；通过114服务台可以获取嫌疑人的语音信息等。

(5) 114地址反查法

大多数地区的114查询台可以提供根据姓名和大概住址查询用户住宅电话的业务，通过该功能，一方面可以直接查询嫌疑人家的住宅电话，另一方面还可以扩展应用，即在大概确定嫌疑人的住址范围时，可以通过114查到其住址的固定电话号码，再通过逆向查询获取准确地址。

2007年，南京秦淮区刑警大队在办理一起赌球案件时，查明大厂地区的总代理是杜某（男，1976年生，户籍地址为南京市沿江工业开发区）。经走访，邻居反映杜某长期不在该住处，可能住在大厂某小区。为此侦查员拨打了114查询台，要求查询住在该小区的，用户姓名为杜某的住宅电话，查询台提供了号码。随即侦查员通过市局指挥中心查到此号码在该小区的具体地址，并成功抓获正准备潜逃的杜某。

4.10.2　手机话单分析

手机话单分析，是通过犯罪嫌疑人手机通话情况及通话时所处基站位置变化信息，最终发现并抓获犯罪嫌疑人的侦破方法。作为情报信息研判手段之一的手机通信信息分析技术，既能为其他侦查活动和证据材料提供准确的印证，又能大大节省破案成本。实践中经常使用的手机话单分析方法总结为以下7种。

(1) 频率分析法

即在一定范围内，将某一信息重复出现的次数或频率进行排列，进而分析规律。完整的手机话单包括主被叫双方的号码、通话时间、时长、通话地点等多项重要信息，分别对其进行频率分析可得到重点联系人、通话时段规律、通话总时长、持机人活动地点等重要线索。分析原理如下：

从机主资料中得不到的信息可以从与其联系密切的关系人身上找到突破口，这就需要从话单中找出"重点联系人"：先将犯罪嫌疑人一定时段内（一般为近3个月）的话单用 EXCEL 表格打开，然后将"对方号码"一列单独复制到另一张表格中，利用 EXCEL 中的"排序"和"分类汇总"指令得到每一个对方号码出现的次数。出现次数最多的前几位号码，可以判断为重点关系人。

判断重点关系人除了依据通话次数，还可以根据通话时长（单次通话时长或者同一号码的通话总时长）判断。可以利用 EXCEL 表格的分类汇总功能，把全部联系号码的"通话秒数"直接进行"汇总求和"，得到一定时间内所有号码的通话总时长，对判断重点关系人也是大有帮助的。

借助计算机辅助手段的频率分析法不仅适用于分析重点关系人，也可用来分析犯罪嫌疑人在某一时间段内在某地出现的次数，由此判断犯罪嫌疑人的落脚地、频繁活动区域等信息。

(2) 时段分析法

将犯罪嫌疑人的通话信息按照时间进行分段，反复比较，从而发现异常。最常用的是案发前、案发时和案发后的通话差异分析。例如，在我们分析的多起团伙犯罪案件中，主要犯罪嫌疑人的话单都出现或部分出现以下几个特征：

①案发前每天（或每周）的通话次数都比较平稳，越接近案发时间越有可能出现通话量激增的现象。

②案发时突然出现平时不联系的号码，如某抢劫案中，嫌疑人在案发前一天和案发当天突然出现数次通话的3个号码，在其案发前2个月内都不曾出现过。

③案发前机主的通话可能会出现规律性的呼叫，即拨出每一个电话间隔的时间相同，通话时长也十分接近，这时可以考虑被分析人是否在召集其他犯罪嫌疑人。

④案发后可能会出现嫌疑人之间的一两次通话，但是总的通话量变少，有些号码可能从此消失。按照时段分析法，如果话单中出现2个以上的上述特征，则可以考虑将此持机人话单作为主线跟进分析。

在运用时段分析法时，有的案件虽注重调取案发前后的通话资料，却忽视了对持机人在没有预谋作案时与正常联系人（亲人、同事、生意伙伴等）通话规律的分析。

例如，在 2008 年 12 月一起故意损毁财物案件中，侦查员最初只调取了嫌疑人案发前后 1 个月的话单，所以在案发当日的通话活动中无法区分通话对方是作案同伙还是正常联系人。经分析人员提出，侦查员又调出了机主最近 3 个月的通话联系人，经过分析，排除了机主日常的密切联系人，确定了作案同伙的联系号码，为案件审讯提供了重要支持。

除了对案发前后通话的分析比较，还可以运用时段分析法对持机人白天与夜间的通话进行比较，判断嫌疑人作息规律；也可以对通话时间长短进行比较，分析嫌疑人案发前后对关系人的信任程度；也可以对反复出现的通话规律进行周期性分析，判断犯罪嫌疑人习惯性行为或者情感心理等。

(3) 空间分析法

根据手机话单中记录的漫游地、呼叫发起地及小区代码等信息，对持机人接打电话的空间进行分析，从而得出嫌疑人的行动轨迹。前两者较为浅显易用，后者的运用近年来在基层实战部门也越来越普及。

在获得嫌疑人接打电话的空间信息后，可以据此进行以下分析工作：

①判断嫌疑人白天活动区域、夜晚落脚地点，从中分析其行为特点。

②如果是系列案件，则可以把两个以上的案发地点在发案时间的通信情况作为两个数据集合求出交集，在得出的交集中寻找嫌疑人的号码，这就是常说的手机碰撞。

③也可以分析嫌疑人案发时是否到过现场，案发后的逃跑路线、藏匿地点等，为抓捕和审讯提供支持。

④通过空间移动速度和位移轨迹判断出嫌疑人使用的交通工具、火车车次等新的线索。

例如，警方在抓捕一个作案团伙的主犯徐某（女，34 岁，四川成都人）时，运用空间分析法取得了很好的效果。首先，在徐某的手机话单中把 21 时以后到早上 7 时以前的通话基站都整理出来，找到了徐某可能在蚌埠租住的两个窝点。随后在派出所配合的清查工作中，在其中一个出租房内将徐某抓获。在审讯过程中，警方又将通过话单分析出的"徐某曾在 8 月 23 日乘坐 K290 次列车从蚌埠到成都，并在成都停留 4 天后返回"这一情况抛出，徐某以为办案人员已经掌握了其犯罪的全部证据，心理防线当即崩溃。空间分析法的运用为审讯提供了强有力的支撑。

在运用空间分析法的时候，不仅可以结合火车时刻表、旅馆业住宿信息，还可以结合路面视频监控、车辆卡口监控、飞机航班等信息进行研判。

(4) 增值服务关联法

这种方法主要是从手机短信详单或订制的其他增值服务来进一步扩大线索。例如，持机人的短信就是一个很好的分析源：可以调取被分析人的短信详单，根据内容、称呼、语气的亲密程度及发送时间，可以判断是否为密切关系人或者是否与案件有关。

有的手机定制了移动通信公司的"移动小秘书"来电提醒业务，则可以通过查询发现话单中未出现的联系号码。还有的手机与电子银行、证券账户、保险业务、电子邮箱、网上交易平台、即时通信业务设置了绑定功能，这就为查找犯罪嫌疑人提供了更多的线索。随着手机资讯的迅猛发展，这些信息必定成为侦查破案的巨大资源宝库。

(5) 假设分析法

即先假设一定的情况出现，再以假设成立为前提进行求证的分析方法，这种方法也可以称作"假设反查法"。例如，某犯罪嫌疑人在作案后更换了通信工具和号码，那么怎么样来寻找嫌疑人新的通信工具和联系号码呢？

首先，在嫌疑人曾经的"通话对象"中找出几个重点联系人，这里所谓的重点，是以嫌疑人更换通信工具后仍然要联系的关系人为筛选方向。这里不仅要用到上面提到的"频率分析法"，还要掌握：嫌疑人有可能联系的亲情号码（配偶、子女、父母、兄弟姐妹等）；嫌疑人有可能获得经济来源的关系人号码（亲戚、朋友、生意伙伴等）；嫌疑人与同案人员之间的联系，或其他为躲避公安机关打击而索取消息来源的关系人号码；嫌疑人为了继续作案而联系的关系人号码。

找到这些嫌疑人更换通信工具后仍要联系的号码后，在其中寻找案发前未出现或者通话情况出现异常的联系号码，并将这个（或几个）号码假设为嫌疑人更换后的联系号码，然后结合时间和空间进行分析，进一步判断是否为嫌疑人所使用。假设分析法穿插在各个分析阶段，是话单分析中的一个重要环节，很多时候都需要我们先大胆假设一定的情况出现，然后再小心求证，如此循环，直至找到有价值的线索。

(6) 还原重现法

可以看成是一个印证的分析过程，即先找到有作案嫌疑的号码，假设持机人在案件中扮演一定角色，然后进行与案件有关的通话情节重现的过程。

(7) 拼合分析法

指的是把数个有关联的嫌疑人话单拼合成一个话单，按照一定的顺序排列后（一般按时间顺序），对其中的逻辑关系进行分析的方法。有的案件在预谋阶段或者案发前后嫌疑人之间的通信非常频繁，或者根据作案团伙中不同成员扮演的角色和所起到的作用，可以考虑将多个作案人的通信信息拼合在一起，进行综合分析。

4.10.3 手机位置分析

手机位置分析与话单分析的关系，就是基础与桥梁的关系，不会分析话单就好像桥梁在空中，是挂不住的。只有认真学会话单分析，建立好这个基础，之后运用好手机位置分析这个桥梁，才能通向破案的彼岸。手机位置分析有如下用途。

（1）分析案发时犯罪嫌疑人是否在现场

2004年6月12日22时许，浙江省温州市发生一起持枪色相敲诈勒索案，犯罪嫌疑人张某伙同夏某（女），利用色相诱骗受害人张某到其暂住点，持枪威逼张某脱光衣服与夏某拍照，并敲诈60万元用于交换裸照。案发后，根据受害人张某的回忆，作案对象为两人，发案时间是22时30分～23时10分。

第一步：经过工作排摸出数十名有作案可能性的嫌疑人。经过手机话单和通话位置分析，确定其中一名犯罪嫌疑人所处基站位置符合案发现场基站信息，从而确定了1号犯罪嫌疑人张某具有重大作案嫌疑。

第二步：通过对采集的数据进行分析，发现22时30分～23时10分，1号对象的另外一名联系人也有通话记录，在话单中发现其与1号对象系不同的基站。且利用手机位置分析采集的数据进行比对，2号对象所处基站属于案发现场辅基站，于是确定了这两名对象为重点对象进行侦查，很快查明该手机使用者系夏某。

第三步：对两名对象的手机话单进行分析，与采集信息继续进行比对，发现作案时，还有另一名关系人在相同基站范围内活动，并有通话记录，这名对象也被侦查员列为重点对象进行侦查，并将这3人全部抓获。经突审，犯罪嫌疑人交代了全部犯罪事实，同时与侦查员分析的一致，特别是3号对象，他一直在外面望风，所以受害人不知道。由于应用了手机位置分析，使所有犯罪嫌疑人落入法网，顺利突破全案。

（2）分析犯罪嫌疑人的居住点

2004年8月21日，温州市龙湾区发生一起蒙面抢劫宝马车女驾驶员，并强迫拍裸照案件，作案对象4名。接案后，首先通过手机位置分析与话单分析，从排摸出来的对象中确定犯罪嫌疑人陈某，同时确定了犯罪嫌疑人所持有的手机。经过查询机主资料，因为登记的资料使用的系假名，无法确定犯罪嫌疑人的居住地。于是将犯罪嫌疑人陈某 2 个月的手机话单进行分析，初步确定犯罪嫌疑人早晚均在某基站出现，按照生活习惯、活动规律分析认为，该基站可能系犯罪嫌疑人居住地基站。于是侦查员通过对话单上基站进行解密，运用手机位置分析进行信息采集，确定犯罪嫌疑人在泰顺移民村菜场子附近。范围的缩小给传统的侦查措施带来助力。在基站范围内进行摸排，确定了犯罪嫌疑人与其同伙的居住地点，并将其抓获，其他犯罪嫌疑人也相继因陈某的手机被发现而落入法网。

(3) 分析确定犯罪嫌疑人的逃跑路线

2004 年 1 月 6 日，温州市龙湾区发生一起持枪凶杀案，犯罪嫌疑人王某纠集多人持枪支、管制刀具等作案工具到因琐事发生纠纷的王某家，将其枪击后逃跑。案件纠集人王某，知道受害人已死，便将自己的手机关机。其他犯罪嫌疑人，为了逃避打击，选择好落脚点后，立即将手机关机，这也是犯罪嫌疑人惯用伎俩。侦查员通过话单分析结合手机位置分析对手机信息采集，确定了犯罪嫌疑人的逃跑路线，关确定犯罪嫌疑人的下落，随即进行追捕。

第一步：分析嫌疑人手机，确定重点关系人。分析关机前犯罪嫌疑人手机活动情况，从中发现关系人。

第二步：分析关系人话单，重点关注有无与犯罪嫌疑人关机时所处基站一致的基站，或犯罪嫌疑人案发后关机前频繁联系所处基站。

第三步：发现关系人所处基站与犯罪嫌疑人手机关机前所处基站信号一致，初步确定犯罪嫌疑人可能逃到关系人住处。另外还有一种可能，犯罪嫌疑人关机之前与关系人联系频繁的，因可能已约定地点，提早关机，那么基站信息无法确定。但也要查清关系人身份，因为关系人的住址可能就是犯罪嫌疑人的藏匿地。

第四步：分析关系人的机主资料，确定关系人的身份，对其身份通过网上查询等手段，发现关系人的住址，最终成功将犯罪嫌疑人在温州某酒店抓获。

(4) 分析犯罪嫌疑人藏匿点

2004 年 6 月 29 日 23 时 30 分左右，温州市龙湾区发生一起持枪寻衅滋事案，犯罪嫌疑人许某因赌博与项某发生纠纷，许某纠集 10 余人，持枪到项某家报复，项某不在，许某持枪顶住项某父亲，将其家捣毁后逃跑。犯罪嫌疑人许某十分狡猾，潜逃后，原来使用的手机一直关机。

第一步：确定犯罪嫌疑人的重点关系人。确定重点关系人的话单分析方法：手机通话频率较高的，通话时间较长的，短信联系频繁的，案发前后通话的，吃饭时间或夜间较晚有通话的。

第二步：发现犯罪嫌疑人的通信工具。案发后，对已确定重点关系人话单新出现号码进行分析，确定犯罪嫌疑人新的手机号。侦查员根据分析出来的关系人的手机话单，着重分析案发以后，关系人的手机话单中有无出现新的手机号码。这就需要侦查员罗列出关系人的手机，随后排列分析，分析的方法就是对关系人的话单以案发时间切成两块，一块系案发前的话单，另一块系案发后的话单。以案发时间为基轴，对案发后的手机号逐一与案发前话单进行比对，确定案发后出现的新手机号，作为重点号进行排摸。同时，利用好手机位置分析工具确定基站信息进行比对分析，以确定犯罪嫌疑人新的手机号码。对已确定重点关系人的话单分析新出现的手机号码，进行科学的推理：因为犯罪嫌疑人的心理素质的不同与地理环境不同，犯罪嫌疑人可能与多名关系人有联系或只与个别关系人有联系。所以要根据对象的具体情况进行具体分析。

第三步：发现藏匿点。通过对新手机的话单分析，结合关系人的活动情况，利用手机位置分析工具对关系人手机方位与犯罪嫌疑人的手机痕迹比对，确定犯罪嫌疑人的藏匿地点。

（5）分析犯罪嫌疑人的活动规律

任何事物都有一定的规律，只要运用正确的方法寻找规律，然后发现规律，就能达到事半功倍的效果。2004年上半年，温州市连续发生多起丢包诈骗案件。犯罪分子以落地看到钱为借口，骗女事主到偏僻处分钱，然后将其强奸，手段极其恶劣。侦查员利用了手机信息采集仪，发现嫌疑人作案时的活动规律，并将此案顺利侦破。

第一步：分析共同出现话单的数据规律。根据分析，其中有几部手机时分时合在作案现场出现，并在案发时段内出现。对在案发时间不同基站出现的手机话单进行分析，找出规律，有必要进行逐一排摸调查。随后，确定其中有一部手机案发时在温州经济技术开发区案发地出现，案发后马上漫游到温州市鹿城火车站附近。

第二步：通过话单与采集数据比对分析，确定犯罪嫌疑人手机。通过犯罪嫌疑人手机话单分析，寻找同案犯罪嫌疑人，突破全案。通过对犯罪嫌疑人手机的分析，找出犯罪嫌疑人活动规律。

任何一个案件的突破前提都是抓获犯罪嫌疑人。发现犯罪嫌疑人手机后，为了快速抓获犯罪嫌疑人，通过技侦部门对其使用的手机进行定位，然后通过手机位置分析，对犯罪嫌疑人可能的落脚点做基站重合，确定对象是否在落脚点。

2003年1月30日，温州市龙湾区永中镇某出租房发现一具女尸。经侦查分析，受害者名叫张某，系某娱乐城"坐台女"，平时人际关系复杂，案件性质分析可能系抢劫杀人，而且熟人作案可能性比较大。案发以后，采集现场信息与话单分析中出现的基站信息进行比对，以死者可能死亡时间为基轴，确定了汪某的手机案发时在犯罪现场出现过。于是确定了已被原专案组排除的汪某具有作案嫌疑。随后，侦查员到汪某老家重庆将其抓获，在证据面前汪某交代了抢劫杀人的犯罪事实。

手机位置分析是基于传统侦查措施基础上的一种运用高科技提供侦破线索的工具，在侦查过程中有效利用可以起得事半功倍的作用，但是不能代替传统的侦查措施。

4.10.4 分析交通工具

从作案嫌疑人的话单入手，根据手机长距离移动的时间，分析持机人可能乘坐的飞机、火车、汽车等交通工具，结合视频监控信息、道路交通卡点信息和电子警察等，可以发现犯罪嫌疑人踪迹。

① 根据手机移动轨迹，结合列车时刻表，可以推测出嫌疑人乘坐的列车车次及运行情况。

② 根据手机移动轨迹，结合手机漫游信息，可以确定嫌疑人乘坐的飞机航班，结合机场监控，可以获取嫌疑人图像、身份信息。

③ 根据手机移动轨迹，结合公路卡点与电子警察、收费站监控信息，可以确定嫌疑人驾驶的汽车情况。

在某盗窃案中，经侦查发现，两个犯罪嫌疑人使用的手机号码为136257182××、150581118××。该机主信息与实际使用人有出入，但通过手机通话信息发现，其多次往返杭州、重庆，根据往返路途时间来看，应该是乘飞机往返。可利用登机实名制，通过航班信息碰撞，分析其真实身份。如果是乘坐汽车，可测算经过卡口的时间，通过分析卡口监控，发现车辆后进行追踪。

4.10.5 一串两查法

当前，电信诈骗案件频发，影响巨大。下面介绍电信诈骗案件"一串两查"，来阐述类似案件的侦破战法。该战法就是依托公安内部或社会计算机通信网络，以警综平台和情报系统为保障，采取网上串并，查询手机、网址信息和银行账号信息，将各类案件信息进行整合关联分析，确定案发地，寻找追踪涉案人员，对犯罪嫌疑人实施精确打击的一种工作方法。其工作步骤、流程如图4-31所示。

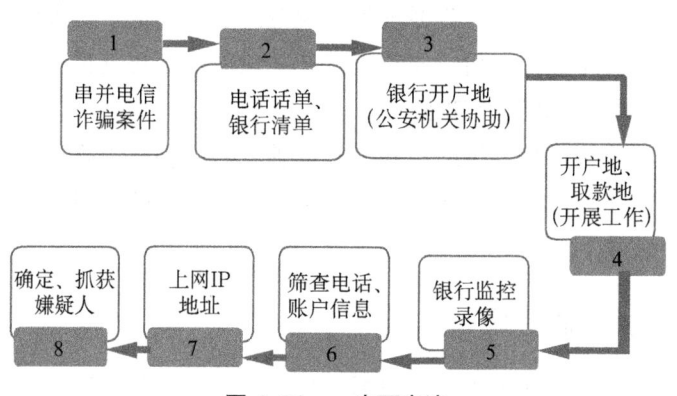

图4-31 一串两查法

①网上串并。利用电信诈骗案件中涉及的手机号码、银行账号、网址、网名、诈骗手段等信息，通过警综平台进行查询，梳理出一定阶段、一定区域内的类似案件，掌握发案的规律特点，寻找案件的共性和关联点，从中发现犯罪线索。电信诈骗案件具有涉案面宽、区域跨度大、受骗人数众多且无固定人群等特点，因此，案件串并是侦破电信诈骗案件的首要工作，也是关键环节，而且，串并案工作必须贯穿于侦查破案的全过程。要采取拓展式的网上串并，不断扩大案件串并范围，串并的案件越多，线索就越充分。

②查询手机号码。电信诈骗犯罪嫌疑人具有很强的反侦查意识和能力，团伙头目往往在国内招收帮手，在海外设立窝点，在互联网上开通购得的可任意显号的"VoIP网络电话"或"改号软件"。案发前，犯罪嫌疑人开通呼叫转移业务，作案过程中，在外地使用呼叫转接的手机接听电话，且频繁更换手机号码，有的会频繁更换手机。因此，侦查员必须在第一时间确定涉案手机号码，并对其进行全方位跟踪控制，锁定案件发生地，为抓捕犯罪嫌疑人提供方向。

③查询银行账号。电信诈骗案件涉案银行账号开户地及交易地均在外地，被骗钱款到账后，犯罪嫌疑人随即将诈骗所得赃款通过网上银行等方式，迅速将大额存款分转成多个之前已备好的小额银行账户内。由于银行 ATM 机上有每日取款上限，嫌疑人大多利用 23 时～凌晨 1 时将赃款全部取出。针对此特点，一定要加强银行查证工作，一方面要查询嫌疑人作案所使用的银行卡的流水账目明细；另一方面要注意查询所有银行账户的电话银行记录、网上银行的所有登记记录及关于银行账户的一切信息，力争发现线索。

2008 年 12 月 29 日，北京市某区连续发生两起"电话欠费"诈骗案件，涉案金额 69 万元。情报人员立即对此类案件进行串并，发现全市仅有两起案件初步认定为同一。侦查员分成两组分别从涉案电话和银行账号入手，在确定开户地点后，及时与当地公安机关取得联系，并派侦查员到当地开展侦破工作。侦查员通过对涉案电话和银行账号的层层筛查，同时提取到犯罪嫌疑人的取款录像，最终确定了犯罪嫌疑人刘某（女，25 岁，福建人）、吴某（女，23 岁，福建人），并成功将二人抓获。

从破获的"2008-12-29"案件看，电信诈骗的犯罪分子具备了一定的科技知识和反侦查技能。一方面其作案使用的电话一般无法直接指向犯罪嫌疑人，而且又规定其他犯罪嫌疑人在网上转账时必须登录国外代理服务器，以至警方无法按照 IP 地址落地查询；另一方面其严格规定了单线联系制度，犯罪团伙成员之间除"工作"之外不得私自联系，成员之间互不认识，"工作"手机必须一机联系一人，手机信息均只有一个相同号码，且定期连机带卡扔掉后换新机。嫌疑人取款时往往辗转于多个城市。"2008-12-29"案件侦破中，侦查员正是抓住了嫌疑人在上网查询账户时未登录国外代理服务器的疏漏，为破获案件留下了线索。

4.11 指纹、DNA 比对法

对每起案件现场进行细致勘查，加强对常规的现场指纹、足迹、工痕、遗留物、DNA 等痕迹物证的发现、提取工作，为侦查破案指引方向。充分利用指纹终端系统和 DNA 数据库，将现场指纹、生物检材及嫌疑人指纹、DNA 录入系统进行比对查询，及时锁定犯罪嫌疑人。犯罪分子在现场的遗留物中能够提取 DNA 数据的，要尽快处理，及时将数据输入 DNA 数据库进行比对。对现场抓获、留置盘查有作案嫌疑的人员，也要及时对其指纹进行捺印，提取其血样，将其指纹和 DNA 数据输入数据库。

目前，应用比较成熟的有指纹自动识别系统"四查"法，即正查法、倒查法、串查法和查重法。在安装活体自动识别系统和 DNA 数据库进行比对排查，以快速、准确、有力地打击流窜犯罪。此外，也可对已抓获的犯罪嫌疑人的指纹、DNA 进行反查，通过串并案来挖清其余罪。采用指纹采集系统远程客户端后，利用正查法使用现场指纹查询比对捺印指纹库中的数据，以达到直接认定犯罪"从案到人"的破案方法；倒查法是使用抓获的违法犯罪人员的捺印指纹，对在侦案件现场库进行查询比对，直接认定犯罪，是"从人到案"的破案方法；串查法是使用某一案件的现场指纹对现场库进行比对查询，是"从案到案"、技术并案的侦查方法；查重法是将无名尸体捺印指纹，或拒不交代真实身份的可疑人员的捺印指纹，录入指纹识别系统，在捺印数据库中进行比对查询，这种方式可以达到核对身份、认定身源的侦查目的。

正查法案例一：1994 年 5 月 18 日夜，某大学女博士生兰某被犯罪分子强奸后杀害于寝室中。武汉市公安局开展了大量艰苦侦查，耗资百万余元，久侦不破。2002 年，全省公安机关组织指纹会战，阳新县对过去采集的单指纹逐个粘贴，报送湖北省公安厅，并于 4 月底进入全省大库，为破获此案提供了条件。2002 年 8 月 30 日上午 11 时，武汉市公安局技术员再次带本案现场指纹到省厅大库查询比对，不到 1 小时就直接认定此案系殷某（男，36 岁，阳新县王英乡人，1994 年 6 月因盗窃、抢劫被羁押捺印指纹）所为。2002 年 9 月 12 日，殷某在广东落网。省厅对捺印指纹采集民警、现场指纹提取民警、比对认定民警分别给予 5000 元、3000 元、2000 元奖励。武汉市公安局给现场指纹提取人、比对鉴定人各记二等功 1 次。

正查法案例二：2002 年 7 月 7 日凌晨 2 点左右，江西省瑞昌市码头港某单位宿舍发生一起入室抢劫杀人案。犯罪分子闯入该单位职工黄某家，持刀将黄某夫妇砍成重伤，抢走小灵通手机一部及现金 200 元。2002 年 8 月 6 日，黄冈市公安局刑侦支队接到此案协查通报后，迅速组织技术人员将该案的现场指纹扫描入库，进行编辑查档。技术人员高度负责，先后 4 次编辑特征，多次查询比对，通过反复鉴别，最后直接认定此案系嫌疑人朱某（男，1982 年生，武穴市花桥镇人）所为。随即武穴市公安局配合瑞昌警方进行追逃。

倒查法案例一：2001 年 5 月 10 日下午，宜昌市公安局夷陵区公安分局刑警大队民警抓获一名入室盗窃的犯罪嫌疑人杨某（男，23 岁，建始县人，因在宜昌市鸦鹊岭镇盗窃被治安拘留 7 日）。按规定及时采集杨某的指纹，并将指纹送到宜昌县刑警大队技术中心通过远程站点输入宜昌市局刑警支队指纹自动识别系统中心库，进行捺印指纹倒查现场库。很快确认比对排名第一的现场库指纹（"1999-12-13"案指纹）与杨某的捺印指纹同一，从而确定杨某系1999年12月13日鸦鹊岭聂店抢劫杀人案的作案人，成功破获这起抢劫杀人案积案。

倒查案例二：2002年10月27日，十堰市公安局张湾分局刑警大队将在押犯罪嫌疑人宋某（男，1975年生，竹山城关镇人）、杨某（男，1978年生，竹山县城关镇人）的捺印指纹送市公安局刑警支队，要求查询犯罪前科及作案情况。经倒查市局现场指纹库，认定1999年以来发生在十堰城区、房县、丹江口市的系列盗窃案件12起，经审查深挖，共带破入室盗窃案件35起，其中价值在5000元以上的大案17起。

倒查法案例三：武汉市公安局江岸分局刑警大队在2002年"荆楚002号行动"中，通过清查抓获盗窃犯罪嫌疑人杨某、鲁某，按规定立即将杨、鲁二人的捺印指纹录入武汉市指纹识别系统。通过与现场指纹库倒查比对，直接破获"2002-10-08"武汉市武昌区工商银行水果湖支行武珞路储蓄所3台电脑液晶显示器被盗的省厅督办案件。经深挖，共带破该团伙所做盗窃案件20余起，涉案金额达20余万元。

倒查法案例四：2001年2月26日白天，汉川市城关镇山后三路某居民楼发生一起入室盗窃案。技术人员在现场勘查中提取一枚现场指纹，当即报送孝感市局指纹中心进行指纹比对，认定编号为420980003286的应城市样本指纹右拇指与现场指纹同一，经查确认此案系杨某（男，16岁，应城市郎君镇人）所为。情报信息人员没有就此了结，而是将杨某的样本指纹再倒查现场指纹库，结果发现发生在应城、汉川、武汉的几起盗窃案现场指纹也是其所留。2001年8月应城市公安局将其抓获，据此案件串并进行连夜突审，一举破获一个系列盗窃团伙，带破案件18起，价值近20万元。

串查法案例：武汉市公安局刑侦处十二大队技术人员在2002年"荆楚002号行动"中将武汉市汉阳区"2002-09-16"入室盗窃案现场指纹输入全市现场指纹库查档比对，认定2002年7～9月发生在武汉市汉阳、桥口、东西湖等地的系列盗窃案系同一名犯罪分子所为。并案侦查后，侦破专班准确地划定侦查范围、变换侦查措施，很快将犯罪嫌疑人曾某抓获归案，一举破获系列入室盗窃案件18起，收到了破一案带破串案的效果。

查重法案例一：2000年8月17日，宜昌市八二七货场内发现一具无名尸体，技术人员捺印死者指纹上网查询。在宜昌市局指纹中心查明此人系吴某（男，37岁，住宜昌市某工程局三合院，1999年6月曾因吸毒被宜昌市夷陵分局审查时捺印指纹），死者身份的迅速确定，为侦查工作提供了条件。

查重法案例二：1999年7月2日，房县桥上乡公路边一涵洞发生一起杀人碎尸案件，经过一周的摸排工作没有进展，死者的身份也无法确定。侦查人员于1999年7月9日将死者指纹报送十堰市公安局刑侦支队情报信息大队查档，通过查询比对，很快认定死者身份。侦破专班迅速开展工作，于7月9日晚就破获了这起杀人碎尸案。

4.12 信息追踪法

信息追踪法充分利用犯罪嫌疑人的手机通话信息、QQ号码活动信息、个人实名卡上网信息、汇款信息等有关信息进行追踪，锁定犯罪嫌疑人的活动轨迹，从而实施精确抓捕。

2008年6月～2009年4月，一名自称"孙某"的男子，通过打电话、发短信的方式，以自己孩子被绑架、自己生病等理由，博取抚顺县章党镇某村村民肖某的同情心，并诈骗钱财，肖某先后给"孙某"汇款10余次，被诈骗现金共54 500余元。接案后，侦查员首先以肖某与"孙某"的汇款单及"孙某"的银行卡号为切入点，并依据"孙某"历次取款地点等信息，准确划定其活动范围在营口市。但通过进一步工作发现，"孙某"并非为其真实姓名，且具体藏匿地点无法确定。侦查人员继而调取了"孙某"的近期通话记录，通过通话信息，最终成功将犯罪嫌疑人姚某（自称"孙某"）抓获。经审讯，犯罪嫌疑人姚某对诈骗的犯罪事实供认不讳。

在犯罪手段日益多样化、智能化的今天，不断总结、积极借鉴、开拓思维、不断创新，充分发挥情报分析人员的积极性和主动性，强化情报人员情报意识、信息化基本技能和对各信息系统的熟练程度。在实战中具体问题具体分析，工作条件灵活运用，并创造性探索网上战法。此外，也可借鉴外地优秀做法。下面从一个具体案例来加以阐释。

(1) 案情概况

① 2009年9月2日凌晨1时～上午6时30分，事主李某在东城街道东官河路某网吧上网时，被犯罪嫌疑人在下半夜用刀片割破裤子口袋，窃走放在里面的两部手机。

② 2009年9月2日凌晨4时～上午8时，事主孙某在东城街道桔乡大道

某网吧上网时,被犯罪嫌疑人用刀片割破裤子口袋,窃走放在里面的现金380元。

③ 2009年9月2日早上5时30分～5时35分,某事主在东城街道王东村王东路某网吧上网时,被3个男青年持刀抢劫,抢走270元现金。

④ 2009年9月2日早上5时40分～5时45分,某事主在东城街道食品街某网吧上网时,被3个男青年抢走手机一部,价值约800元。

短短的2个小时内,在黄岩东城街道的4个网吧内均发生了抢劫、盗窃上网人员的案件。侦查员在调查访问的基础上,按照分局的接处警规范,针对网吧全都安装有监控的情况,技术员在第一时间将网吧的监控视频进行调取保存。

(2) 侦破经过

1) 网上视频串并

通过对4个网吧监控录像的反复观看,发现在4个网吧作案的犯罪嫌疑人系同一伙人。侦查员将以前盗抢网吧上网人员案件的监控视频调出进行串并,发现2008年12月4日有两起案件,2008年11月13日有一起案件犯罪嫌疑人的人数、体貌特征与该伙犯罪嫌疑人均相符(图4-32),于是将此串案件进行串并侦查。

图4-32 视频监控比对

2)视频发现交通工具

通过仔细观看 2009 年 9 月 2 日 4 起案件的监控视频,发现这 4 起案件发案时间都是在凌晨清晨 4 时 30 分～5 时 50 分,在如此短的时间内,犯罪嫌疑人跑了 4 个网吧,由此判断犯罪嫌疑人为驾驶车辆作案。果然,在某网吧的监控中发现犯罪嫌疑人驾驶着一辆黑色的桑塔纳 2000 型轿车,如图 4-33 所示。

图 4-33 视频监控

3)轨迹分析锁定嫌疑车辆

通过各网吧发案时间的先后顺序,初步确定案发当夜犯罪嫌疑人驾车作案的行车轨迹,根据各时间段的行车轨迹,查询相关道路卡口的违章信息,发现了一辆黑色的桑塔纳 2000 型轿车"浙 G5R0××"。

小型汽车浙 G5R0××,2009 年 09 月 02 日

路桥 104 国道 1751km+410m(坝头路口)(西到东)已通知,未处理

通过对机动车数据库的查询发现,并不存在"浙 G5R0××"这辆车。联系到该车开往路桥方向,推测该车有可能是温州车,输入"浙 C5R0××"发现这是一辆黑色的桑塔纳 2000 型轿车。

所有人:刘某某　　登记证书编号:33000172×××

住址：浙江省温州市鹿城区温化社区××幢×××室　状态：正常
发证机关：温州市公安局交通警察支队车辆管理所　使用性质：营转非
厂牌型号：桑塔纳SVW7　检验合格标志编号：未填写　获得方式：购买
车辆识别代码：××××××××××231516
发动机号：AYJ022××××　车身颜色：黑

4）住宿轨迹碰撞确定嫌疑人

在网上查找刘某的旅馆信息（表4-3）发现，在福建东门招待所内刘某有一个同住人员吴某。

表4-3　住宿登记表

吴某	男性	1991-11-××	522222199111××××××	东门招待所	20090913161800
刘某	男性	1973-03-××	410204197303××××××	东门招待所	20090913161700

住客流水号：330304002020090910 0132　姓名：吴某

性别：男　出生日期 1991-11-××

证件类型：身份证　证件号码：522222199111××××××

民族：汉族　籍贯：贵州省江口县　住址：怒溪乡×××村

调出吴某的照片发现，与监控中的一个犯罪嫌疑人是同一个人（图4-34），从而认定刘某和吴某都是犯罪嫌疑人。

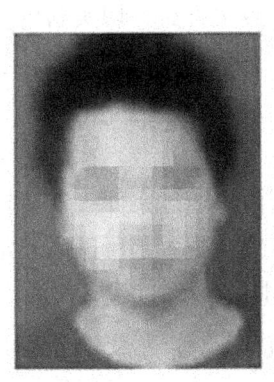

图4-34　网吧监控与照片比对

5）抓获犯罪嫌疑人

嫌疑人的身份已经明确，但由于其是流窜作案，早已逃离台州。查明嫌疑人在温州落脚后，在温州警方的配合下，最终于2009年11月10日和11日将刘某、吴某、喻某、舒某4名犯罪嫌疑人抓获，破获此案。

（3）总结分析

根据以上案例，下面对具体的网上作战流程进行概括。

1）学习总结，进一步提升全警网上作战能力

网上作战是公安机关侦查破案的必然趋势。通过开展信息讲座、网上作战技战法学习培训活动，不断推动基础信息采集、录入、应用，进一步提升民警网上工作、网上作战能力。对侦破的各类案件进行分析，总结经验教训，成功从中提炼多种技战法。在此基础上，充分利用警综平台和情报系统，不断探索新的信息化破案手段，促进网上作战从单兵应用向全警有组织应用转变，从松散型应用向集约化应用转变。

2）预警研判，进一步拓宽信息化应用思路

在推进警务信息化进程中，实战应用是"基础工作信息化，信息工作基础化"的根本目的，也是"苦练基本功"的出发点和落脚点。整合重点人员的静态信息和旅店住宿登记、网吧上网记录、交通卡口记录、银行账号信息等动态信息，通过警综平台不间断的碰撞比对，发现重点人员的确切方位，掌控行踪轨迹。根据管控处置重要程度分级预警，分别采取抓捕、管控、经营、核实等措施，并结合公安网各类信息平台，从中发现案件线索，在提升信息化服务公安实战效能上取得新突破。

3）监控比对，进一步提升信息化应用成效

通过信息化建设转变思维方式、工作方式、破案方式，切实利用信息化建设成果，在打击工作中，充分运用公安网各类信息平台、高清卡口监控系统，在破案实战中取得成效。

4）网上串并，进一步转变传统破案方式

网上串并主要是依托现有的公安信息网络资源，通过案件线索摸排调查和分析研判，加强情报信息追逃方向专项研判，结合技术手段迅速锁定犯罪嫌疑人，以网上追逃9种战法精确定位、果断出击，成功破案追逃。

5）数据挖掘，进一步提高打、防、控、管的精准度

基于情报技术的数据挖掘就是以计算机网络为载体，以各类信息资源为实体，依托一系列信息整合分析工具软件，通过对各类有形痕迹和无形痕迹

的信息数据分析，自动或半自动地在较大的空间范围与时间跨度内发现犯罪嫌疑人的踪迹，揭露和刻画犯罪嫌疑人的轨迹，特别是作案轨迹和活动轨迹，从而发现破案线索，及时锁定、快速准确缉捕犯罪嫌疑人。

"兵无常势，水无常形。"战法同样也没有固定的套路和模式，只有在实战中结合实际不断地探索、总结、创新，以信息化建设为切入点，以网上各类信息平台为依托，以信息导侦为目标，实施网上作战，通过基础信息采集录入、社会信息综合研判、作战平台信息查询比对等方式，有机地将各种信息资源有效整合，创造性思维，才能发挥更大的实战和社会效益。

第 5 章　重大事件预警防范

随着我国社会转型的加剧和国外社会指标研究的导入，国内开始了有关社会预警方面的研究。特别是在 2003 年春季我国爆发 SARS 之后，社会风险的防范成为热点，备受各个领域的关注，社会预警研究更加引起了学者乃至政府的广泛重视，呈现出一片蓬勃发展的局面。社会指标体系的构建、社会风险管理研究和社会风险预警体系的研究为群体性事件预警研究提供了有力的理论依据和研究基础，也成为作为社会管理范畴的群体性事件预警研究的逻辑起点。当然，尽管运用社会指标方法已经成为现代社会管理科学研究的重要趋势之一，但在我国目前的重大事件预警研究中缺乏模型分析，实证研究不足，也没有一个统一的整合性研究，除少数指标体系外，大多数指标都停留在一般意义的定性分析上。研究资料表明，目前国外大多数指标体系的测量信度和效度都不尽人意，有些指标体系甚至很难实施运用。另外，我国有关重大事件预警研究处于起步阶段，以往的研究群体性事件划归社会危机事件处理之列，并没有建立专门的群体性事件预警机制。发达国家普遍认为，群体性事件成因复杂，尤其与社会转型期的利益多元化和社会结构巨变有关。不少国家对危机管理都是通过完善法律保障和运作机制保障加以实现。美国十分重视立法先行，先后制定了《国家安全法》、《全国紧急状态法》等多部适用于危机管理的法律、法规和法案。俄罗斯于 2001 年、2002 年分别颁布了《俄罗斯联邦紧急状态法》、《俄罗斯联邦战时状态法》等法律、法规，为处置危机事件提供了依据。另外，澳大利亚、日本、以色列、韩国等国家还在预警机制方面作了明确规定，例如，以色列的危机处理运作程序主要包括预警、应对和恢复 3 个方面。预警主要是情报的收集与分析，以及对预防危机的宣传与教育。另外，不少国家还注重于源头上减少诱发重大事件的隐患，鉴于弱势群体始终是闹事的主体，因而置预防与处置重点于无地农民、城市贫民、失业人群和移民等。从国内外关于重大事件及其预警机制的研究来看，大多集中在法律、机制、社会服务等层面进行。而要深入了解重大事件并做出防范，尝试对其进行深入分析和研究，实现战略和战术层面的突破。

5.1 预警防范的作用

随着社会经济的快速发展，社会利益分配的急剧变化，各种群体性事件和突发事件层出不穷。针对各类危害国家安全等重大事件，收集汇总国内外、现实社会和虚拟社会中的苗头性、倾向性和线索性信息，以及其他可能诱发、导致重要事件发生的信息或者案例类材料，综合运用情报分析和研判的模型及分析工具，结合人工研判，得出初步结果并预警，辅助领导决策，通过门户网站发布或者通过情报交换发送给相应地方和部门，实现重大事件的预警防范，对于公安机关来说，具有十分重要的意义。通过把情报信息研判成果及时转变为领导决策，把领导决策转变为基层勤务，充分发挥情报信息支持决策和预警、导侦、促控的作用，使各项警务活动建立在动态采集、分析、测绘、应用犯罪信息基础之上，实现"情报、大信息"支持下的"小行动"，进而带动和促进公安工作走上现代化、信息化、正规化的发展道路。

积极预防、妥善处置重大群体性突发事件，不仅关系到广大人民群众的切身利益，而且关系到改革发展稳定大局，关系到党和政府的公信力，是对我们驾驭复杂局势、提高行政能力的重大考验。

5.1.1 预防为主

坚持预防为主，及时化解矛盾。群体性事件大多与利益纠纷有关，预防群体性事件的根本立足点在于化解矛盾纠纷。多年的实践证明，矛盾在第一时间、第一环节解决成本最小，必须始终坚持预防为主、调解为先。"枫桥经验"的关键，就在于"小事不出村、大事不出镇、矛盾不上交"。要继承和发扬新时期的"枫桥经验"，把工作的着力点更多地放在基层、放在平时、放在准确掌握社情民意和及时把握社会动态上，深入开展矛盾纠纷排查调处工作，着力化解各类矛盾纠纷。对群众反映的切身利益问题和可能引发重大群体性事件的不稳定苗头，要及时报告党委、政府，积极依靠党委、政府，千方百计解决问题、缓解矛盾、化解纠纷，最大限度地把矛盾纠纷化解在基层、把问题解决在当地、把隐患消除在萌芽状态，从源头上预防群体性事件的发生。

5.1.2 迅速控制

迅速控制局势，尽快平息事态。处置群体性事件，必须做到发现要早、化解要快、处置妥当、防止蔓延，力争取得最佳的处置效果，把对社会稳定的影响和危害减小到最低限度。一旦发生重大群体性事件,要坚持早发现、早报告、早控制,努力确保事态不扩大、不升级、不激化。处置群体性事件,要十分讲究政策方法,特别是对群众反映的利益诉求,要及时报告党委、政府,妥善予以解决,切实维护群众的合法权益;处置中,要多做宣传、解释、说服、疏导工作,着力缓解群众情绪,引导群众以理性合法的形式表达利益诉求、解决利益矛盾、维护自身权益。对插手群体性事件、蓄意制造事端的幕后组织者及实施打砸抢烧的违法犯罪分子,要及时固定证据,依法坚决打击处理,切实维护法律的权威和尊严。

处理群体上访问题,最成功、最有效的方法是把矛盾化解在萌芽状态,把矛盾解决在基层。把矛盾化解在萌芽状态的前提条件,仍然是准确掌握情报信息。2009年3月,正值"两会"召开期间,某分局国保部门获取情报信息,煤矿买断工龄人员70余人,欲在"两会"召开期间进京上访,要求解决股权、就业和最低生活保证金问题。获取这一重要情报信息后,分局党委立即召开紧急会议,对有效预防控制这一群体进京上访事件做出部署。并于当晚抽调全局警力,深入到上访群体骨干人员家中交代政策、宣讲法律,对极个别骨干人员采取了训诫措施。在强大的政治攻势下,这一上访群体绝大多数人员打消了进京上访的念头,从而有效地避免了一起"两会"期间越级进京上访事件的发生。事实证明,准确掌握情报信息对预防和遏制群体上访会起到积极作用。

5.1.3 动态管控

能够在全国范围内全程、动态掌控特定对象的行踪轨迹,了解其相关背景信息,分析其一段时间内的活动规律和异常情况,并进行相应处置。一是研究确定重点人员信息类别,建立全国重点人员数据库;二是在部、省、市三级情报平台挂接了反映人员情况的基础信息和动态信息;三是通过整合重点人的静态信息和旅店住宿登记、网吧上网记录、交通卡口记录、银行账号信息等动态信息,通过平台不间断的碰撞比对,发现重点人的确切方位、掌控行踪轨迹,根据管控处置重要程度分级预警,分别采取抓捕、管控、经营、核实等措施。

5.1.4 健全指挥

对随时可能发生的影响社会稳定的重大事件,能够进行有效防范,做到防患于未然，遏制于萌芽状态。针对重大事件，通过整合社会信息、基层民警在日常工作中收集的各类基础信息，以及从其他渠道获取的各种信息线索，通过情报平台对主题、频度、关联度、敏感度等要素开展综合分析研判，刻画出事件发生、演变趋势，揭示事件策划的组织勾连和特定人的活动情况，生成预测结果和预警指令，采取妥善的防范和处置措施。

健全指挥机制，提高处置水平。各级公安机关领导同志要不断总结指挥处置重大突发事件的经验教训，切实加强对重大突发事件规律特点的研究，提高现场指挥、临机决断、依法处置的能力和水平。要健全统一指挥、反应灵敏、协调有序、运转高效的应急指挥机制，明确各部门、各警种的职责任务，着力提高应急指挥效能，形成处置重大突发事件的整体合力。要大力加强应急处突专门力量和装备建设，不断完善处置预案，强化实战演练，提高应急处突能力。

5.2 信息预警机制

预警就是事先发出警报。具体说，就是根据事物的现实状况及其发展的客观规律，去判断、推测事物将要发展的趋势，并在一定范围内发布警示性信息。建立信息预警机制主要包括以下几点。

5.2.1 犯罪预警

犯罪预警就是运用可持续的理论和方法，客观分析犯罪规律及其特点，对未来犯罪态势进行客观的科学预测，并将预测结论以警示信息发布，以此采取有效的遏制手段，消除产生犯罪的原因和条件，以最大限度地减少和预防犯罪，降低破案成本。犯罪预测内容一般包括犯罪率预警、犯罪类型预警、犯罪高危人群预警、犯罪手段预警、犯罪重点区域预警等。

犯罪预警的类型分为战略型犯罪预警和战术型犯罪预警。战略型犯罪预警是通过对当前某一区域刑事犯罪现状与其历年案件常量的比较，预测出犯罪发展趋势，为制定具有全局性、综合性的防控决策提供服务；战术型犯罪预警是通过对某一特定的刑事案件或犯罪嫌疑人的情报研判，预测其发展趋势，为侦查破案、打击预谋犯罪及采取针对性防控措施提供服务。

网上犯罪预警就是通过刑事犯罪情报信息系统和预警研判平台，时刻关注犯罪规律特点及最新动态，重点对多发性、倾向性、苗头性案件进行深入的分析研判。然后将研判结果上网公布，使广大民警能在最短时间内准确地掌握本地区发案最新情况和犯罪趋势，增强防范工作的针对性、有效性，发挥情报信息在防范效能方面的作用。

5.2.2 人员预警

运行情报信息实行预警管控是遏制刑事案件高发的有效措施。预警管控就是将本地区的重点人口信息上网，建立重点人口信息数据库，并实现与其他警务区、暂住人口数据库及接处警系统、被审查人员数据库、旅馆业信息管理系统、盘查人员数据库等的对接。通过上述对接碰撞，及时掌握重点人口、外来人口的活动情况，及时发现违法犯罪线索，变死档案为活资料，实现系统的流动式、动态式管理模式。针对暂住人口流动性特点，加强出租房管理，实现以房管人。将暂住人口的资料信息全部上网，无论暂住人口到什么地方，其居住地派出所、警务区、刑警中队都可以通过网络掌握情况，并有针对性地落实管控措施，达到以网管人、预先控制的目标。

5.2.3 动态预警

刑事犯罪活动具有变化性，其犯罪会随着时间、地域的变化而呈现不同特点。只有随时掌握其规律特点才能把握、驾驭治安局势的主动权，做到有的放矢。动态预警就是在对本地区发案情况分析的同时，通过网上浏览关注周边省市的发案情况，掌握、分析、研究流窜犯罪的流向性和某一类犯罪手段的具体特性，并预测其在本地区的发展性趋势，以适应同流窜犯罪做斗争的需要。根据不同发案形势，分别发布蓝、黄、橙、红4级预警信息。

蓝色预警：当本辖区周边区域发生某一系列刑事案件或某种新型手段的刑事案件，而在本辖区尚未发现时，发布蓝色预警。在发布蓝色预警后，巡警则带着警情去巡逻；社区民警应检查本社区此类系列案件的防控漏洞，并对社区居民做好防范宣传。刑警应在日常办案中，注意发现此类犯罪嫌疑人。

黄色预警：当本辖区某一区域内发生少数几起某一系列案件时，发布黄色预警。在发布黄色预警后，巡警应加强对发案区域及周边区域的巡逻，加大盘查力度，力争抓获现行；发案社区的社区民警要总结防范漏洞，发现相应的破案线索，同时周边及其他社区的社区民警要加大对本社区的防范力度，提示、协调社会防控力量（如保安、义务巡逻队），进行整体布控。刑警队应及时总结发案情况、获取破案线索，同时在日常侦破案件中，根据发布的高危人员信息，重点针对相同地域人员采取侦查措施。

橙色预警：当本辖区内各个区域同时发生某一系列案件，或一个区域内发生多起某一系列案件时，发布橙色预警，同时发布主要嫌疑人体貌特征、作案工具特征及主要的发案路段及区域。在发布橙色预警后，巡警应对重点区域加大巡逻密度，配合刑警的蹲控，公秘结合进行巡逻，并针对嫌疑人体貌特征、工具特征、赃物特征等进行重点盘查；社区民警要查控本辖区内中小旅店、外来人口聚居区，重点对相应高危人群进行布控，并在做好本辖区防范的同时，针对赃物检查本辖区可能存在的销赃渠道，为侦查破案提供线索。刑警应配合巡警巡逻，采取秘密蹲控手段，力争抓获现行，同时对审查的犯罪嫌疑人加大审讯力度，尽快破案。

红色预警：当本辖区内各个区域内同时发生多起系列案件时，发布红色预警。在发布红色预警后，由分局调动各个警种采取统一行动等方式，采用立体打击防范措施，力争在短时间内控制发案形势，抓获嫌疑人。

5.3 重大事件预警防范概述

重大事件包括重大事项、重大事故、重大突发事件和重大社情民意等方面的事件。

①重大事项类包括中共中央、国务院、省委、省政府和市委、市政府出台的重大决策及工作部署中出现的重要情况和重大问题。

②重大事故类，即重大安全生产事故，指同时有 2 人以上死亡的事故，损失较大、影响较大或重要部位的火灾事故，重要人物、影响较大或损失惨重的交通事故，以及多人受到伤害的其他重要事故。

③重大突发事件类主要包括因拖欠工资或征地赔偿引发的群众大规模上访、请愿、游行、冲击党政机关、阻碍交通等突发性事件。

④重大社情民意类包括群众干扰、影响生产建设问题，一个时期干部群众最关心、议论最多、意见较大的热点、难点、敏感问题，影响本部门、本单位声誉或利益的行为，发现反动宣传品或煽动反动情绪的言行，群众投诉、举报的重大事项和其他可能出现或引发不稳定的苗头。

目前，各地重大事件应急预案体系初步建立。同时，应急管理机构和应急保障能力建设得到进一步加强。但是，重大事件预警防控中仍存在一些突出问题。

①应对重大事件的责任不够明确,统一、协调、灵敏的应对机制尚未形成。

②应对重大事件的能力不够强,危机意识不够高,依法可以采取的应急处置措施不够充分、有力。

③重大事件的预防与应急准备、监测与预警、应急处置与救援等制度、机制不够完善,导致一些重大事件未能得到有效预防,重大事件引起的社会危害未能及时得到控制。

④社会广泛参与、应对工作的机制还不够健全,公众自我防护、危机意识有待提高。为了提高公安机关依法应对重大事件的能力,及时有效控制、减轻和消除重大事件引起的严重社会危害,保护人民生命财产安全,维护国家安全、公共安全、环境安全和社会秩序,迫切需要在认真总结公安机关应对重大事件经验教训、借鉴其他国家成功做法的基础上,根据有关法律法规制定重大事件的预防和处置方案,提高公安机关依法应对重大事件的能力,是公安机关全面履行职能、建设服务型机构的迫切需要,是贯彻落实依法治国方略、全面推进依法行政的客观要求,是构建社会主义和谐社会的重要举措。

5.3.1 重大事件大数据分析

重大事件的大数据包括舆情、线索、社会信息、案事件信息、警情、要情等,以及网络信息资源,包括在线分析库、信息资源和数据仓库、主题词库和受控词库等。根据这些基础信息,建立相关分析模型和方法,分析信息间的关联关系、轨迹变化和演变进程。研究防范对策,预测治安形势的走向和趋势,掌握防范知识,提高自防能力,有效预防和减少重大可防性事件的发生。

5.3.2 评估模型

预警模型是针对特定的危机问题,分析其产生的综合原因,建立预警指标体系,然后根据国际标准和专家对每个指标与预警问题的相关性确定指标的权重,最后确定相应的预警警示值来对危机进行预测警示的方法。这种方法为采集数据提供了方向,在预警模型软件化的情况下,只需提供相应的预警指标数据就可由软件分析出警示状态,如无警情、轻度警情、中度警情、重度警情等。但是利用这一方法存在一些问题:第一,对同一预警问题的预警指标体系不同研究可能会有不同看法。第二,对预警指标与预警问题的相关程度——权重,不同的模型可能有不同认识。第三,预警的警示值确立的依据不同。如宋林飞认为,预警指标的警戒线,可以使用两种方法来确定:

一是国际极限，如失业率为 8%～10%；10% 最富有家庭收入与 10% 最贫困家庭收入之比为 10∶1，贫困线以下居民的比重为 10%，最低工资与平均工资之比为 1∶3，每万人中犯罪率为 500～600；二是根据中国实际确定经验性临界值。秦立强认为，预警阀值确定的主要依据是：无警区的下限值以我国历史上公认治安秩序较好的时期指标值为参考，以我国近 20 多年来社会发展速度为参考，以专家意见为参考等。第四，模型确立后，进行准确预警的前提是数据的真实客观性，否则就达不到准确预警的目的。也正是基于此才更有必要建立规范的预警信息机制。

重大事件评估模型和预测监控包括重大事件的动态指标、重大事件的特征分析、重点人员的预测监控和特征因素监听、监控。

5.3.3 大数据分析方法

预警信息分析方法对预警信息分析的有效性具有决定性的作用，预警信息分析的方法具有普遍性和特殊性的特征。所谓普遍性就是指某一些分析方法是通用型的，能运用于不同类型的公共突发事件预警信息分析。所谓特殊性是指某一些分析方法对特定的突发事件或危机的预警信息分析，具有较强的适应性和较好的效果。以下介绍几种主要的分析方法。

(1) 关系图分析法

这一方法较多地运用于反恐怖犯罪情报分析中，也是目前国际上比较通用的方法。关系图分析法是一种信息集成的方法与技巧，情报分析人员将收集到的恐怖犯罪活动的信息分别依照一定的标准进行分类，然后构建出各种关系图，重现复杂的案件细节，用以表现人物关系，表现物品、时间、行为等的发展过程。其优点在于能使分析专家将各种有关实体（人、物、时间、行为等）间的关系表现在一个较为简单、直观的图表中，使大量关于恐怖犯罪分子或恐怖组织活动的信息易于理解，有助于产生结论，为下一步侦查活动提供可靠的理论依据。

制作基本的关系图一般要经过 7 个步骤：聚齐所有的原始资料；确定关系图要说明的主要问题；构造一个关系矩阵；注解矩阵中的关系；确定每个实体间关系的数量；制作关系草图；修改后制作正式关系图。关系图的种类包括：

① 人物关系图。根据获得的信息，以联系最多的人物为出发点，构建人物关系网，理清恐怖组织内部人员之间的关系，找出核心人物，并找出尚未

确定或待确定的关系，为下一步侦查工作做准备。

②流程图。流程图可以看作是在一个关系图上按照一定的顺序流程，用箭头符号加以表示，用以表现人、事、物及行为的流动、发展情况。

③事件图。事件图本质上是流程图，只不过流动、发展的参照物不是人、事、物或行为，而是"流动"在恐怖事件之间的时间。事件图将各主要事件按照时间的顺序进行排列，以清楚地表明各恐怖事件发展的前后因果关系。

④行为图。行为图有助于说明和分析目标的步骤或活动的顺序。事件图主要是表明发生了什么样的恐怖事件，而行为图则更侧重于解释恐怖行为的发生过程，简而言之就是"方法"。每个恐怖行为都是依照以下3个标准来确定其位置的：在整个恐怖犯罪活动中哪个行为能独立于其他行为？哪个行为必须先于某个特定的行为？哪个行为必须后于某个特定的行为？

(2) 预测分析法

1) 德尔菲法

德尔菲法是专家预测法的发展和创新。以往征询专家意见往往通过召开会议的形式，这种方式不利于个人意见的充分和真实表达。美国兰德公司对专家法进行改革后创造了此法。它的主要工作程序：一是组织准备阶段。成立一个专门的公共突发社会安全事件预警与应急中心，确定预警的主题，并选择相关领域的专家学者，人数一般10～15人；二是预警问题的界定。德尔菲法的整个过程就是不断地给专家发放事先设计好的调查问卷表。在确定了需要预警的问题后，应由预警与应急中心精心设计调查表，把中心想要了解的问题列入试卷，并明确对回答各类问题的要求；三是预警过程。专家的预警分析一般进行四轮，不过以最后获得较为集中意见为妥。第一轮，发放的调查表不设条件和框架，让专家们自由提出自己的设想和主张，如可以让专家对哪些社会安全问题需要预警提出自己的看法。第一轮汇总后，作为第二轮调查表发给专家，专家根据要求对问题逐一评价并说明理由。在第三轮调查表中，专家再次判断预测。对于意见不一致的，请其详述理由，防止正确的意见被忽视。这种方法在于将专家观测到的预警信息同其专业知识和经验相结合，并且通过调查表的形式将公安机关获得的信息和需求纳入表中，从而得出比较全面的结论。

2) 趋势外推法

这种方法主要是根据过去和现在的已知信息，构成规律的动态统计数据向未来延伸的方向，以预警未来的动态和发展趋势。这一方法常用于对犯罪的趋势做出预警或预测。它首先借助于数学方法计算出过去到现在的一个时间范围内犯罪状况和结构的变化指标，然后将这些变化的速度和节奏的指标，通过构成绝对数据或指数的动态数据的途径，移用于未来的一段时间。

从上面的表述可以看出趋势外推法的适应性，它主要的前提假设就是犯罪的发展变化具有规律性和延续性。比如，通过数据表明犯罪在一定时期内是正态函数变化，那么在未来不长时期内它仍然按这一函数变化，所以趋势外推法只适合用于短期的预警分析。而在政治、经济、文化大变革，社会大转型期间，由于社会稳定程度不高，引起犯罪的因素变动性快，不能用这一方法对预警的信息进行分析，并因此得出犯罪趋势的结论。

此外，还有线性趋势外推法、曲线趋势外推法、时间序列趋势外推法。

3) SWOT 分析法

所谓 SWOT 分析方法，就是在调查研究的基础上，确定研究对象的内部优势因素（Strengths）、内部弱势因素（Weakness）、外部机会因素（Opportunities）和外部威胁因素（Threats）。将它们按照矩阵形式排列起来，通过考察内外部因素的不同组配，进行全面系统的综合分析，从而做出最优决策的分析方法。SWOT 分析方法可以作为预警信息分析的参考工具，进行简单的初步分析，定性地快速了解预警对象和自身的总体概况，也可以在广泛调查的基础上，进行全面、复杂、深入的分析，成为公安机关战略管理的重要工具。其具体步骤如下：

①确定预警问题或从预警信息中提取预警问题，并排出优先顺序。这就是针对性预警和随机性预警。不管是哪一种，在进行 SWOT 分析前，首先要明确对什么问题进行预警，只有明确这一前提才能为下一步预警信息的提取和收集提供方向。

②明确预警信息收集的范围、内容，或从已有信息中提取预警问题的全部信息，对信息不全的进行补充。

③聘请预警问题相关领域专家对预警信息的全面性、有效性进行评估。

④专家在分析获取的预警信息的基础上，提出要预防和控制预警问题的出现所需的内部条件和外部条件及存在的阻碍因素。这是 SWOT 分析法的关键。专家在分析的基础上，最好对内外部条件和外部阻碍因素对于预警问题的相关性和相关系数（权重）进行评价。这有利于公安机关明确所处的地位，为决策做好准备。

⑤公安机关对照专家所列条件，提出自身优势与劣势。

⑥专家综合所面对的问题、公安机关自身优势和劣势，以及政策环境和公众因素做出预防和控制预警问题的战略性和战术性建议。

5.3.4 技术架构

(1) 基于情报信息综合应用平台

①线索采集平台。以完成全警的业务采集为主要功能，同时完成其他业务系统外的信息收集工作。

②情报研判平台。提供丰富的情报研判工具，为情报队伍提供探索情报、发现情报的利器，完成情报生产、情报模型生产的功能。主要功能有智能分析、对比分析、多维分析、穿透钻取、轨迹分析、预警分析、热区分析、GIS分析、串并分析、决策支持、统计报表、信息搜索等。

③数据中心。具有整合局内、系统内和社会各类业务数据源、异构数据源的能力；具有自动数据同步机制和更新方法；提供良好的数据抽取、清洗、纠错、加载方法；提供方便的数据建模方法；提供可靠的数据安全管理机制；兼容八大资源数据库建设标准；针对公安各数据源的数据质量现状，实现完备的数据质量管理和审核体系。

④信息指导功能平台。通过统一的门户进行情报信息的全警发布；支持全警、定向、定级的发布管理；支持实时的情报更新；支持警令的快速反馈和发布。

⑤缉捕报警平台。对重大嫌疑人员、在逃人员进行临控、列控和缉捕报警；实现布控、撤控管理；实现实时缉捕报警。

⑥情报管理平台。情报管理工作贯穿警务智能情报信息系统的各功能模块和各业务流程。通过管理流程，实现情报管理的规范化、自动化。

(2) 数据挖掘、轨迹分析、比对分析、常规分析、PGIS、舆情分析、非格式化文件的处理在平台的合理集成

目前，数据挖掘、轨迹分析、比对分析等知识发现与情报分析技术已经在智能交通、网络入侵检测、情报分析、出入境管理等领域有了初步的研究，但是在社会安全领域的应用几乎没有；已有的公安预测预警系统一般是接处警系统中的一个子模块，准确地说是统计模块，即针对历年的接处警数据，进行时间、地点、案件类型等维度上的统计，并没有应用专业的情报分析技术和手段进行警情预测和风险防范。如果把已有的情报分析技术融入情报信息综合应用平台，与之合理集成，形成科学技术与公安业务的合力，则会大

大提高重大事件预警防范的精度和准确性,实现真正意义上的"信息主导警务"和"科技强警"。

5.3.5 展现应用

具体应用包括以下3个方面:

①在线动态实时轨迹分析,包括对大数据关联分析、事件和人员的轨迹分析、舆情分析、非格式化文档的处理和转换等分析处理。从宏观角度对警情、舆情、案情的整体情况进行动态监测与预警,并分析判断影响社会稳定的重大因素及严重程度,为决策提供科学依据。

②动态事件预警研判,包括长期、稳定、变化的数据分析处理。将监测与预警结果与应急预案相联动,在重大事件发生时做到临危不乱,有效提高处理问题及打击犯罪的能力。

③辅助应用,即对重大事件的辅助应用。对重要领域或即将发生的重大事件的征兆、苗头进行监测分析,并随时跟踪变化情况,发出预警信号,以使有关部门及时采取防范措施,迅速、果断地把问题解决在初始阶段。

5.4 重大事件预警防范功能

5.4.1 指标特征

(1) 动态指标

动态指标包括时间序列动态指标、地域系列动态指标、事件发生动态指标、激烈程度动态指标。

指标变动所反映的犯罪现象和社会治安秩序的特征,既有内容上的不同,又有时间上的差别。从变动的时间顺序来看,指标的数值变动与犯罪现象和社会治安秩序的变化一般存在着先兆、同步、滞后3种关系。预警分析可以利用这种关系对犯罪现象和社会治安形势运行态势进行分析。

先兆指标也称超前或先行指标,是指在犯罪现象变化到达高峰或低谷之前,先行出现高峰或低谷的变动指标,如经济增长率、人口出生率、城镇失业率等指标。先兆指标可用于分析犯罪何时增长达到高峰、又何时下降回到低谷,预测犯罪的变化对社会治安形势的发展是否存在警情及程度如何等。

同步指标也称一致指标,是指其高峰或低谷时间与犯罪现象变动的高峰或低谷时间大致相同的变动指标，如群体性突发事件频率、重大治安灾害事件发生率、刑事案件立案率、有组织犯罪比例、居民受害率等指标。同步指标可用于刻画犯罪现象变动的运行轨迹，确定犯罪增长变动的高峰和低谷位置及基准参照轨迹。

滞后指标也称落后指标，是指其高峰或低谷出现的时间晚于犯罪现象变动的高峰或低谷时间的变动指标，如年逮捕人犯数、年投入监狱犯人增长率、公众安全感等指标。滞后指标可用于分析犯罪现象峰谷循环波动是否结束和分析研究下一个循环的变动情况。

动态指标详细信息如图 5-1 所示。

特征组名称	属性	值	异常状态	常态1	常态2	常态3
案件	案件类别	诈骗案	557 (*)	82 (*)	206 (*)	293 (*)
案件	案件类别	盗窃自行车案	230 (*)	0	0	0
案件	案件类别	入室盗窃案	170 (*)	288 (*)	291 (*)	110 (*)
违法犯罪人员	民族	汉族	119 (*)	121 (*)	143 (*)	0
违法犯罪人员	抓获形式	现场抓获	105 (*)	0	77 (*)	0
违法犯罪人员	作案原因	图财	120 (*)	0	0	0
受害人	受害形式	被强奸	77 (*)	0	0	0
行为特征	实施手段	敲砸胁迫	80 (*)	0	1 (*)	0
违法犯罪人员	民族	汉族1	90 (*)	0	0	0
行为特征	选择部位	车厢	56 (*)	71 (*)	58 (*)	0
案件	犯罪主体类型	自然人	34 (*)	10 (*)	0	17 (*)
违法犯罪人员	性别	男性	52 (*)	0	0	0
行为特征	选择处所	公路	49 (*)	9 (*)	0	0
违法犯罪人员	民族	汉族2	53 (*)	0	0	0
违法犯罪人员	居所类型	案犯家中	50 (*)	0	0	0
违法犯罪人员	户籍地		39 (*)	0	0	0

图 5-1　动态指标详细信息

（2）特征分析

特征分析包括人员特征分析、行为特征分析、被侵害对象分析、热点特征分析、按地域分布分析、按行为轨迹分析。

人员特征分析如图 5-2 所示。

涉案人员信息列表											
R110102140000200(	648858		男性	维吾尔族	A110102140000200ε	初犯	查获		0:00:00		
R110108140000200	647872		女性	汉族	A11010814000020C	初犯	查获		0:00:00		
R11010814000020L	647876		女性	汉族	A110108140000200	初犯	查获		0:00:00		
R11010814000020(	647873		女性	汉族	A110108140000200ℓ	初犯	查获		0:00:00		
R1101081400002	647878		女性	汉族	A110108140000200L	初犯	查获		0:00:00		
R1101081400002	647879		女性	汉族	A110108140000200.	初犯	查获		0:00:00		
R1101081400002(	647877		女性	汉族	A11010814000020C	初犯	查获		0:00:00		
R1101081400002C	650249		女性	汉族	A110108140000200'	初犯	查获		0:00:00		
R1101081400002G	650245		女性	汉族	A110108140000200.	初犯	查获		0:00:00		
R11010814000020	650251		女性	汉族	A11010814000020C	初犯	查获		0:00:00		

图 5-2　涉案人员信息

行为特征分析如图 5-3 所示。

分类特征列表　钻取　查询人员

特征名称	属性	值	违法犯罪人员:户籍地_	支持数
违法犯罪人员	民族	汉族		29
违法犯罪人员	案犯类型	初犯		29
受害人	民族	汉族		28
受害人	国籍	中国		28
受害人	受害形式	其他		27
行为特征	选择时机	工作日		26
行为特征	作案工具	其他工具		25
违法犯罪人员	国籍	中国		24
行为特征	选择部位	其他部位		23
违法犯罪人员	作案原因	图财		22
案件	发案地域	城区		21
违法犯罪人员	居所类型	案犯家中		20
违法犯罪人员	年龄	青年		19
行为特征	作案特点	单独作案		18
受害人	性别	男性		18

图 5-3　分类特征

被侵害对象分析、热点特征分析、按地域分布分析、按行为轨迹分析如图 5-4 所示。

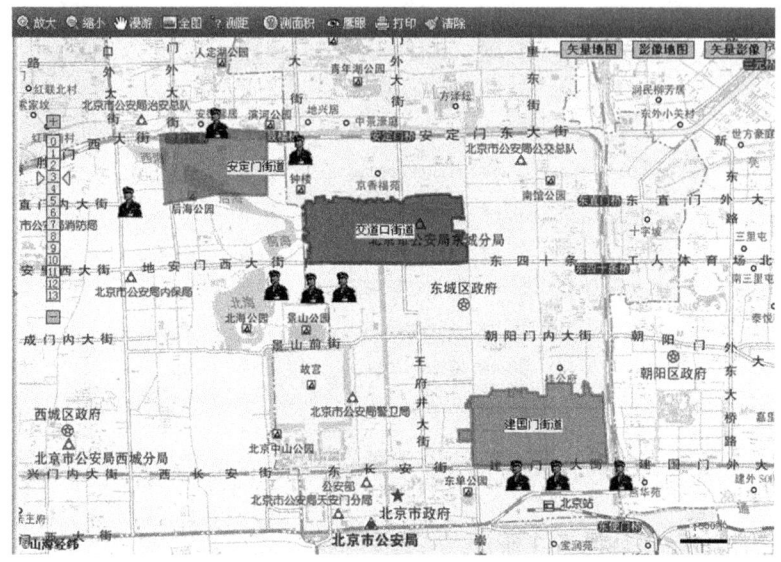

图 5-4 被侵害人员分布图

(3) 关系分析

关系分析包括按事件关系分析、按人员关系分析、按指标构成分析、按指标关系分析、按热点关系分析。

按事件关系分析如图 5-5 所示。

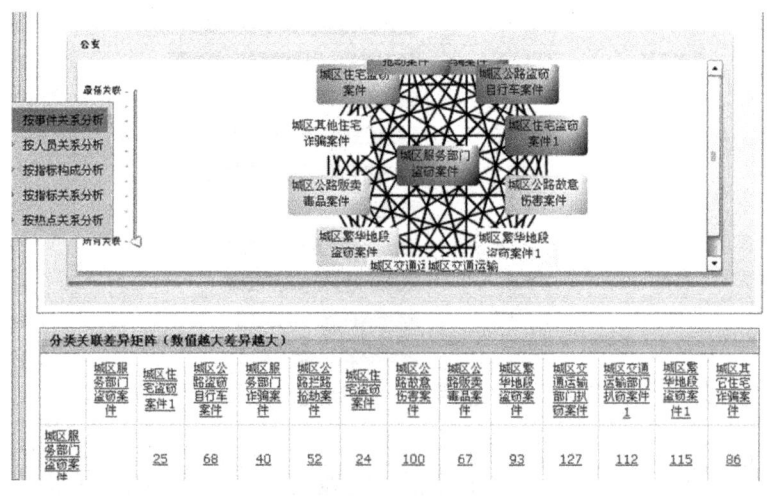

图 5-5 事件关系分析

按人员关系分析包括人与人的关系、人与事的关系、人与物的关系、事与物的关系、人与行为的关系等,如图 5-6 所示。

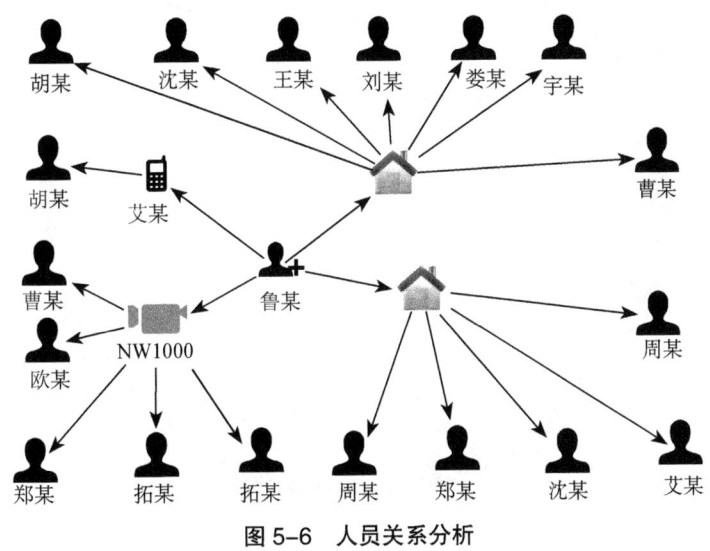

图 5-6　人员关系分析

按指标构成分析即按照嫌疑人的行为特征、实施手段及特征值,分析该行为特征的发生概率和支持数。

按指标关系分析如图 5-7 所示,盗窃案件实施手段为物色对象(22.34%),实施部位为出租房屋(48.57%),实施手段为溜门(43.45%),选择夜间作案(64.56%)、单独作案(23.42%)、敲门(23.42%)。

指标构成分析				
分类名	特征名	特征值	概率	支持数
行为特征	实施手段	特色对象	0.2234234657	3435
行为特征	实施部位	出租房屋	0.48567565156456	5534
行为特征	实施手段	溜门	0.434534533453	2334
行为特征	选择时机	夜	0.6456332123	5454
行为特征	实施手段	敲门	0.2342342342	3453
行为特征	作案特点	单独作案	0.2342342342	3453

共 9 页 | 第 1 页 | 上一页 | 12345 | 下一页

图 5-7　指标构成

人员构成和关联分析结果如图 5-8 所示。

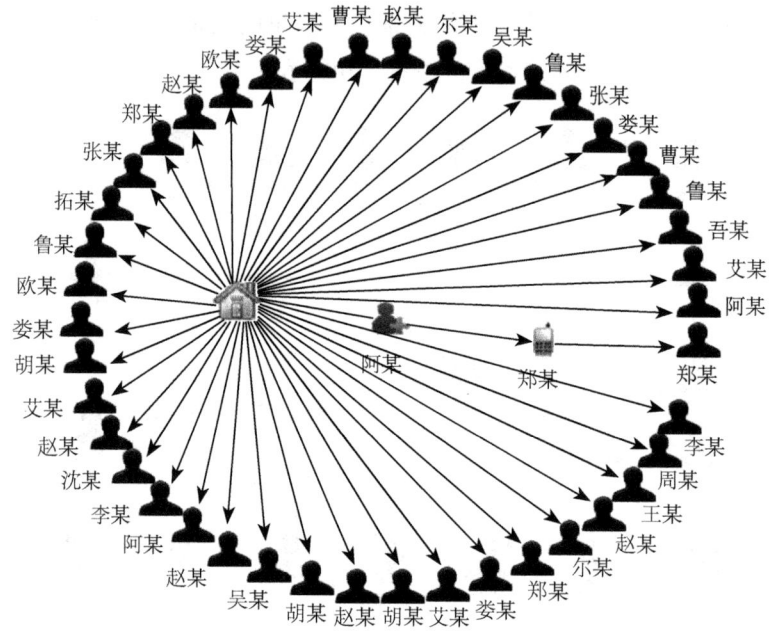

图 5-8 人员关联分析结果

按热点关系分析如图 5-9 所示，某类案件高发，在电子地图上显示该区域色彩变化，根据区域的变化和切换，可以对相关热点进行分析。

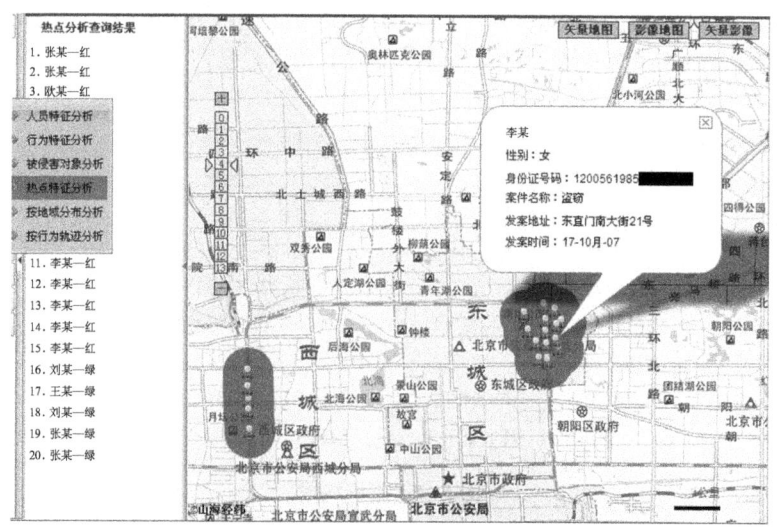

图 5-9 热点关系分布

5.4.2 常规分析

专题分布分析包括旅店住宿分布分析、网吧上网分布分析、话单分布分析、航班分布分析。

专题时间轴分析包括旅店住宿时间轴分析、网吧上网时间轴分析、话单时间轴分析、航班时间轴分析。

专题异常分析包括旅店异常分析、网吧上网异常分析、话单异常分析、航班异常分析。

5.4.3 演变分析

舆情特征分析包括舆情态势分析、舆情趋势比对、舆情演变分析、舆情热点分析、舆情热词分析、舆情热点排行。

演变特征分析就是对重大事件发展、变化的过程进行分析。

事件关联分析就是对重大事件的关联事件展开分析。如图 5-10 所示，对报案人所在地、电话归属地、发案地点、作案特点、案件来源、保密情况、日期、地区标识、督办级别、国籍、立案类型、涉案级别、涉案物品、事故类型进行关联分析，并提供分析报告。

图 5-10　事件关联分析

①事件构成分析。前文举例，根据实施手段中，物色对象占 22.34%，3435 例（支持数）；作案特点中，单独作案占 23.42%，3453 例；实施手段

中，溜门占 43.45%，2334 例；选择时机中，夜晚占 64.56%，共 5454 例；实施部位中，出租房屋占 48.57%，共 5534 例。在以上对盗窃案件成案因素进行的分析中，可以按照盗窃案件的特征分类与类别、特征值分布、特征值构成及构成比较进行分析。根据其变量类型，如补充类别、事故类型、（违法犯罪人员）民族、国籍、性别、盗窃类型、犯罪主体类型、犯罪嫌疑人类别、作案原因、作案特点、选择部位、违法犯罪人员年龄、选择时机、发案地域、居住类型、作案工具、拘留原因、居所类型、抓获形式、实施手段等进行综合分析，其发生概率。

②指定因素分析。通常，对某种类型的案件构成因素进行分析时，都是从受害人出发，以案发现场为出发点，根据受害人居住地及年龄（老年、中年、青年），盗窃案件实施手段，受害人人员类别、户籍地、居住原因等特征展开分析。

③数字跟踪分析。对事件关联、时间构成和指定因素提供实时数据支持，并为分析研判提供相关的报表。

5.4.4 预测与监控

（1）重点人员犯罪预测

重点人员包括在逃人员、涉毒人员、重性精神病人、重点上访人员、重大刑事犯罪前科人员、涉稳人员、涉恐人员等。

以盗窃案件高危人群分析为例（概率大于 20%），可以根据案件类别或者是否初次犯罪进行预测，如图 5-11 所示。案件类别可以细分为是否为城区繁华地段盗窃案件，是否为城区服务部门盗窃案件，是否为城区服务部门诈骗案件，是否为城区公路盗窃自行车案件，是否为城区公路贩卖毒品案件，是否为城区公路故意伤害案件，是否为城区公路拦路抢劫案件，是否为交通运输部门盗窃案件，是否为城区其他住宅诈骗案件，是否为城区住宅盗窃案件进行分析。根据历史记录和人员类别、性别、年龄段、国籍、民族、居住原因、户籍地、居住地来预测犯罪嫌疑人实施以上盗窃案件的概率。

图 5-11　初次犯罪预测

（2）指定案件犯罪预测

针对指定案件的不同类型可以发现，不同的特征内容将对应不同的主题关系。情报分析员可以通过选择所关心特征内容来发现在历史上已经存在的主题之间或特征之间的关系，从而选择相关的侦查方向和控制目标。根据盗窃案件的行为特征、选择时机、受害形式、居住原因、受害人年龄及性别、违法犯罪人员年龄及性别、作案工具、选择部位、案件类别等展开关联分析，可以得出盗窃案件各种关系可能性构成，如图 5-12 所示。

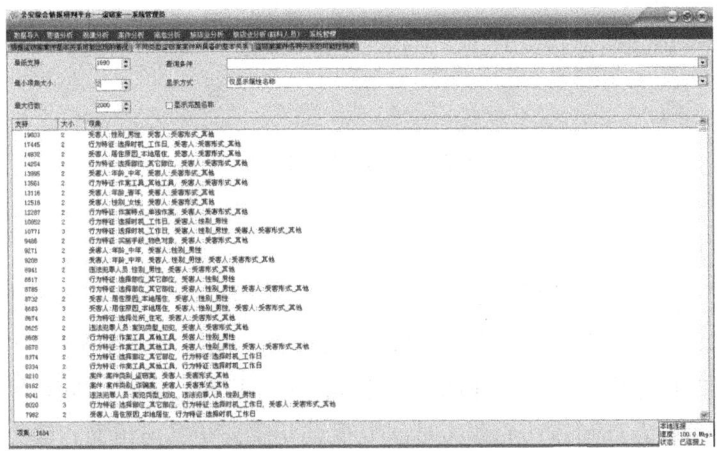

图 5-12　指定案件预测

(3) 初次犯罪预测

根据盗窃案件中犯罪嫌疑人的相关特征（如年龄及性别、作案工具、选择部位、案件类别）和受害人相关特征（如年龄及性别等），可以分析出盗窃案件中各种因素重要性和概率。

(4) 犯罪地域预测

犯罪地域预测包括按地域分布预测、按区域特征预测、按道路特征预测等。

(5) 人员多维分析

结合人员的住宿属性、所在单位属性及相关的其他属性进行多维度分析，并得出分析报告，如图5-13所示。

企业属性 \ 建筑形式	平房（住店人次）	楼房（住店人次）	人防工事（住店人次）	地下室（住店人次）	
个人独资	1	2	3	4	●
个体工商户	1	2	3	4	●
股份合作	1	2	3	4	●
股份有限	1	2	3	4	●
国有企业	1	2	3	4	●
集体(股份合作)	1	2	3	4	●
集体所有制	1	2	3	4	●
普通合伙	1	2	3	4	●
全民所有制	1	2	3	4	●
三资港澳台	1	2	3	4	●
私营个体	1	2	3	4	●
外商独资	1	2	3	5	●
	●	●	●	●	

图5-13 人员多维分析

(6) 旅店住宿分析

根据人员的户籍地行政区划、建筑形式、旅店行政区划、旅店属性、民族、企业属性、入住日期、入住时间段、是否银行卡结账和入住旅店的级别，对人员维度的具体内容（如选择地区、选择民族等）展开分析，如图5-14所示。对入住的高危人群和违法犯罪人员，要重点关注，并提出预警和预报。

图 5-14　旅店住宿分析

(7) 人员分类监听

人员的分类监听就是将人员按照涉恐、涉稳、涉毒、在逃、重大前科、肇事肇祸精神病、重点上访人员等类别进行分析，展开监视和控制，提供预警和分析研判。

(8) 人员轨迹分析

对涉恐、涉稳、涉毒、在逃、重大前科、肇事肇祸精神病、重点上访人员等人员住宿轨迹、车辆轨迹、手机移动轨迹、上网轨迹、出入境轨迹、民航轨迹等展开分析，研判上述人员的活动轨迹，并提出预警和分析。

(9) 人员分布分析

对涉恐、涉稳、涉毒、在逃、重大前科、肇事肇祸精神病、重点上访人员在电子地图上的动态分布进行实时展现，为掌握人员的静态和动态分布提供决策支持。

5.4.5　以目标分析为中心的情报研判

在情报信息综合应用平台对重点人员动态管控，把 7 类人员信息与动态信息进行实时比对和报警，并生成预警指令指导基层民警开展核查、管控。各级情报研判人员在应用预警指令开展重点人员管控工作的同时，必须与有关的历史信息汇总，以便生成共享情报，以目标分析为中心，深入挖掘预警信息。

(1) 分析研判对象的选定

为了有的放矢，我们一定要挑选有潜在分析研判价值的重点人员作为分析对象。

①针对发案形势，挑选对应的重点人员作为分析对象。例如，情报平台开通之初，桃山区连续发生数起多名年轻人结伙拦路抢劫案件。侦查员围绕案发地周边的数家网吧，调取具有抢劫犯罪前科、与嫌疑人相同年龄段的重点人员网吧登记信息，最后在受害人的指认下，成功锁定一名犯罪嫌疑人，并顺藤摸瓜查获多名团伙成员。

②针对易发案种类，挑选同类犯罪前科人员作为对象。对于辖区易发的路抢、入室盗窃等侵财类案件进行经常性分析，取得一定的成果。例如，某市入室盗窃案件高发，因此针对盗窃前科人员进行了筛选，并对选出的对象进行了分析，成功查出一名技术开锁入室盗窃犯罪嫌疑人，并将其交给刑侦部门开展调控，后期又成功串并多起同类案件。

③关注流窜作案信息，挑选外地户籍重点人员作为对象。外地重点人员流入本市，需要在开展调控措施的基础上，对其开展进一步的分析，把握其活动轨迹。对外地流入重点人员予以关注，并结合区域性身份信息，关联同户籍地的流入人员信息，生成多条区域性高危人员动态信息。

④关注重点人员预警频率，挑选高频人员作为对象。预警频率越高，数据越多，可研判性越强；预警信息越多，涉及的场所和预警种类也越多，分析出的活动轨迹特征也就越明显，有助于进一步开展侦查和调控。例如，辖区7类重点人员中，入户抢劫前科人员尹某，几乎每天都有预警信息。作为高频人员对其分析得知，该人每天都上网打游戏，且地点较为固定，只有某两家网吧。经实地调查确认，两家网吧相隔仅20余米，因此，划定了该人的活动范围。

⑤结合业务工作，挑选擅长分析的人员，发挥自身的长处，从自己所擅长的角度出发，将优势化为效率，体现到分析结果中。有的民警擅长分析吸毒人员信息，可根据吸毒人员入住旅店的频率和时间差确定该人是否涉嫌吸毒，同时又能够结合入住旅店信息核查是否有结伙吸毒或是卖淫嫌疑；有的民警擅长分析流窜犯罪，能够分析出质地较高的结论。因此要发挥每名民警的特长，自主挑选分析对象，达到事半功倍的效果。

(2) 对象行为轨迹的分析

犯罪分子作案手段虽不尽相同，但同类犯罪都因目标相同而存在共性，在行为轨迹上就有规律可以把握。

1）直接定位法

利用情报信息综合应用平台上的历史信息，直接定位分析对象的活动地点，划定活动区域。这种方法也是针对每名对象所必须做的第一层分析。目前能够利用的有效信息以旅店、网吧和银行为主。当人员或活动地域确定后，基础情况一目了然，也是作为进一步分析的基础工作。

目的：定位活动轨迹和范围。

方法：直接查看旅店、网吧和银行预警信息。

2）查找规律法

每个分析对象都有自己的活动规律，侦查员要通过对象上网、住宿、银行业务等信息查找到该人的活动规律，结合重点人员种类分析其活动实质。例如，在分析辖区刘某（女）时，发现她的活动规律是每周入住一次旅店，且入住的都是同一家旅店，每次入住时间相似。结合该人有吸毒前科，分析后认为该人有入住旅店吸毒的可能，每周一次应是其吸毒的周期。将分析情况交基层单位调控并查获该人吸毒后，证实了当初的分析完全正确。

目的：根据活动规律分析对象可能涉嫌的违法犯罪行为。

方法：①从预警信息中查找住宿、上网和办理银行业务的特征；②结合重点人员类别综合分析其活动规律，认定可疑点；③将具备可疑因素的分析对象交辖区办案单位落实调控措施。

3）区域圈定法

针对发案地点，呈辐射状圈定一定的分析范围，在范围内的场所预警历史信息中查找犯罪嫌疑对象。由于犯罪分子在非作案期间反侦查的可能性极小，因此，根据解剖以往案例获得的经验，针对犯罪嫌疑人往往在犯罪地周边滞留或消费的特点，采取圈地排查的方法，在周边网吧、旅店等场所预警信息中筛选嫌疑人。例如，桃山区大明街发生一起拦路抢劫案件，被抢现金5800元，犯罪嫌疑人4名，年龄均偏小。根据这一特点，侦查员以案发地为中心，辐射周边网吧，分析上网重点人员信息，并结合网吧管理系统分析结伙条件，成功锁定3伙结伙上网的年轻人有作案嫌疑，经刑侦部门侦查后，确认其中一伙上网人员为犯罪嫌疑人。

目的：在划定的区域范围内查找可能涉案嫌疑人。

方法：①以案发地为中心，划定分析、筛选的范围；②根据嫌疑人的年龄特征、体貌等各类已掌握的特征条件，在划定的范围内，对旅店、网吧和银行预警信息进行筛选；③将筛选、分析出的可能涉嫌犯罪的对象交办案部门核查、调控。

4）时差分析法

正常人活动的规律性较强，且很少变化。通过对分析对象的活动时间段进行分析，比如网吧上网时间、时长和下网时间，就可以分析出此人的活动时间特点，进而可以结合发案时间特点进行综合分析，得出是否有作案可能的分析结果。针对经常性长时间上网，且深夜未下线的重点人员，将加大关注和分析力度，结合周边发案时间条件进行涉案嫌疑的分析。例如，进入夏季以来，桃山区总医院附近发生多起20余岁嫌疑人路劫案件，针对网吧上网重点人员进行分析和筛选，并结合总医院社会楼道抢劫案，警方组织受害人对筛选出的可疑人员进行辨认，起到了很好的效果，成功协助侦查部门破获多起现行案件。

目的：确定分析对象的活动时段，分析作案时间条件。

方法：①对选定的分析对象涉及活动轨迹进行查看、统计；②对旅店、网吧、银行预警信息分类进行筛选；③统计出分析对象的活动时间段，分析其具备的作案时间条件；④根据案情的需要，配合办案部门组织开展相关的侦查措施。

5）场所类别分析法

分析对象经常涉足的场所能够体现出该人的活动特征，通过对其经常预警的场所进行分析，直接获取该人日常出入场所和活动规律。一旦发现其异常行为，可开展进一步调控，查证其行为是否违法犯罪。例如，涉毒人员频繁地进行银行业务或经常入住旅店；盗窃、抢劫人员深夜有网吧登记、入住旅店等信息；重点上访人员办理银行业务，甚至包括外地重点人员首次在本市出现，警方都要给予关注，加以分析研判，掌握其活动轨迹。

目的：根据分析对象的活动场所，分析其可能涉案的种类和规律特点。

方法：①对选定的分析对象涉及活动场所进行查看、统计，发现其循环周期或特点；②结合重点人员种类，按照旅店、网吧、银行等预警信息的周期进行分析，判断其可能的涉案类别；③根据分析结论，移交辖区办案单位落实侦查调控措施。

6）人案结合分析法

分析重点人员离不开案件，紧密结合案情是分析研判工作成功的保证。特别是流窜犯罪和系列案件，可以根据案件发生地分析研判重点人员对象，也可根据发案时间来分析，并从众多人员中逐步剥离出嫌疑对象。例如，高发的盗窃保险柜系列案件，就应从旅店业及银行业务预警指令的历史信息中查找蛛丝马迹，获取有价值线索。

目的：分析对象与案件相结合，分析其是否具备作案嫌疑。

方法：①针对发生的流窜或系列案件选择分析的渠道和方式；②按照分析条件对旅店、网吧、银行预警信息分类进行筛选；③对筛选出的对象群体进行深入的分析，从中剥离出具备作案条件的人员；④移交办案部门组织开展侦查调控。

(3) 情报处理

分析后的结果只是一种可能，确切地说只能是一种初级的情报线索，为侦查提供了一个方向，需要进一步落实查控措施，从而获取违法犯罪的直接证据。根据一段时间的探索，我们认为，对分析后的情报应根据情节的严重程度和涉案类别，分别采取妥善的方式处理。

1) 根据情报情节的严重程度应采取 3 种处理方式

①重点处置类。分析对象有重大犯罪嫌疑或涉嫌重大刑事犯罪的，应根据涉案的类别，立即移交具体办案部门迅速开展侦查。

②一般处置类。分析对象有涉嫌违法犯罪的可能，但迹象不明显，有待进一步查证，应作为一般调控对象交给辖区基层单位采取调控措施，同时应从信息研判角度予以关注。

③暂时搁置类。分析对象无异常行为，暂无违法犯罪迹象的，应不牵涉过多的警力，如无特殊情况，在一段时间（一个研判周期）内不予再度分析。

2) 根据涉案的类别应采取抓捕、管控、经营、核实 4 种方式处理

由于这 4 种方式在情报体系建设中已经广为使用，这里不再赘述。

5.4.6 舆情分析

互联网等新媒体的兴起，使社会舆论环境发生了重大而深刻的变化，积极研判、回应网络舆情，提高与社会公众沟通的能力，已经成为加强公安机关能力建设的重要任务。必须把积极应用网络平台，加强与人民群众的信息沟通，正确引导网络舆情，放在更加突出的位置，努力拓宽信息化条件下加强和改进公安机关舆情引导工作的新路子。

及时发布信息，公开事实真相。一起重大事件的处置工作，包含现场处置和舆情引导两个重要环节。要在及时、准确地做好事件、案件现场处置工作的同时，高度重视舆情工作，及时发布权威信息，公开说明事件真相，努

力取得良好的法律效果和社会效果。要按照信息公开、依法行政的要求，深化警务公开，在不影响侦查破案的前提下，凡是可以向社会公开的信息都要及时公开，切实提高警务工作的透明度，满足群众的知情权，自觉接受社会监督。

完善工作机制，正确应对舆情。要建立健全重大涉警舆情快速反应机制和沟通协调机制，一旦发生重大突发事件，迅速启动应急处置机制，相关部门各司其职、各负其责。要建立健全舆情会商研判机制，坚持早发现、早应对、早引导，及时澄清事实，将有可能酿成重大舆情危机的不稳定舆情苗头化解在萌芽状态。"流言止于公开，谣言止于智者。"要进一步完善公安机关新闻发布制度，确保一旦发生重大涉警舆情，能够在第一时间客观公正地发布权威信息、公布真相、引导舆论，把握主动权。

注重公众需求，提高沟通能力。要充分发挥新闻媒体在公安机关和社会公众之间的桥梁和纽带作用，加强同媒体的联系沟通，主动向媒体介绍公安工作情况，尽可能地为其采访报道提供便利，满足其对公安新闻素材的需要。同时要自觉接受舆论监督，最大限度地争取媒体对公安工作的理解和支持，确保媒体客观报道、公正报道。要改进公安新闻宣传的内容和形式，善于把公安工作中生动鲜活的内容以群众喜闻乐见的形式传播于众，不断增强公安工作的影响力、感染力，努力为公安工作营造良好的舆论氛围。

(1) 舆情分析的价值

在某个事件发生后，广大群众会通过各种途径了解事情的真相，随后而来的便是纷纷如雨下的评论，或支持或反对，或理性或感性，或热情参与或冷眼旁观。当一种论调得到大家的认同后，舆情甚至可以对事件的走向发生重大的影响。情报分析人员从舆情中展开分析和研判，可以指导决策部门展开行动。

(2) 舆情分期与类型界定

对舆情的分析要明确事件或话题本身所处的阶段，一般分为引发期、酝酿期、发生期、发展期、高潮期、处理期、平息期和反馈期等不同阶段。此外，应该在分析某一舆情热点之前，对其进行科学的类型界定。热点事件一般主要分为突发自然灾害事件、生产安全事故、群体性事件、公共卫生事件、公权力形象事件、司法事件、经济民生事件、社会思潮、境外涉华重大事件等。

(3) 基本框架

针对舆情的影响力、民众利益的关切度和对公共部门形象的破坏程度，舆情分析的观点参数设置与数据分析框架应注意反映如下情况：事件发展概况与脉络，以及民众的主要观点与情绪是什么，民众处于认知、态度表达还是行动阶段；引起民众从认知到社会运动，甚至社会骚乱的程度；组织化程度与有无行动计划性；慎用政治化解读，分析有无明确的利益诉求；有没有对现存社会体制构成巨大冲击；被反华势力支持或利用的可能性有多大；行动的对象目标明确与否，其具体指向哪些部门甚至现存体制等。

(4) 不同类型舆情分析比较

一旦确定了舆情研究中将被描述和分析的人或事物，情报分析人员就可以对这些个人、群体、组织、社区、社会产品、社会现象或社会体制对象的舆情样本进行横向研究，做探索性、描述性或解释性分析，以政策建议为针对性目标做应用性的研究。另外，从时间维度考虑，对于舆情事件与主体的发展变化，可以针对不同人物、组织和群体进行纵向研究。区分舆情分析的不同类型可以发现：中央部委形象、地方政府形象和企业形象舆情分析侧重发展中亟须解决的焦点问题，一般样本选择比较复杂，特别是网络言论，要运用多种抽样方法；社会热点事件舆情分析要注意题材广泛，但一般来说事件呈发展状态，样本选择需要注意时效性与全面性，需要考虑复杂因素进行综合把握；话题、现象类舆情分析的题材也很广泛，但要注意抽样与分析的尺度，结合对象发展趋势与特点，找准角度进行参数设置，有些网络舆情虽然时效性强，却有很大的研究价值。

舆情分析的内容主要包括热点发现（热词、热点排行），词群分析（展现并挖掘热点词群关系），热点传播（重点舆情的网络传播路径）等。

此外，可以对舆情进行专题统计（定制专题专项统计：群体事件、"东突"事件）和舆情指数分析（重点舆情地区热点舆情采集量：北京、上海、台湾、新疆等地区）。

根据对舆情的分析研判，对舆情进行预警，提供基于舆情数据的动态指标曲线供情报分析人员分析研判。结合舆情预警和舆情的动态性信息，按期制订或者反映阶段舆情的舆情简报。

舆情分析相关演示如图 5-15 至图 5-18 所示。

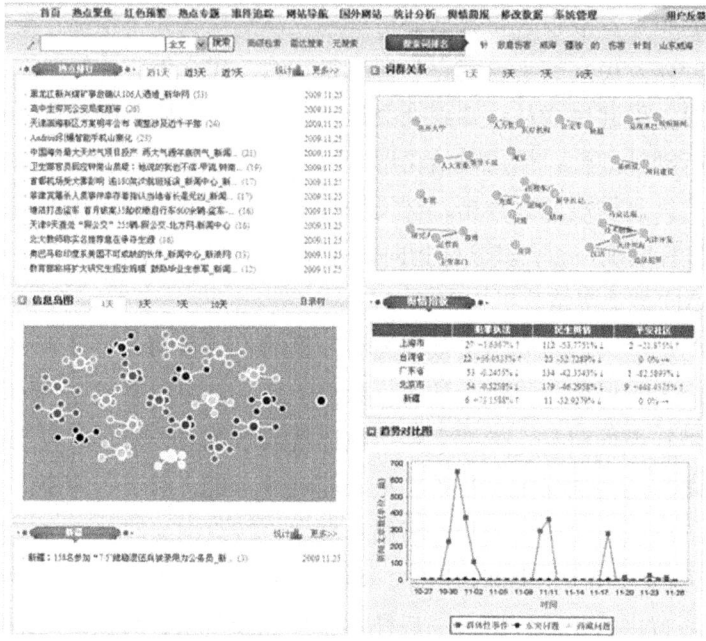

图 5-15　重大事件舆情分析

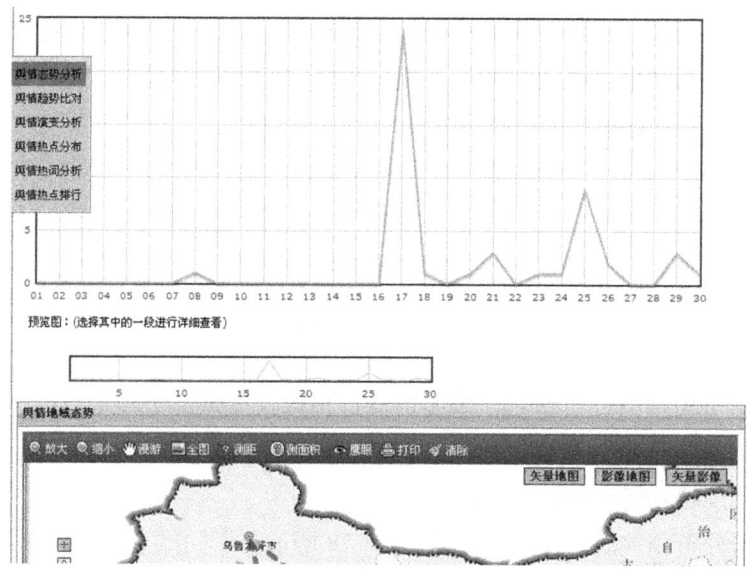

图 5-16　舆情态势分析

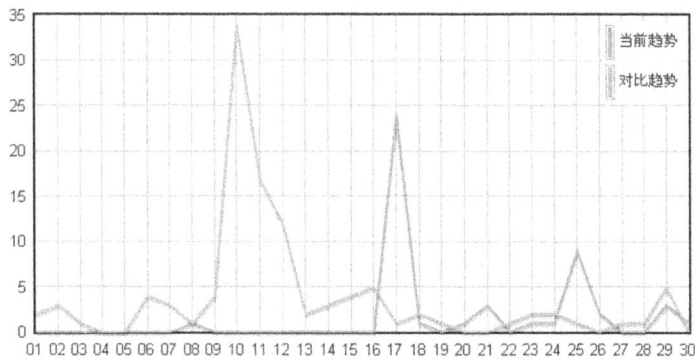

图 5-17　趋势比对（同、环比舆情曲线）

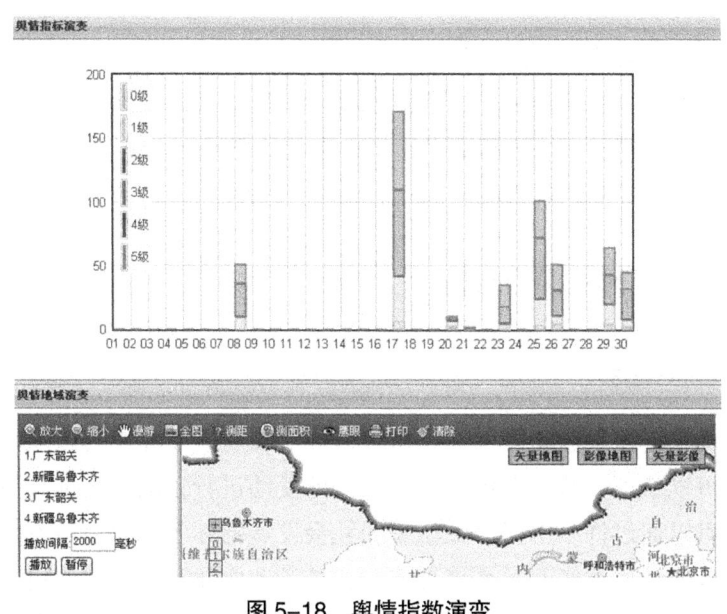

图 5-18　舆情指数演变

5.4.7　特征监控

特征因素监控包括线索监听、特征因素分布分析和特定号码识别监控。特征因素分布分析包括涉枪因素分析、涉爆因素分析、被盗抢机动车分析、指定通信因素分析、指定网络因素分析、舆情热点分析等；特定号码识别监控包括数据跟踪、车辆监测识别等。

5.4.8 积分预警

推广积分预警模式，强化动态管控效能。积分预警是 2010 年 11 月 9 日公安部召开的情报系统建设与高端应用工作会议做出的重大部署。为确保顺利推进、早见成效，应抓好 4 个关键环节：

第一，要抓好情报研判环节。主动适应积分预警需要，确定综合、专业情报研判工作流程，对各类情报信息进行综合研判和深度研判，为基层单位提供精准的管控指令。

第二，要抓好分类管控环节。区分重点人员类别，立足警种职能，建立分类管控、处置机制，实现对重点人的精准制导、精确打击；对外埠和本地的重点人员，要实施网上网下整体管控，确保底数清、情况明、掌行踪、知轨迹。

第三，要抓好提高素质环节。县（市、区）局综合情报部门是"积分预警"的工作主体，要尽快解决当前情报队伍建设不相适应的问题，配齐人员，强化培训，提高素质，切实满足积分预警的实际需要。

第四，要抓好实名信息环节。

5.5 重大事件预警防范分析

5.5.1 动态指标

犯罪增长是循环波动的，并且这种循环波动周期及峰谷的出现倾向是有规律的，可以依据一些社会统计指标数值的变动进行预测；这种有规律的循环波动，可以通过许多不同但又相关的社会发展指标各自的先后不同步的周期变动及其变动中的相互关系表现出来，各运动曲线及其之间的相互位置推移变动则是这种关系的具体表现形式；犯罪增长循环波动的峰谷和基准可以根据统计事实来确定，确定周期、峰谷的具体方式是编制扩散指数 DI 和综合指数 CI，并且按预警指标的非同步变动可把 DI、CI 各分成先行、同步、落后 3 种状态；用同步指标反映犯罪增长变化的当前态势，用先行指标变化及其与同步指标之间关系的统计规律开展社会治安动态预警，用滞后指标进行事后验证，并用以作为修订前一轮预警后政策和措施的参考依据。

动态指标可以分为时间序列动态指标、地域系列动态指标、事件发生动态指标、激烈程度动态指标等，如图 5-19 所示。

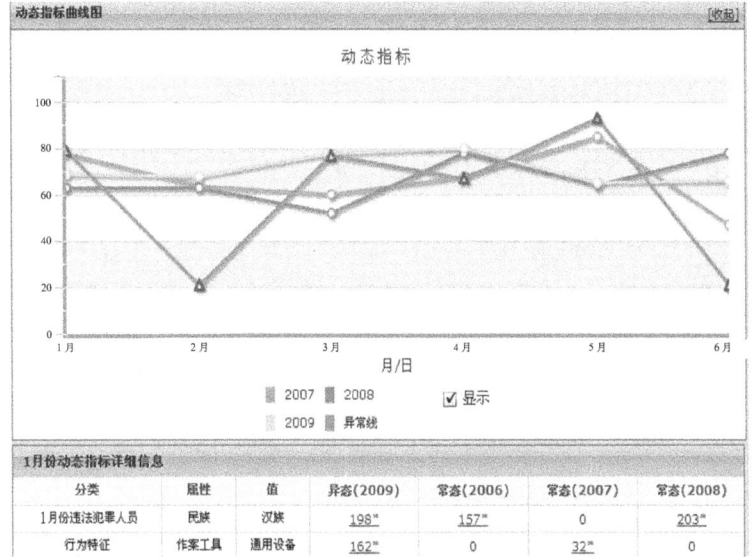

图 5-19 动态指标曲线

5.5.2 安全指标

根据特征的模型和计算获取安全指标。例如,在某危害国家安全案件中,根据宾馆住宿人数进行分析,可以得出正常时期住宿安全指标。

从图 5-20 和图 5-21 可以看出,单月入住人数正常值在从 2 月的 164 人到 5 月的 323 人;日均入住人数从正常值 2 月的 5.86 人到 6 月的 8.57 人。该事件发生的 7 月,危安人员单月入住和日均入住人数呈大幅增长态势。

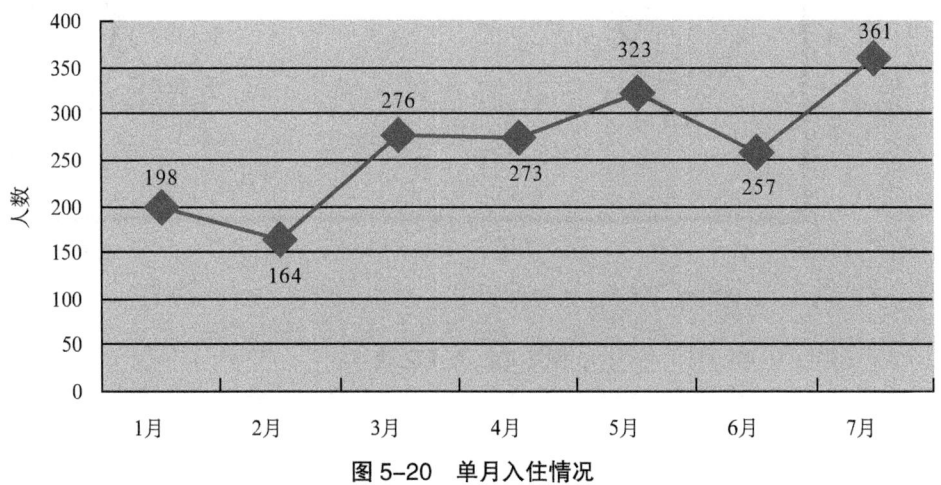

图 5-20 单月入住情况

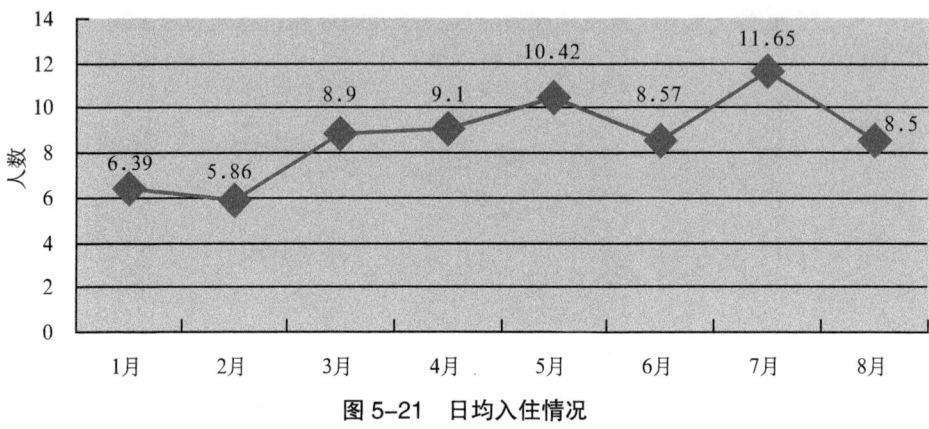

图 5-21　日均入住情况

5.5.3　刻画区域

根据安全指标获取指定范围内的 3 个区域。从图 5-20 危安人员单月入住情况可以设定安全区（164～276）、监控区（277～323）和预警区（324～361），如图 5-22 所示。

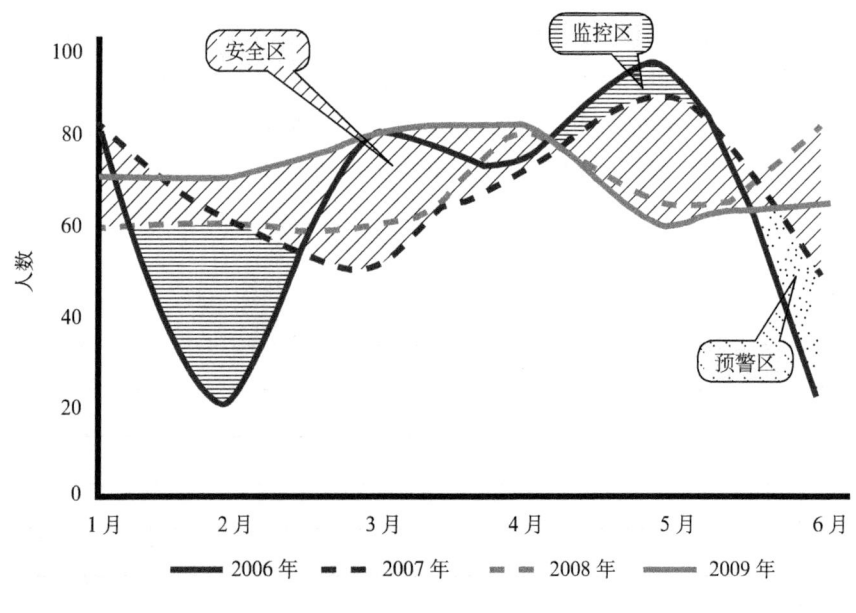

图 5-22　3 个区域

5.5.4 监控参数

根据某类事件的历史数据,计算其监控阀值和预警阀值,设定某类事件红、橙、蓝区域。根据相关颜色,采取有针对性对策进行防控。

防控的发展趋势是根据某类重大事件的动态指标,分析事件特征和人员特征,根据事件的监控阀值和预警阀值,对某类事件进行预测。

重大事件预警和防控的核心是对相关事件进行建模,模型的基础是控制特征。在对相关特征进行细致分析和研究的基础上,根据已发生舆情做出参照线,根据不同阶段的舆情特征变化实现趋势比对和监测。在警用信息系统逐步推广应用的基础上,可以根据 GIS 发现舆情的分布和演变情况,对非结构化数据展开分析,提炼出热点和热词实现舆情的预警控制。

5.5.5 具体案例

2010 年 7 月 15 日乌鲁木齐市公安局指挥中心接到米东区分局情况反映:7 月 12 日在米东区某旅社,住宿人员艾某、阿某两人从一辆拉羊的大型货车向一辆黑色轿车卸下几十把斧头。情报分析人员立即对此情况展开分析研判。

(1) 综合查询

①人口信息分析。对艾某和阿某在人口信息系统进行查询分析。

②住宿信息分析。对艾某和阿某两人在乌鲁木齐市的住宿信息进行查询和分析。查询发现,两人曾入住某饭店西客房部,该饭店位于天山分局辖区燕儿窝路,临近燕儿窝停车场;乌鲁木齐市某旅馆,位于天山分局辖区爱国巷;某招待所,位于天山分局辖区爱国巷。以上住地均位于 2009 年"7·5 事件"重点区域。

③车辆信息分析。对其驾驶的东风大型货车经查询发现,2006 年 6 月 22 日,该车购于新疆阿图什市天山路某汽车货物有限责任公司,车身颜色为紫色。另外一辆车为黑色吉利轿车,购买时间为 2005 年 11 月 22 日,车辆所有人为阿某。

(2) 初步分析

艾某、阿某两人虽然非国保重点人员信息库中记录的在案人员,但是两人户籍地为疆内危安高危地区。其在乌鲁木齐的活动轨迹中,入住的旅店大多为重点人员、"7·5"事件被抓获人员频繁入住的旅店。除某饭店路西客房部临近大型车辆停车场,便于停放大型货车外,某招待所、乌鲁木齐市某宾馆均位于天山分局南关派出所辖区的人口密集区域，不便于停放大型货车，且此地周边外来人口聚居，敌社情复杂。加之两人在 2010 年 7 月 12 日早晨的社会活动异常，专案组遂决定对两人加强监控，进一步获取信息，各交通卡口注意查控东风货车及黑色吉利轿车。

(3) 反馈信息并掌握侦查最新进展

情报中心将分析结果向市局领导进行汇报，局领导高度重视。2010 年 7 月 16 日上午，情报中心派外勤民警前往米东分局，在专案组驻地跟进获取信息，并同专案组民警会商下一步工作计划。7 月 16 日下午，专案组民警对斧头装卸地点、吉利轿车交易地点及相关点位进行了实地侦查。经侦查掌握，吉利黑色轿车系江某于 2010 年 6 月 26 日出售给阿某。艾某驾驶的东风货车、吉利黑色轿车暂未查获，被转运走的斧头来源、数量、去向均不明。

(4) 深入分析

情报人员对上述信息进行综合分析，发现其团伙成员玉某：户籍地为新疆麦盖提县，已婚，小学文化，身高 168 厘米，A 型血，未服兵役，个体；无刑事违法犯罪记录，无毒品犯罪前科记录，非"7·5"事件被抓获人员；在疆内无暂住记录，无驾驶证、机动车所有人信息，未发现旅店业住宿登记信息、民航乘机信息；2000 年 5 月 14 日，玉某因窝藏政嫌人员被劳教 3 年；2003 年 5 月 14 日解除劳教；2010 年 3 月从麦盖提县至乌鲁木齐，在明华街开办五金店。

(5) 果断行动

鉴于这些斧头流落到危安人员手中的重大社会危害性。专案组决定果断收网。2010 年 7 月 20 日晚，玉某被米东分局国保大队抓获并进行讯问，7 月 21 日上午，150 把斧头被全数查获（图 5-23），同时查明了斧头来源、用途。

图 5-23 该案中缴获的斧头

5.6 小结

社会治安形势日益复杂，公安机关维护稳定的工作任务日显繁重，要想准确分析、把握社会治安突出动向，切实增强公安机关维护社会治安的主动性、针对性和有效性，情报信息指导社会治安防范就显得尤为重要。只有准确分析研判情报信息，做到预警在先、处置超前，多发性侵财类案件和突发性治安案件就能得到有效遏制。为此，必须从以下三点出发，加强重大事件的预警和防范。

一是强化预警布控。在社会治安防范工作中，结合本地的实际情况，对获取的情报信息进行甄别，及时发布预警信息，有的放矢地指导基层实战部门有针对性地调整布控警力。同时采取以短信群发的形式向全局各有关单位发布预警信息，指导各单位加大治安防范工作力度，遏制侵财案件的高发势头。

二是注重预警防范。社会治安防范工作，其本身就是一个搜集信息、研判信息、运用信息和通过信息预警取得防范效能的过程。根据本地区治安防范实际，及时将全区发案重点区域、案件高发时段等动态信息向全局实战单位、相关警种通报预警，合理调整警力投向，变全时巡逻、全面巡防为实效巡逻、重点盯防，集中优势警力抓好案件高发时段、重点部位的防控工作。

三是以防范促打击。情报信息预警，就是为防范提供先机，以防范促打击。通过对情报信息进行精准筛选、综合分析，及时找出影响社会治安稳定的抢夺、抢劫、盗窃、诈骗等多发性侵财案件的规律、特点，及时组织警力采取公秘结合、阵地控制、集中整治等打击措施。加强重大事件的预警和防范力度，提高以防范促打击的实战应用能力。

当前，社会治安的开放性、动态性明显增强，流窜犯罪日益突出，治安压力明显加重，过去分散、孤立、静态的防控模式已无法适应社会治安环境的需要。如何建立动态环境下的防控体系，已成为基层公安机关进一步提高驾驭治安局势能力所不能回避的问题。

（1）公安机关防控体系存在的问题

1）基层警务工作未能统筹安排，顾此失彼

近几年来，基层警务繁忙，各类专项斗争接二连三。基层派出所为了取得每个专项斗争的成绩，几乎达到全所动员、全力以赴的程度，特别是警务区民警更是首当其冲。由于受时间、精力所限，虽然在专项斗争中取得了可喜的成绩，但这往往是以牺牲其他基础工作为代价换取的。值得注意的是，近年来，上级部门常常把几项专项斗争集中在同一时间段内部署，或者是一次专项斗争还未结束，新的专项斗争又开始部署了，警务区民警感到工作节奏过快、压力过大，因而常常产生顾此失彼和消极应付、厌战等情绪，使民警正常的勤务活动难以实现。

2）社会治安综合治理没有得到全面落实

近几年来，各级党委、政府已经把社会治安综合治理工作提到了相当高的高度来认识，也取得了显著的工作实效。但是，由于市场经济条件下经济结构、利益格局的调整及人们思想观念发生的变化，使得相当一部分基层治安保卫组织及其工作趋于弱化，导致安全防范、纠纷调解、违法人员的帮教等项社会治安综合治理工作无法得到真正落实。

3）警务运行机制未能跟上时代发展

随着市场经济的发展，新的经济、生活领域和新兴行业快速增加，原有的公安管理模式已不能适应时代发展的要求。尤其是基层基础工作缺乏系统建设，管理工作相对滞后，缺乏预见性、动态性和总结性，满足于习惯、静态的管理模式，习惯于"头痛医头，脚痛医脚"，治安防范出现许多漏洞和空隙，少有治本的防控措施，对已经制定出来的制度和措施，也是抓抓放放、时紧时松，很难真正落到实处，也很难取得长期效果。

（2）构建动态防控体系的措施

构建动态社会条件下，以情报信息为导向、快速反应为核心、社区警务为基础、科技强警为支撑的动态防控体系，应采取以下措施。

1）以"情报"信息平台为依托，发挥其在防控体系建设中的主导功能

①以"情报"信息平台和信息网络建设为依托，拓宽警情信息的来源。一是落实情报信息工作的规范化要求。进一步强化刑事案件信息、人员信息和治安案件的实时录入工作，严格情报信息的采集、录入和查询等各项工作流程，督促民警规范采集信息、主动挖掘信息及充分利用信息开展工作；二是积极拓宽警情信息渠道。通过进一步调整、充实刑事特情、治安耳目和信息员队伍，有针对性地开辟情报信息渠道，将信息采集的触角延伸到公共娱乐场所、特种行业、出租屋等各个行业场所，力争从中发现更多的情报信息；三是加强交流信息渠道。建立和完善情报信息协作机制，强化与上级及周边地区公安机关的信息交流，互通有无，形成工作合力。四是扩大群众举报信息渠道。利用110、互联网、通信工作等多种途径，健全举报制度等方式，方

便和促进群众反馈违法犯罪信息。

②以警情分析研判和预测为基础，找准打击和防控犯罪的着力点。一是加强研判队伍和机制建设。落实研判人员、制度、措施，坚持经常性研判与针对性研判相结合、专门机构研判与一线实战单位研判相结合，构建起多层次、多形式的警情研判机制；二是加强警情预测，提高工作主动性。通过不安定因素预测，及时向党委政府预警，配合相关部门化解矛盾纠纷，通过对各类犯罪高发案时段的预测，组织有针对性的对应控制，通过对各类犯罪的高发地域和部位的预测，落实重点布控。

③以警情发布为渠道，提高信息共享和社会知情度。一是建立情报信息通报制度，通过每日要情、每周治安状况通报、治安预警和治安黄牌通报等形式，及时向基层一线单位通报各个时期的社会治安状况，指导采取针对性的打击整治和预防控制措施，进一步提高打击的针对性和实效性；二是立足公安内网，整合基础和专业信息应用系统，形成统一的综合查询平台，为一线单位提供人员、车辆、案件记录等方面的查询，及时、全面地掌握辖区犯罪的整体分布、危害程度和演化方向；三是通过互联网、新闻媒体、宣传单张、宣传栏等形式向社会各界进行警情通报，及时发布社会各界普遍关心的治安问题，提高社会自防意识，发动群众积极举报犯罪线索，配合公安机关开展群防群治。

2）以社区警务和农村警务为平台，夯实防控体系的坚实基础

①突出强化高危人口管理。加强对流动人口中的无身份证件、无固定住所、无稳定收入人员及吸毒人员等高危人群的管理控制工作，以规范房屋出租中介机构的治安管理为切入点，切实掌握外来暂住人口底数，不间断地开展外来人口清查，及时发现、打击混迹其中的违法犯罪分子。

②严密控制重点行业场所。要积极探索和加强收旧修理行业、典当寄售业、手机二手市场、中介机构、娱乐服务场所、网吧等场所的经常性治安管理，会同有关部门加大对违法违、规行为的查处，推动业主依法规范经营，挤压犯罪分子销赃敛财、生存活动的空间，并争取为我所用、为我服务，不断提高打击的准确性。

③不断加强警务区治安防范。继续完善警务区巡防机制，在巩固夜间巡逻的基础上，将工作触角向白天、向街道延伸，加强人防，巩固物防，推广技防，多管齐下，有效防范和遏制盗抢案件的发生。

④强化群防群治组织建设。要发挥派出所作为基层治安工作职能部门的

作用，以有限的警力凝聚无限的民力，形成以派出所为轴心，治保组织、社区保安、物业管理人员、联防队员等为骨干，警务区内所有机关、企事业单位、场所行业等全部参与的群防群治体系，开展多种形式的治安防范活动。

⑤深化"平安社区"创建活动。要在党委、政府的领导下，加大"平安社区"的建设力度，通过联建、共建、合建等多种形式，消除空白点，强化薄弱处，实现创安活动由点式向块状、单一向复合、封闭向开放的转变，将党政重视和全民参与的政治优势、组织优势转化成公安工作优势。在推动社会治安综合治理不断深入的过程中，要按照"谁主管，谁负责"和"看好自己的门，管好自己的人"的综合治理责任制，落实企事业单位自我防范、重点行业场所自我约束的治安管理责任。要在群众中广泛开展防范宣传教育，向群众广泛传授自防、自治、自卫技能，普及防范常识，强化防范意识，开展联户联防、店面互防，提高群众的自防能力。

3）以科技强警为依托，为防控体系建设提供科技支撑

①加快警务信息化建设和应用。进一步抓好公安信息网络的建设，积极推进金盾工程建设和信息化应用工作。本着一网多能、信息共享的原则，进一步建立完善公安综合信息库，大力推广信息化应用及办公自动化，强化计算机网络技术在公安工作中的应用深度和应用范围，为破案追逃、治安管理、信息统计等提供高效率的服务。

②提高技防水平。一是结合街面动态治安防控需要，在繁华商业区、金融网点、财物集中交易场所广泛安装电子监控装置，设立监控中心，及时打击现行违法犯罪；二是加强社区技术防范工作。大力推广电子对讲防盗门、区域报警系统和小区物业监控系统等技防设施，安装小区物业保安室人工报警装置，不断扩大技防覆盖面，提高防范能力；三是在城区主要交通路口和四大出入口设置视频监控和拍摄装置，严密街（路）面监控，及时发现和打击盗窃机动车和"两抢"等多发性街面犯罪。

③加强科技队伍建设，改善基层装备。一是进一步调整充实刑事技术人员，改善刑技基础设施和装备条件，强化技术人员的专业培训和技能训练，提高刑事技术队伍的整体素质，夯实刑事技术工作的基础，为侦查破案提供科技支撑；二是积极争取党委政府支持，想方设法加大投入，逐步解决基层所队执法、执勤必需的装备，切实改善基层一线民警的防暴装备、武器警械、交通和通信技术装备。

第 6 章　大数据公安情报搜集管理

在全球进入现代化发展的重要时期，其核心竞争力的一个重要标志，就是科学技术现代化。在科学技术现代化中，信息化建设与应用更是重中之重。因此，在信息技术日新月异的现代社会，公安机关加快实施科技强警战略，强力推进公安信息化建设，是公安机关在科学发展观指导下的一场深层次革命，是在不断创新中积极适应新形势、完成新任务、实现新发展的必由之路。笔者就如何强化公安信息化的实战应用，更好地使之服务于公安中心工作，谈几点思考。

美军"蓝军跟踪系统"获得美国 2004 年网络中心战创新成就奖。据称，该系统能够看到全师 200～230 千米的作战线。然而，当初这一系统装备部队后，因缺乏对其系统的了解，曾一度遭到冷落。伊拉克战争打响后，"蓝军跟踪系统"为美军作战部队提供了实时、高效的情报支持，指挥官们对此系统大加赞赏。战争的实践表明，作战部队的信息共享能力，直接影响到作战效能。所以，提高军种内部诸兵种合同战斗能力，必须提高其信息共享能力。搭建共享平台——这个平台上的各类作战信息可形成标准化的数据，能被各类仿真推演模型直接引用。通过平台可以实时掌握战场情报，提高各个作战环节的快速联动战斗水平，实现快速决策。平台要求将统一计划、分获信息、独立式行动的合同战斗模式，变为统一计划、共享信息、融合式行动的新型合同战斗模式。在突击部分队与火力部分队之间建立新的行动协调方式，在机动突击与火力、情报与火力、决策与行动之间建立快速联动的行动模式；突出火力的主导作用，将快速火力打击能力提高到一个新水平；通过体系破击，各个击破被分散割裂的对手，形成战术行动优势。火力与机动协调机制在现有树状结构基础上，建立横向连接与协调机制，形成矩阵式的网状协调结构，通过诸兵种、多行动实体之间的快速协调，实现快速指挥。

6.1　集成统一的智能指挥平台

公安指挥决策系统是一个动态、网络化、空间化的指挥信息系统，需要实时地将应急事件的相关信息、综合指挥人员的部署和机动情况及其他环境要素以态势标绘的形式展现在地理空间中，实现实时的态势感知，从而实现集成、统一的智能综合指挥，构造高效的行动，如图6-1所示。

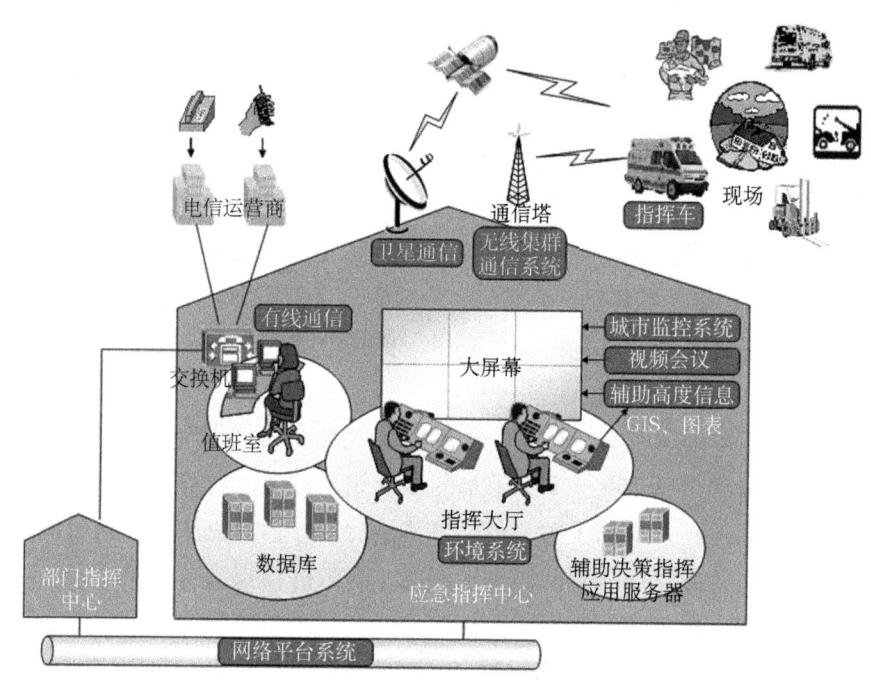

图6-1 智能指挥平台

6.1.1 国内现状

随着我国经济建设的快速发展，城市建设日新月异，人们生产、生活的范围扩大，人员跨地域流动迅速增加，公共设施的巨型化，疾病传播途径增多，公共卫生事故日益增加，社会安全事件频发，人员聚集概率增加，这些因素都为发生重大突发事件埋下了潜在隐患。在信息化背景下，一旦事故发生，容易产生连锁反应，引起事故灾害规模扩大，造成灾难性后果。目前，公安综合指挥系统建设普遍存在系统复杂、建设周期长、成本高、实战性能差的问题，存在的问题主要表现在以下几个方面。

（1）缺乏综合性和智能性

现有指挥系统多是局部、分散、专业化的系统，缺乏一个统一的管理与调度平台，使公安机关各部门之间难以及时、有效地配合与协作，所需的信息资源不能及时地更新与共享,造成资源的浪费、决策的延误和行动的滞后。

①缺少一个能有效组织与整合各种数据并且实现综合调用与简易操控的先进技术。首先,现有指挥系统的信息化系统功能单一,软件的应用主要集中于办公和统计工作层面上,在功能上仅仅满足于数据采集、统计及记录,整体上还停留在较低的业务层面,管理层面上的分析、预测、决策、控制等涉及不多,没有建立体系化的管理信息系统;其次,内部控制环节薄弱,距离现代警务管理理论和管理水平还差之甚远;最后,技术平台更新较慢。相对于日新月异的网络技术和信息技术,现有的决策指挥系统已经成为高端应用的瓶颈。

②缺少一个可动态配置、规范化、多层次的技术平台来保证指挥过程信息共享与事件管理。现有的指挥决策业务数据信息分散,五花八门的子系统散布于户政、治安、刑侦、缉毒、交警等部门,各自为政,没有建立统一的数据仓库系统,信息化系统造成信息重复、低效;各部门信息自成体系,造成信息孤岛现象严重。

③缺少一个以事件处置过程为主线的整合思路和集成技术。基于事件为主线的状态机指挥技术,可以按照业务流的模式动态变化和扩展,以指挥状态演变来组织和控制时间处理流程,按照采集、评估、决策、发送和反馈的模式来控制业务流程,如图 6-2 所示。

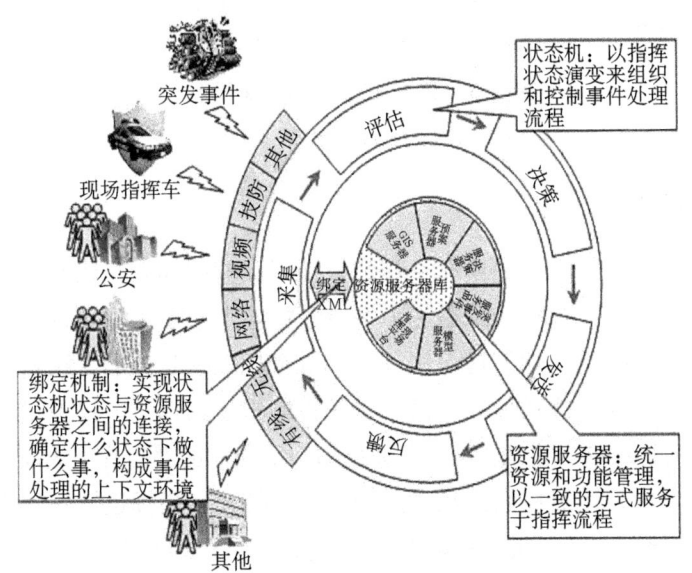

图 6-2 设计模型

(2) 缺乏灵活性和广泛性

现有的指挥决策系统缺乏灵活性和广泛性。不确定性是应急事件的本质特征，公安决策指挥系统在应急过程中必须能够随着动态环境的变化而自适应、自组织地演化，仅凭结构化信息管理系统辅助决策是不够的，还必须高度重视不确定性带来的应急指挥特点，适应决策者思维的灵活性和广泛性，提高系统的灵活性和广泛性。

(3) 缺乏实战模型和理论指导

现有的公安决策指挥系统（图6-3）滞后于当今先进的技术和各相关学科最新的理论成果。现有的指挥系统作为一个综合系统，自身的理论研究比较滞后，缺乏实战性强的理论做指导，造成各系统之间的应用集成比较困难、系统复杂度高、效能聚集特性差、针对性不强，现有模型不能满足应用的需要，模型的检测和动态变化不够及时。

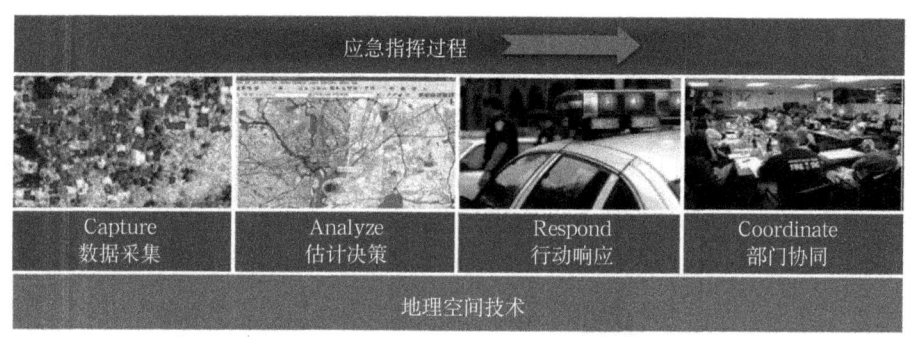

图 6-3　现有公安的指挥决策模型

6.1.2　建设模式

现有的综合指挥系统主要有 4 种建设模式：授权模式、代理模式、集权模式和协同模式。授权模式是指你为每台服务器购买了多少份许可，就可以有多少个并发连接连到你的这台服务器。授权模式权责分明、结构清晰，但不够灵活，适应性不够强。集权模式是权力集中于指挥员，权力呈自上而下的链条关系的行政领导模式。从部门系统看，上级职能部门管下级职能部门。优点是权力集中、逐级控制、纪律严明、政令统一、指挥迅速，缺点是一切靠指挥员，下级部门的积极性难以发挥，不能因时、因地制宜地处理行政工作。协同模式是"多主"模式，在网络环境支持下，系统通过自主学习，通过内部协作发挥集体协同效应，通过互相竞争发挥群体聚合动力，高效率地实现预定目标。委托模式是指有两个对象参与处理同一个请求，接受请求的对象将请求委托给另一个对象来处理。

智能综合指挥系统是综合性的多部门协作行为，是一个涉及面广、综合性强的系统工程。系统建设在现有网络基础上，需要将指挥终端配置到各层的相关节点，以地图、照片、工程图、流程图为背景，以符号化装备、人员、行动、作业人、模拟、测量为表达手段，实现各层次人员的协同行动。接处警系统采用独立的模块化功能单元、开放的系统结构、多部门联动的响应机制、智能化的电子地图，以及集成化指挥的共享体系。实现的主要功能有信息集成、辅助决策、智能预判、预案管理、辅助决策、指挥调度等。系统高度集成相关决策信息，具有与应急事务管理调度系统、技防系统对接，实现协同、管理和控制一体化，能够满足不同部门、不同层次人员、不同任务的需求，如图 6-4 所示，包括以下功能。

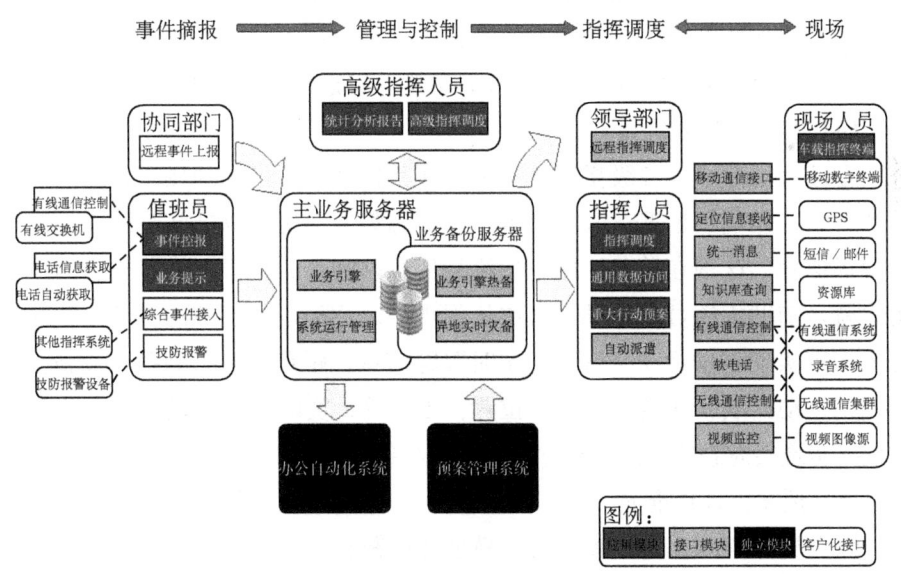

图 6-4 建设模式

（1）决策信息的可视化

决策信息的可视化包括地理信息、事件接报、管理与控制、指挥调度、决策事件、空间模式等的可视化。地理信息和工程信息等信息的可视化，即以一定的地理参照系将地理空间信息、实体信息和各种行动信息表达在视图中，叠加流程模拟、安全管理、应急预案等信息，形成动态的作业环境模拟图；将各种行动部署、决策事件以可视化的方式描述出来，通过对点数据、线数据和面数据进行可视化建模，构造出空间模式的可视化；通过对相关事件和应用信息的可视化构造，对事发现场单位位置进行分析，从而实现现场单位资源调配、热点探测、分析报告、事发过程回顾和边界分析制图等。

(2) 信息的采集与接收

信息的采集与接收是实现实时态势共享的关键，没有较强的信息采集与接收能力，通用态势图就不可能提供实时的有用信息，就不能满足综合指挥的需要。因此，综合统一指挥平台必须具有实时接收外部信息源传来信息的能力，包括移动通讯数据、定位信息、统一消息、知识库信息、有线通信信息、无线通信信息和视频监控信息等，也必须具有自主获取空间环境中信息的能力。

(3) 信息的存储与管理

把各种有用的信息和数据经组织、配置到基础数据图层中，以便于管理和使用。系统所涉及的视频监控、通信信息等，数据量极为庞大，呈爆发式增长，必须预先做好信息的存储和管理方案，动态应对信息的存储与管理。

(4) 实时态势分析

在综合指挥中，各级指挥员都需要在其作战任务区域地图上，标绘各种警务要素，如现场情况、警力部署、实施态势等情况，以便清楚地掌握和运用现场信息。这种在警务地图上标绘的信息称为态势信息，态势信息的主要用途就是辅助指挥员在地理空间中认识现场，达到现场感知的目的。智能指挥平台应实现对目标动态管理，实时跟踪信息，跟踪人员、装备、设施、单位及其运动路线、速度、状态、位置、工况等，实时标绘行动态势、决心和过程，实现实时态势标绘与目标跟踪管理相结合。

(5) 预案、计划推演

综合指挥自动化的进步，为了满足现代警务信息化条件下多警种统一指挥和协同作战的要求，逐步产生了基于空间信息技术的通用态势图，通用态势图的目标是实现联合作战中的现场态势实时感知和信息共享。通用态势图是以共享态势感知为基础的指挥图，将现场的环境、态势及高层的判断和决策通过网络实时共享给全部的指挥员、战斗员，由此来提高部队的整体战斗力。实际上，就是将现场态势、分析判断、处置决心、部署与战术等所有信息构成共享的指挥图，并以此引导参战人员的行动，以达到群策群力的效果。

预案的制作具有地图标绘的性质,特殊性是将公共安全应急预案中科学、合理、有效的应急行动指导信息,以动态的地图标绘形式动态进行传达和分发。

6.1.3 主要要求

综合指挥平台主要采用警务装备协同作战模式。这就需要直观、动态地表现突发事件、人员和行动的状态和变化趋势,能够为综合指挥各个层次的人员提供实时、一致的信息感知功能,实现各层次指挥人员、警务人员信息互通,保证应急行动的协同、一致,提高指挥决策能力和快速反应能力,为综合指挥提供通用的信息手段。在处理突发事件的联合救援行动中,与事件相关的一定空间范围内发生危险的性质、影响范围、发展趋势,各类救援人员和单位的部署、进展和机动状况,救援设施和设备的位置、状态,以及周边的人文环境和自然环境等信息。在综合指挥中,各部门同样需要一个实时信息的显示平台,用来传达应急区域中的行动信息、空间信息和资源信息,能够实时向综合指挥部门和行动梯队提供各种信息资源和服务。目标是通过共同的态势感知提高指挥决策能力和行动能力,即各层次人员正确、一致地理解空间信息并在行动上同步。具体来说,智能集成综合统一指挥平台应符合以下要求。

(1) 网络化、实时化和智能化

指挥过程中,指挥者的决策过程和部署警力的行动是两个至关重要的要素。综合统一指挥平台需要以思维表达的方式将指挥人员和现场人员关联,适时报告现场情况,提供专家分析判断,提供多方协同沟通和现场指挥员处置过程,引导各方战术行动与施工作业。平台使用可视化的信息,更适于情况描述、判断分析、沟通讨论、决策部署和救援作业。各方在现场情况的基础上,多个行动部门协同工作,以实现实时态势共享、信息同步、行动一致。

(2) 集成化、综合化和可扩展性

综合指挥平台应实行节点化。所有指挥部门和行动梯队都是协同网络的节点,各节点均可向其他节点提供各种信息资源和服务,支持多种信息集成与应用集成,特别是调度系统、技术系统、资源管理系统等;通过定制快速形成指挥框架,适于参与综合指挥的各层次人员使用,在整体上和配置上具备可扩展性和适用性。

(3) 共享性、简单性和友好性

综合指挥平台应能够提供一系列与时间敏感性和任务重要性相关的共享

数据和服务。将各种信息有效地融合在统一的视图之上，采用直观、易懂的图示化表达方式，使各层次的人员对事件状态和处置方案能够一目了然，也能够通过简单培训，即可掌握操作方法，直接参与事件过程，充分发挥群策群力的协同理念。基于图形的指挥调度操作，协同部门的信息共享、配合行动、信息上报、行动建议。

(4) 动态性、精确性和高效性

综合指挥平台应能够对分析、判断、预测、决心、战术、总结、情报、命令、会商、反馈、控制和推演等指挥行为提供直接的支持，动态、高效、精准反应现场信息。通过网络化、图示化的信息表达模式，可以精确表达综合态势和现场情况，提高处置的效率。突发事件的紧急调度与指挥、智能提示、自动责权分发、预案智能匹配、行动方案生成、历史事件关联、处置过程监控与管理、可视化的指挥调度管理、地图显示所有事件与应急资源的实时状态。

6.1.4 解决方案

综合指挥平台应用现代通信技术、计算机网络技术、地理信息采集技术、遥感技术、卫星定位（GPS）技术，以有线和无线通信系统为枢纽，以接处警系统为核心，集成警用地理信息系统、通信子系统、虚拟控制指挥系统、数字化录放音子系统、接处警子系统、电子地图、领导子系统、管理子系统、技术防范子系统、大屏幕显示子系统、图像监控子系统、辅助决策子系统、GPS卫星定位系统、大型数据库系统等，有效提高公安系统及救助中心的快速反应能力、协同行动能力、决策指挥能力，并能与其他系统无缝结合，符合公安部提出的"集中、统一、高效"的要求。系统既可以满足公安指挥中心日常接处警，及时提供救助服务的需要，又能在出现突发事件和大型灾害时为政府、公安领导提供实时、准确掌握情况，迅速分析决策，周密组织多警种、多部门协同行动，实施不间断指挥的重要保障。可视化的应急指挥调度如图 6-5 所示。

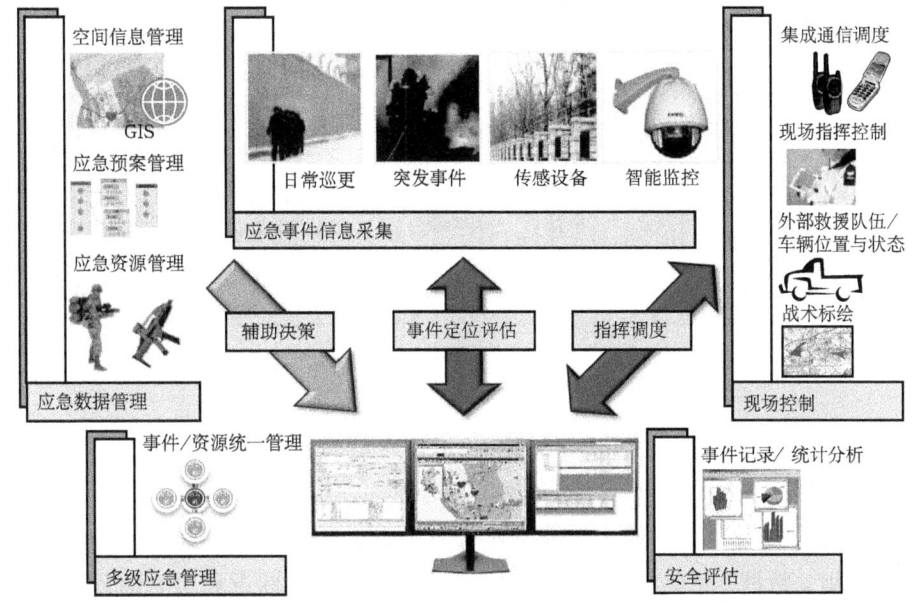

图 6-5 可视化的应急指挥调度

综合指挥平台以业务应用为导向,基于警用地理信息系统建立包含智能定位、任务导航、信息采集、信息查询、路径规划等核心功能的警用位置服务平台,并在此基础上建立警用 110 指挥调度系统、警卫监控安全保障系统、消防调度指挥系统等应用系统,如图 6-6 所示。

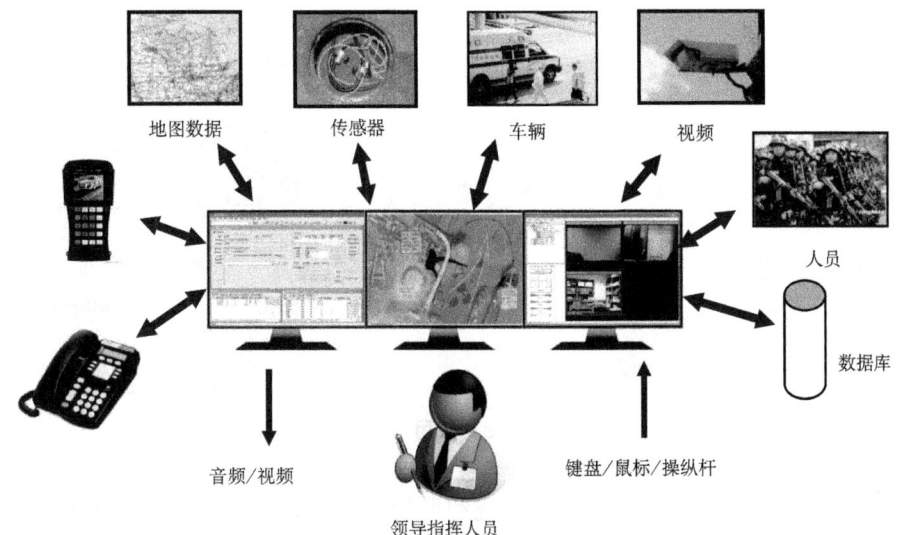

图 6-6 综合指挥平台

(1) 平台构成（图 6-7）

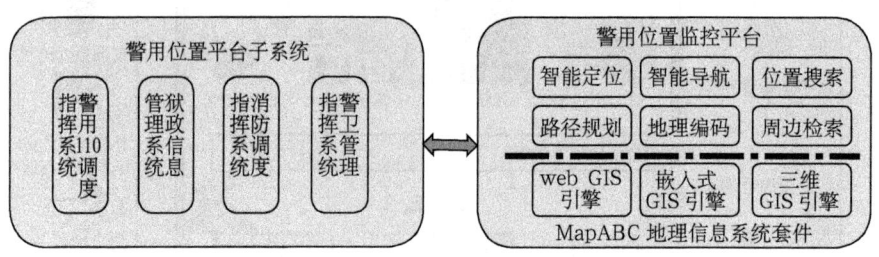

图 6-7　平台构成

警用位置服务平台依托公安网络，采用先进的 GIS 技术、无线定位技术和空间数据库技术，建立一个准确、高效、全面、规范的警用位置服务平台。将位置管理、空间信息管理与警务业务应用融为一体，多层次、多方位直观地显示相关数据，提供各种警务工作元素在空间的分布状况和实时运行状况，分析其内在联系，做到资源的合理配置和调度，提高各业务部门的快速响应能力和协同处理能力，并利用辅助分析和决策功能，从宏观上促进警务工作的科学化、规范化。

(2) 应用方式（图 6-8）

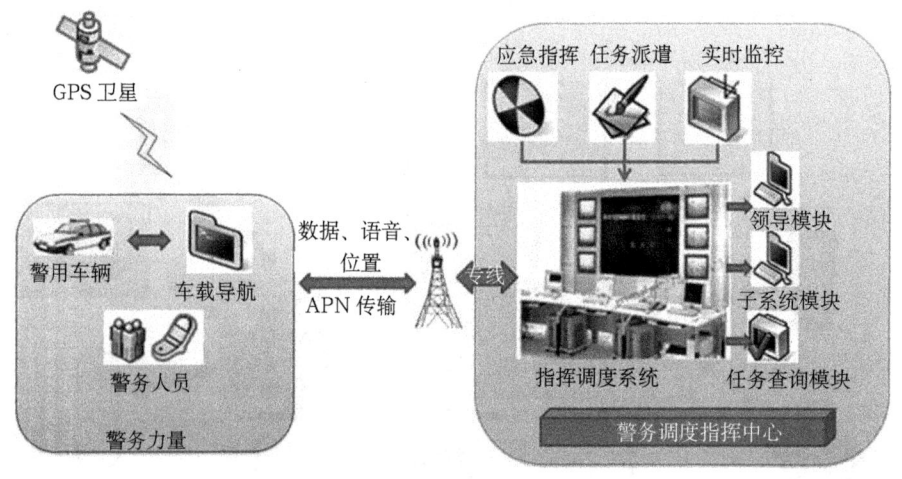

图 6-8　应用方式

警务位置服务平台包括移动终端和监控终端。在移动终端，系统利用无线网络和 GPS 进行现场定位、信息查询和信息上报，与指挥中心实现位置和信息的交互；在指挥中心，调度人员应用监控终端，可以随时查看警力分布，根据接警位置进行警力调度和任务分派。根据任务终端可以直接进行导航。

（3）系统功能

1）接警提示

当接到报警电话时，对座机直接通过主叫号码、装机用户、装机地址获得地址，并进行地址匹配，以获得坐标位置信息。对于手机直接通过移动LBS定位网管进行定位，并在地图上标注出来，如图6-9所示。

图6-9　接处警系统

2）位置监控

指挥中心可以在地图上监控门前警务车辆和人员所在的位置和状态信息（位置、速度、方向等），指挥人员可以随时发送调度指令给相关人员，也可以直接下达具有目标位置的任务信息到移动终端，如图6-10所示。

图 6-10　位置监控

3）任务导航

移动终端接到任务后,可以根据任务目标位置直接进行导航,到达目的地,如图 6-11 所示。

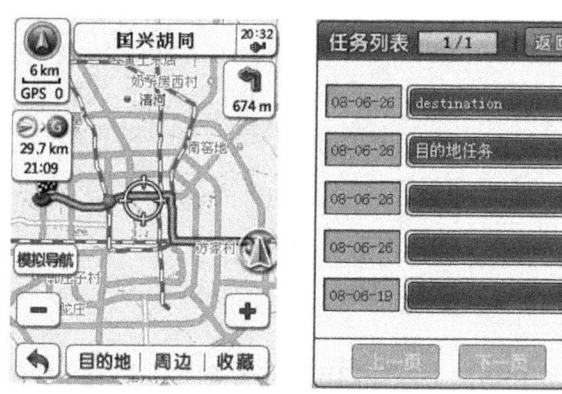

图 6-11　任务导航

4）信息查询

通过移动终端,警务人员可以查询人口信息、CCIC 信息及警务相关业务信息（图 6-12）,还可以进行现场信息采集和现场执法。

同时,考虑到实用性,系统在操作方面也做了大量的工作,增加了许多先进的控制功能,大大提高了指挥速度,降低了失误的可能。

图 6-12　信息查询

6.2　构建公安情报云计算

我们每天都要用电,但我们不是每家自备发电机,而是由电厂集中提供;我们每天都要用自来水,但我们不是每家都有井,而是自来水厂集中提供。这种模式极大地节约了资源,方便了我们的生活。面对计算机给我们带来的困扰,可不可以像使用水和电一样使用计算机资源?这些想法最终导致了云计算的产生。云计算的最终目标是将计算、服务和应用作为一种公共设施提供给公众,使人们能够像使用水、电、煤气和电话那样使用计算机资源,就像电厂集中供电的模式。在云计算模式下,用户的计算机会变得十分简单,或许不大的内存、不需要硬盘和各种应用软件,就可以满足我们的需求。通过浏览器给"云"发送指令和接收数据,便可以使用云服务提供商的计算资源、存储空间和各种应用软件。这就像连接显示器和主机的电线无限长,从而可以把显示器放在使用者的面前,而主机放在远到甚至计算机使用者本人也不知道的地方。云计算把连接显示器和主机的电线变成了网络,把主机变成云服务提供商的服务器集群。

哈佛商学院教授克里斯滕森认为,云计算意味着从 PC 机时代重返大型机时代。"在 PC 时代,PC 提供了很多、很好的功能和应用,现在又回到大型机的时代了。现在的大型机看不见、摸不着,不过确确实实就摆在那里,它们在云里,在天空里。"

近年来，随着通信技术和公安网络的快速发展，为现代警务科技手段和情报信息运用奠定了基础，各地公安机关已建成互联互通计算机网络，并开发了大量的信息系统。但是大量系统和平台在全国各地广泛存在，数据库与数据库之间的独立不仅造成了"泛信息孤岛"，也对构建全面、立体的大信息主导警务工作提出了挑战。云计算的出现和成熟，为公安情报信息平台建设提供了新的思路和方法。情报信息平台建设中遇到的数据整合、资源共享等问题都可以通过云计算获得很好的解决。但目前相关研究还不够深入，为了真正将云计算的思路和方法应用到公安情报信息平台的建设中，还需要持续做大量的研究，而且这也是形势所需。

云计算是在极大规模上将可扩展的信息处理能力向民警个人或公安机关作为情报信息搜集整合与分类检索来提供的一种网络信息应用模式。它是一种动态、易扩展且通常是通过互联网或公安专网提供虚拟化的信息资源计算类型，将情报信息任务分布在大量计算机构成的可自我维护和管理的虚拟计算机资源池上，使各种公安信息应用系统根据需要获取相应的计算能力、存储空间和软硬件服务。

6.2.1 云计算

云计算是由分布式计算、并行处理、网格计算发展来的，是一种新兴的商业计算模型。目前，对于云计算的认识仍在不断地发展变化，云计算仍没有普遍一致的定义。中国网格计算、云计算专家刘鹏给出如下定义："云计算将计算任务分布在大量计算机构成的资源池上，使各种应用系统能够根据需要获取计算力、存储空间和各种软件服务。"狭义的云计算指的是厂商通过分布式计算和虚拟化技术搭建数据中心或超级计算机，以免费或按需租用方式向技术开发者或者企业客户提供数据存储、分析及科学计算等服务，比如亚马逊数据仓库出租生意。广义的云计算指厂商通过建立网络服务器集群，向各种不同类型客户提供在线软件服务、硬件租借、数据存储、计算分析等不同类型的服务。

通俗的理解是，云计算的"云"就是存在于互联网中服务器集群上的资源，它包括硬件资源（服务器、存储器、CPU等）和软件资源（应用软件、集成开发环境等）。本地计算机只需要通过互联网发送一个需求信息，远端就会有成千上万的计算机为你提供需要的资源，并将结果返回本地计算机。这样，本地计算机几乎不需要做什么，所有的处理都由云计算提供商所提供的计算机群来完成,如图 6-13 所示。

6.2.2 主要特点

(1) 超大规模

云具有相当的规模,Google 云计算已经拥有 100 多万台服务器,Amazon、IBM、微软、Yahoo! 等的云均拥有几十万台服务器。企业私有云一般拥有数百上千台服务器。云能赋予用户前所未有的计算能力。

图 6-13 云计算

(2) 虚拟化

云计算支持用户在任意位置使用各种终端获取应用服务。所请求的资源来自云,而不是固定、有形的实体。应用在云中某处运行,但实际上用户无须了解,也不用担心应用运行的具体位置。只需要一台笔记本或者一部手机,就可以通过网络服务来实现我们需要的一切,甚至包括超级计算这样的任务,如图 6-14 所示。

(3) 高可靠性

云使用了数据多副本容错、计算节点同构可互换等措施来保障服务的高可靠性,使用云计算比本地计算机可靠。

图 6-14 云计算机

(4) 通用性

云计算不针对特定的应用,在云的支撑下,可以构造出千变万化的应用,同一个云可以同时支撑不同的应用运行。

(5) 高可扩展性

云的规模可以动态伸缩,满足应用和用户规模增长的需要。只要用户需要,各种资源和应用可以随时添加到服务中来。

(6) 按需服务

云是一个庞大的资源池,可以按需购买;云可以像自来水、电、煤气那样计费。用户根据自身情况提出需求,云可以为每一个用户量身定制,提供完全差异化的服务。

(7) 极其廉价

由于云的特殊容错措施可以采用极其廉价的节点来构成云,云的自动化集中式管理使大量用户无须负担日益高昂的数据中心管理成本,云的通用性使资源的利用率较之传统系统大幅提升。因此,用户可以充分享受云的低成本优势,经常只要花费几百美元、几天时间就能完成以前需要数万美元、数月时间才能完成的任务。

6.2.3 核心技术

云计算系统运用了许多技术,其中以编程模型、数据管理技术、数据存储技术、虚拟化技术、云计算平台管理技术最为关键。

(1) 编程模型

MapReduce 是 Google 开发的 Java、Python、C++ 编程模型,它是一种简化的分布式编程模型和高效的任务调度模型,用于大规模数据集(大于 1TB)的并行运算。严格的编程模型使云计算环境下的编程十分简单。MapReduce 模式的思想是将要执行的问题分解成 Map(映射)和 Reduce(化简)的方式,先通过 Map 程序将数据切割成不相关的区块,分配(调度)给大量计算机处理,达到分布式运算的效果,再通过 Reduce 程序将结果汇整输出。

(2) 海量数据分布存储技术

云计算系统由大量服务器组成,同时为大量用户服务,因此,云计算系统采用分布式存储的方式存储数据,用冗余存储的方式保证数据的可靠性。客户与主服务器的交换只限于对元数据的操作,所有数据方面的通信都直接和块服务器联系,这大大提高了系统的效率,防止主服务器负载过重。

(3) 海量数据管理技术

云计算需要对分布、海量的数据进行处理、分析,因此,数据管理技术必需能够高效地管理大量数据。云计算系统中的数据管理技术主要是 Google 的 BT(BigTable)数据管理技术和 Hadoop 团队开发的开源数据管理模块 HBase。BT 是建立在 GFS、Scheduler、Lock Service 和 MapReduce 之上的一个大型的分布式数据库,与传统的关系数据库不同,它把所有数据都作为对象来处理,形成一个巨大的表格,用来分布存储大规模结构化数据。Google 的很多项目使用 BT 来存储数据,包括网页查询、Google earth 和 Google 金融。这些应用程序对 BT 的要求各不相同:数据大小不同(从 URL 到网页再到卫星图像),反应速度不同(从后端的大批处理到实时数据服务)。对于不同的要求,BT 都成功地提供了灵活、高效的服务。

(4) 虚拟化技术

通过虚拟化技术可实现软件应用与底层硬件相隔离,它包括将单个资源划分成多个虚拟资源的裂分模式,也包括将多个资源整合成一个虚拟资源的聚合模式。虚拟化技术根据对象可分成存储虚拟化、计算虚拟化、网络虚拟化等,计算虚拟化又分为系统级虚拟化、应用级虚拟化和桌面虚拟化。

(5) 云计算平台管理技术

云计算资源规模庞大,服务器数量众多并分布在不同的地点,同时运行着数百种应用,如何有效地管理这些服务器,保证整个系统提供不间断的服务是巨大的挑战。云计算系统的平台管理技术能够使大量的服务器协同工作,方便地进行业务部署和开通,快速发现和恢复系统故障,通过自动化、智能化的手段实现大规模系统的可靠运行。

6.2.4 基本架构

按照服务对象的差异,云计算类型可以分为公有云、私有云和混合云。对于某些组织而言,无须自己搭建云计算环境,通过向一个独立的第三方云提供商进行付费购买,就可以享受到云所带来的服务,因此所使用的云是开放式的。因为该云提供商也同时向其他更多用户提供云,这些用户共享这个云提供商所拥有的云资源。此种类型的云被称为公有云,因为就物理层面而言,不同的用户其实在共同使用同一资源。公有云的优势和缺点同样明显,优势在于用户无须单独建云,缺点在于安全风险较高。对于某些对安全性要求极高的用户,公用云存在的潜在风险是其无法忍受的,因为一旦出现安全问题,后果不堪设想。对这些用户而言,私有云是不错的选择。私有云指的是专门为某个组织搭建的云环境,使用者是该组织的成员,并且每个成员都经过身份认证才可以使用云。如此一来,公有云中由于共享云资源所导致的安全风险得到了很好的控制。但相比公有云,私有云也给组织带来相应的问题:由于自己组建云,花费的成本要明显高于向第三方租用云;私有云的持续运行和维护会带来资金和人力的巨大开销。公有云和私有云各自的优缺点都非常鲜明,业务特点不同的组织可以根据自身条件和特点选择云的形式,但是也有组织对费用和安全都有一定要求,于是就需要在二者之间寻求平衡,而混合云就很好地综合了二者的特点。混合云一般由组织创建,而管理职责由组织和公共云提供商分担,混合云既可以提供公共空间又可以提供私有空间。

6.2.5 云计算服务类型

不同的云计算提供给用户的服务也不同,按照提供服务的差异,云计算可以分为基础设施云、平台云和应用云，它们提供服务的模式分别被称为软件即服务（SaaS，Software as a Service）、平台即服务（PaaS，Platform as a Service）和基础设施即服务（IaaS，Infrastructure as a Service）。这3种提供不同服务形式的云按照其逻辑关系构成了云架构的层次结构，如图6-15所示。

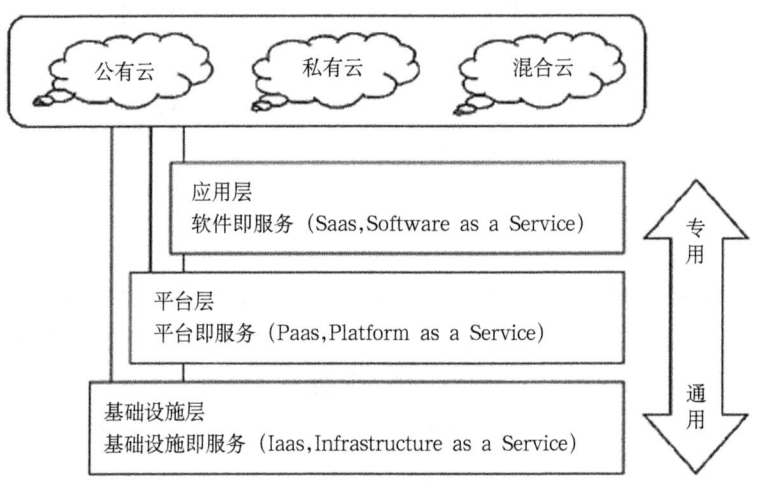

图6-15　云计算架构层次

（1）软件即服务

在这种服务模式中，云服务提供商将软件部署在自己的服务器上，用户可以根据实际需求，通过互联网向厂商定购所需的应用软件服务，按定购的服务多少和时间长短向厂商支付费用，并通过互联网获得厂商提供的服务。有了这项服务，用户不必自己开发软件，也不必购买软件，而是租用基于Web的软件。云服务提供商开发出由组件构成的通用软件包，根据不同用户的需求对功能模块进行组合，形成符合用户特点、功能各异的软件，通过云提供给用户使用。用户无须对软件进行维护，云服务提供商会全权管理和维护软件，并同时提供软件的离线操作和本地数据存储，让用户随时随地都可以使用。

（2）平台即服务

平台即服务提供给用户的既不是各种硬件资源，又不是可以直接使用的软件，而是一个整合了基础资源，可供用户进一步开发利用的平台。因此平台服务面向的并不是普通的终端用户，而是软件开发人员，他们可以充分利用这些开放的资源来开发定制化的应用。

(3) 基础设施即服务

这是云所提供的最为基础的服务形式，在这种形式中，用户从云中获取的是基础设施资源，如服务器、存储设备、网络设备等。有了这些基础设施资源，用户无须购买、维护硬件设备和相关系统软件，而是可以直接利用这些基础设施进行自己平台和各种信息系统的构建。基础设施向用户提供了虚拟化的计算资源、存储资源和网络资源。这些资源能够根据用户的需求进行动态分配。相对于软件即服务和平台即服务，基础设施即服务所提供的服务都比较偏底层，但使用也更为灵活。

6.2.6　公安情报云的构建

为了说明问题方便，本书把运用云计算思想与方法建设的公安情报信息平台命名为公安情报云。公安情报云既有云的共性，又具有自身特点。公安情报云构建的原则如下。

(1) 情报云应当构建为私有云

公安情报工作中有大量涉密内容，这些情报一旦泄露会给公安情报工作造成极大被动，甚至可能造成无法挽回的损失，因此，公安情报云对安全性要求极高，必须不惜一切代价把风险降到最低。私有云由于是专门建设的，不存在与无关用户共用资源的问题，所以安全性最高，因此公安情报云必须为私有云，且每一个登录的用户都必须通过数字证书进行身份认证，进一步保障情报云的安全。

(2) 情报云应采用平台即服务 (PaaS) 的形式

公安情报云不能仅仅提供基础设施，也很难直接提供可用的软件，以平台即服务的形式来构建是一种比较合理的办法。根据公安情报工作具有的共同特点，构建一个基础平台，提供公用算法工具。各地可以在此基础上，结合自身实际和特点开发自身的软件和应用，有助于实现公安情报云功能的实战化和多样化。

(3) 通过情报云实现情报共享

公安情报云建成后，所有的情报线索都保存于云中，通过应用的设计就可以很方便地突破警种和地域的限制，实现情报的共享。

(4) 通过情报云实现资源整合

云计算的本质就是要把一切资源汇集到云中，用户只需通过某种设备接入云中即可。借助于情报云,各种服务器、网络设备等都能轻易整合到一起,从而大大提高工作效率、降低在购买硬件上的投入。

(5) 公安情报云的总体设计

由于是平台即服务的模式,所以公安情报云要侧重于基础工具的提供和打造,划分为4个部分,如图6-16所示。

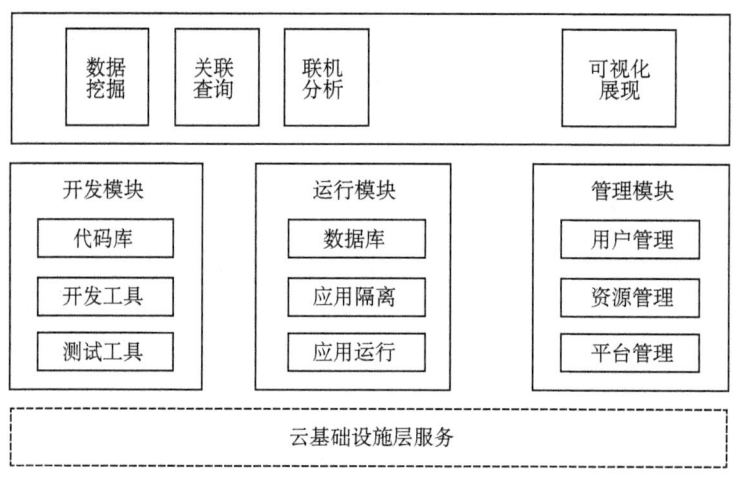

图6-16 公安情报云(PaaS)架构设计

这套架构主要可分为四层:其中有三层是横向的,分别是显示层、中间件层和基础设施层,通过这三层技术能够提供丰富的云计算能力和友好的用户界面,还有一层是纵向的,称为管理层,是为了更好地管理和维护横向的三层而存在的,如图6-17所示。

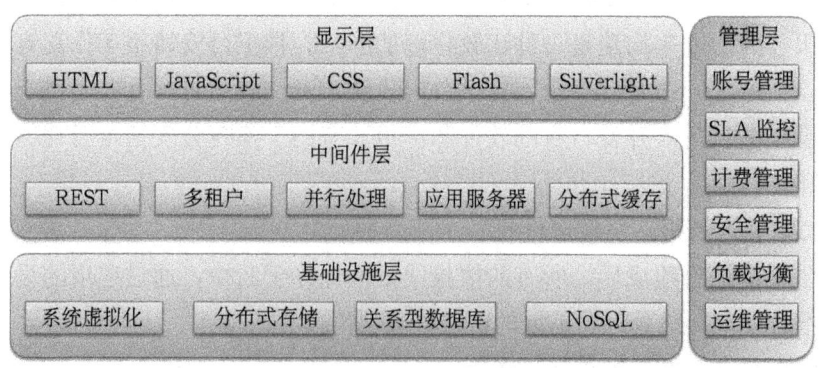

图6-17 云计算的架构

1）显示层

显示层主要是用于以友好的方式展现用户所需的内容，并会利用到下面中间件层提供的多种服务，主要有5种技术：HTML、JavaScript、CSS、Flash、Silvertight。其中：

CSS，主要用于控制 Web 页面的外观，而且能使页面的内容与其表现形式之间实现分离。

Flash，常用的 RIA（RichInternet Applications）技术，能够在现阶段提供 HTML 等技术所无法提供的基于 Web 的富应用，而且在用户体验方面效果良好。

Silverlight，来自微软的 RIA 技术，虽然其现在市场占有率稍逊于 Flash，但由于其可以使用 C# 来进行编程，所以对开发者非常友好。

在显示层，大多数云计算产品都比较倾向 HTML、JavaScript 和 CSS 组合，但是 Flash 和 Silverlight 等 RIA 技术也有一定的用武之地，例如，VMware vCloud 就采用了基于 Flash 的 Flex 技术，而微软的云计算产品也会在今后使用到 Silverlight。

2）中间件层

中间件层是承上启下的，它在下面的基础设施层所提供资源的基础上提供了多种服务，如缓存服务和 REST 服务等，而且这些服务既可用于支撑显示层，又可以直接让用户调用。中间件层主要有5种技术：REST、多租户、并行处理、应用服务器和分布式缓存。

3）基础设施层

基础设施层作用是为给上面的中间件层或者用户准备其所需的计算和存储等资源，主要有以下4种技术。

系统虚拟化：也可以将它理解为基础设施层的"多租户"。因为通过虚拟化技术，能够在一个物理服务器上生成多个虚拟机，并且能在这些虚拟机之间实现全面的隔离。这样不仅能降低服务器的购置成本，而且还能同时降低服务器的运维成本，成熟的 X86 虚拟化技术有 VMware 的 ESX 和开源的 Xen。

分布式存储：为了承载海量的数据，同时也要保证这些数据的可管理性，需要一整套分布式的存储系统。

关系型数据库：基本是在原有的关系型数据库基础上做了扩展和管理等方面的优化，使其在云中更适应。

NoSQL：为了满足一些关系型数据库所无法满足的目标，如支撑海量的数据等，一些公司特地设计了一批不是基于关系模型的数据库，如 Google 的

BigTable 和 Facebook 的 Cassandra 等。

4）管理层

管理层是为横向的三层服务的，并给这三层提供多种管理和维护等方面的技术，主要有下面 6 个方面。

账号管理：通过良好的账号管理技术，能够在安全的条件下方便用户登录，并方便管理员对账号的管理。

SLA（Service Level Agreement）监控：对各个层次运行的虚拟机、服务和应用等进行性能方面的监控，以使它们都能在满足预先设定的 SLA 的情况下运行。

计费管理：也就是对每个用户所消耗的资源等进行统计，来准确地向用户索取费用。

安全管理：对数据、应用和账号等 IT 资源采取全面保护，使其免受犯罪分子和恶意程序的侵害。

负载均衡：通过将流量分发给一个应用或者服务的多个实例来应对突发情况。

运维管理：主要是使运维操作尽可能的专业和自动化，从而降低云计算中心的运维成本。

6.2.7 存在问题

公安情报云利用基础设施，形成合理、有效的开发、运行和管理 3 个模块，以这 3 个模块为基础，进行公安情报工作中需要的方法、工具的开发，形成工具模块。在此平台的基础上，用户可以根据提供的基础工具进行应用的设计，最终实现情报信息系统的开发。云计算的出现和成熟，为公安情报信息平台建设提供了新的思路和方法。情报信息平台建设中遇到的数据整合、资源共享等问题都可以通过云计算获取很好的解决。尽管云计算模式具有许多优点，但是也存在着一些问题，如数据隐私问题、安全问题、软件许可证问题、网络传输问题等。

①数据隐私问题。如何保证存放在云服务提供商的数据隐私，不被非法利用，不仅需要技术的改进，也需要法律的进一步完善。

②数据安全性。有些数据是企业的商业机密，数据的安全性关系到企业的生存和发展。云计算数据的安全性问题解决不了会影响云计算在企业中的应用。

③用户使用习惯。如何改变用户的使用习惯，使用户适应网络化的软硬件应用是长期而艰巨的挑战。

④网络传输问题。云计算服务依赖网络，目前网速低且不稳定，使云应用的性能不高。云计算的普及依赖网络技术的发展。

目前相关研究还不够深入，为了真正将云计算的思路和方法应用到公安情报信息平台的建设中，还需要持续做大量的研究，而且这也是形势所需。

6.3 搜索引擎技术

面对浩如烟海的各类信息，如何快速检索到自己最需要的信息？搜索引擎给了我们最好的选择。搜索引擎出现虽然只有十几年的历史，但在 Web 上已经有了确定不移的地位。据 CNNIC 统计，搜索引擎已经成为继电子邮件之后的第二大 Web 应用。

6.3.1 公安搜索引擎

"搜索引擎"这个术语一般统指真正意义上的搜索引擎（也就是全文检索搜索引擎）和目录（即目录式分类搜索引擎），其实它们是不一样的，其区别主要在于返回的搜索结果列表是如何编排的。以公安信息网为平台，组织情报信息的收集、处理、交流，是各级公安机关全面、及时掌握情报信息，研究情报，科学地制定战略、战术决策，实现情报引导警务的需要。公安搜索引擎自 2005 年问世以来，为便捷、有效地获取公安网上情报信息，辅助情报研判，开展公安情报工作，发挥了重要作用，开创了公安网络情报工作的新天地，拓宽了公安情报学的领域。公安搜索引擎是重要的公安网络情报信息资源，是开展公安网络情报收集的重要手段。

公安搜索引擎的基本任务是：发现公安信息网中的网站，搜集网站中的网页信息，建立公安网页信息资源库，将分散的网页信息整合为公安部集中管理的公安网页信息资源，为全国公安民警提供检索。主要任务有以下几个。

①提供对公安网页信息资源的开放手段，以便公安部情报信息平台和其他情报信息系统使用网页信息，研判公安情报。

②提供对公安网络情报信息的查找手段，以便全国公安情报人员直接获取公安网上的情报信息。

③提供对公安情报网站的导航手段，以便全国公安情报人员到相关网站、

栏目查找情报信息。

④提供对公安情报信息的筛选和关联手段,以便辅助全国公安情报人员研判公安情报。

⑤提供对公安网站、网页的管理手段,以便组织公安网络情报信息资源的开发、利用。

公安信息网按照互联网规则构建,各地对情报信息源的规划管理、情报信息的发布与维护具有很强的自主性和随意性。网上情报信息处于无序状态,对查找情报信息带来极大的不便,花费人力多、时间长,得到的信息少,而且网上信息越多,查询越难,限制了情报信息电子化、网络化应用。利用公安搜索引擎,对网上原始信息进行加工,使得查找情报信息方便了很多,投入很少人力,在极短的时间内,就可以查到大量信息。但是,网上信息的无序状态,使得搜索引擎难以准确地提供情报信息。为了便于准确、快速地查询网上信息,公安部制定了网页监察手段,不但有益于促进网页设计标准施行,改善网上信息无序状态,而且有益于构建公安网络情报信息链。

在公安网上组织情报信息的生产、交流、利用,创造比较有序的网上情报信息环境,应抓住6个环节,即情报信息的产生、发布、搜集、处理、存储、检索,如图6-18所示。这6个环节环环相扣,构成公安网络情报信息链。抓住信息链的3个规范化,即源头信息电子化、搜索引擎智能化、管理工作制度化。源头信息电子化就是组织全国公安民警,按照标准格式将源头情报信息制作成电子文档或其他多媒体格式;搜索引擎智能化就是按照标准的信息格式,自动、可靠、高效地搜集、处理、检索网页情报信息;管理工作制度化就是对网页产生、发布、搜集、处理、存储和检索等6个环节协调管理工作的规章制度。

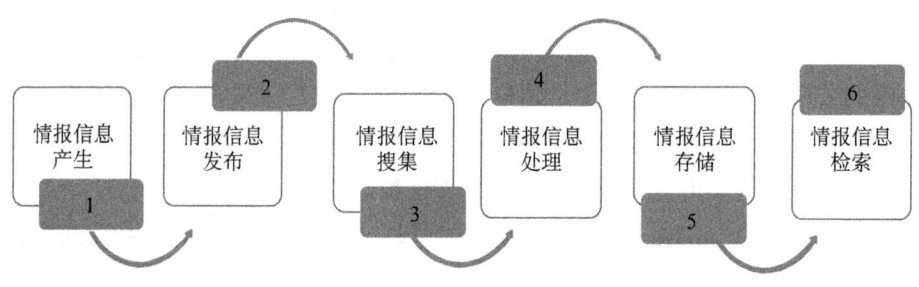

图6-18 情报信息的处理流程

(1) 目录

目录（如 Yahoo!）返回的列表是由人工来编排的。这类引擎提供了一份人工按类别编排的网站目录，各类下边排列着属于这一类别的网站的站名和网址链接，再记录一些摘要信息，对该网站进行概述性介绍（摘要可能是你提交过去的，也可以是引擎站点的编辑为站点所做的评价）。这类引擎往往还伴有网站查询功能，也称之为网站检索，即提供一个文字输入框和一个按钮。我们可以在文字框中输入要查找的字、词或短语，再点击按钮，便会在目录中查找相关的站名、网址和内容提要，将查到的内容列表送过来。

(2) 搜索引擎

搜索引擎看起来与目录的网站查询非常相似，也提供一个文字输入框和按钮，使用方法也相同，而且有些也提供分类目录，但两者却有本质上的区别。目录的资料库中，搜集保存的是各网站的站名、网址和内容提要；搜索引擎的资料库中，搜集保存的则是各网站的每一个网页的全部内容，范围要大得多。

搜索引擎是以全文检索的方式工作的。全文检索查到的结果不是站名、网址和内容提要，而是与你输入的关键词相关的一个个网页的地址和一小段文字。在这段文字中，可能没有你输入的那个关键词，它只是某一网页的第一段话，甚至是一段无法看懂的标记，但在这个网页中，一定有你所输入的那个关键词或者相关的词汇。

(3) 两者相结合的搜索引擎

某些搜索引擎同时也提供目录。包含在搜索引擎中的目录通常质量比较高，也能从那里找到许多好站点。因为即使把你的站点提交过去，也并不能保证一定被加到目录中去，它们把注意力放在那些已经在别的目录中存在的站点上，并有选择地寻找有吸引力的站点加到自己的目录中。按照信息搜集方法和服务提供方式的不同，搜索引擎系统可以分为以下三大类。

① 目录式搜索引擎。以人工方式或半自动方式搜集信息，由编辑员查看信息之后，人工形成信息摘要，并将信息置于事先确定的分类框架中。信息大多面向网站，提供目录浏览服务和直接检索服务。该类搜索引擎因为加入了人的智能，所以信息准确、导航质量高，缺点是需要人工介入、维护量大、信息量少、信息更新不及时。

② 机器人搜索引擎。由一个称为蜘蛛（Spider）的机器人程序以某种策略自动地在互联网中搜集和发现信息，由索引器为搜集到的信息建立索引，由检索器根据用户的查询输入检索索引库，并将查询结果返回给用户。服务方

式是面向网页的全文检索服务。该类搜索引擎的优点是信息量大、更新及时、无须人工干预，缺点是返回信息过多，有很多无关信息，用户必须从结果中进行筛选。

③元搜索引擎。这类搜索引擎没有自己的数据，而是将用户的查询请求同时向多个搜索引擎递交，将返回的结果进行重复排除、重新排序等处理后，作为自己的结果返回给用户。服务方式为面向网页的全文检索。这类搜索引擎的优点是返回结果的信息量更大、更全，缺点是不能够充分发挥所使用搜索引擎的功能，用户需要做更多的筛选。

6.3.2 主要技术

一个搜索引擎由搜索器、索引器、检索器和用户接口等 4 个部分组成。

(1) 搜索器

搜索器的功能是在互联网中漫游，发现和搜集信息。它常常是一个计算机程序，日夜不停地运行。它要尽可能多、尽可能快地搜集各种类型的新信息，同时因为互联网上的信息更新很快，所以还要定期更新已经搜集过的旧信息，以避免死连接和无效连接。目前，有两种搜集信息的策略：从一个起始 URL 集合开始，顺着这些 URL 中的超链（Hyperlink），以宽度优先、深度优先或启发式方式循环地在互联网中发现信息。这些起始 URL 可以是任意的 URL，但常常是一些非常流行、包含很多链接的站点。将 Web 空间按照域名、IP 地址或国家域名划分，每个搜索器负责一个子空间的穷尽搜索。搜索器搜集的信息类型多种多样，包括 HTML、XML、Newsgroup 文章、FTP 文件、字处理文档、多媒体信息。搜索器的实现常常用分布式、并行计算技术，以提高信息发现和更新的速度。商业搜索引擎的信息发现可以达到每天几百万网页。

(2) 索引器

索引器的功能是理解搜索器所搜索的信息，从中抽取出索引项，用于表示文档及生成文档库的索引表。索引项有客观索引项和内容索引项两种：客观索引项与文档的语意内容无关，如作者名、URL、更新时间、编码、长度、链接流行度等；内容索引项是用来反映文档内容的，如关键词及其权重、短语、单字等。内容索引项可以分为单索引项和多索引项（或称短语索引项）两种。单索引项对于英文来讲是英语单词，比较容易提取，因为单词之间有天然的分隔符（空格）；对于中文等连续书写的语言，必须进行词语的切分。在搜索引擎中，一般要给单索引项赋予一个权值，以表示该索引项对文档的区分度，同时用来计算查询结果的相关度。使用的方法一般有统计法、信息论法和概率法。短语索引项的提取方法有统计法、概率法和语言学法。索引表一般使用某种形式的倒排表，即由索引项查找相应的文档。索引表也可能要记录索引项在文档中出现的位置，以便检索器计算索引项之间的相邻或接近关系。

索引器可以使用集中式索引算法或分布式索引算法。当数据量很大时，必须实现即时索引，否则不能够跟上信息量急剧增加的速度。索引算法对索引器的性能（如大规模峰值查询时的响应速度）有很大的影响。一个搜索引擎的有效性在很大程度上取决于索引的质量。

(3) 检索器

检索器的功能是根据用户的查询在索引库中快速检出文档，进行文档与查询的相关度评价，对将要输出的结果进行排序，并实现某种用户相关性反馈机制。检索器常用的信息检索模型有集合理论模型、代数模型、概率模型和混合模型 4 种。

(4) 用户接口

用户接口的作用是输入用户查询、显示查询结果、提供用户相关性反馈机制。主要的目的是方便用户使用搜索引擎，高效率、多方式地从搜索引擎中得到有效、及时的信息。用户接口的设计和实现使用人机交互的理论和方法，以充分适应人类的思维习惯。用户输入接口可以分为简单接口和复杂接口两种：简单接口只提供用户输入查询串的文本框；复杂接口可以让用户对查询进行限制，如逻辑运算（与、或、非、+、-），相近关系（相邻、NEAR），域名范围（如 .edu、.com），出现位置（如标题、内容），信息时间、长度等。目前一些公司和机构正在考虑制定查询选项的标准。

搜索引擎并不真正搜索互联网，实际上它搜索的是预先整理好的网页索引数据库。搜索引擎，也不能真正理解网页上的内容，它只能机械地匹配网页上的文字。真正意义上的搜索引擎，通常指的是收集了互联网上几千万到几十亿个网页，并对网页中的每一个文字（即关键词）进行索引，建立索引数据库的全文搜索引擎。当用户查找某个关键词的时候，所有在页面内容中包含了该关键词的网页都将作为搜索结果被搜出来。经过复杂的算法进行排序后，这些结果将按照与搜索关键词的相关度高低，依次排列。

现在的搜索引擎已普遍使用超链分析技术，除了分析索引网页本身的文字，还分析索引所有指向该网页的链接的 URL、AnchorText，甚至链接周围的文字。所以，有时候即使网页 A 中并没有某个词比如"恶魔撒旦"，但如果有网页 B 用链接"恶魔撒旦"指向网页 A，那么用户搜索"恶魔撒旦"时也能找到网页 A。如果有越多网页（C、D、E、F……）用名为"恶魔撒旦"的链接指向网页 A，或者给出这个链接的源网页（B、C、D、E、F……）越优秀，那么网页 A 在用户搜索"恶魔撒旦"时也会被认为更相关，排序也会更靠前。

6.3.3 基本原理

搜索引擎的原理可以看作以下三步。

(1) 从互联网上抓取网页

利用能够从互联网上自动收集网页的 Spider 系统程序，自动访问互联网，并沿着任何网页中的所有 URL 爬到其他网页，重复这个过程，并把爬过的所有网页收集回来。

(2) 建立索引数据库

由分析索引系统程序对收集回来的网页进行分析，提取相关网页信息（包括网页所在 URL、编码类型、页面内容包含的所有关键词、关键词位置、生成时间、大小、与其他网页的链接关系等），根据一定的相关度算法进行大量复杂计算，得到每一个网页针对页面文字中及超链中每一个关键词的相关度（或重要性），然后用这些相关信息建立网页索引数据库。

(3) 在索引数据库中搜索排序

当用户输入关键词搜索后，由搜索系统程序从网页索引数据库中找到符合该关键词的所有相关网页。因为所有相关网页针对该关键词的相关度早已算好，所以只需按照现成的相关度数值排序，相关度越高，排名越靠前。最后，由页面生成系统将搜索结果的链接地址和页面内容摘要等内容组织起来，并返回给用户。

搜索引擎的爬虫（Spider 程序）一般要定期重新访问所有网页（各搜索引擎的周期不同，可能是几天、几周或几月，也可能对不同重要性的网页有不同的更新频率），更新网页索引数据库，以反映出网页文字的更新情况，增加新的网页信息，去除死链接，并根据网页文字和链接关系的变化重新排序。这样，网页的具体文字变化情况就会反映到用户查询的结果中。

互联网信息量及信息种类在不断增加，例如，除了我们前面提到的网页和文件，还有新闻组、论坛、专业数据库等。同时，上网的人数也在不断增加，网民的成分也在发生变化。一个搜索引擎要覆盖所有的网上信息查找需求已出现困难，因此，各种主题搜索引擎、个性化搜索引擎、问答式搜索引擎等纷纷兴起。

6.3.4 技术架构

网络舆情信息是指存在于网络中的，以文字为载体的新闻和评论性的文本，其存在形式有 Web 网页中的新闻评论、论坛留言板中的帖子和回复、博客中的记录和留言等。如何自动识别、下载网络中的文本，并对下载的文本进行数据清洗、非标准编码到标准代码的转换等，是智能搜索的首要内容。敏感话题涉及的范围广泛，涵盖了思想政治问题、宗教问题、经济问题、社会问题、文化问题等诸多方面，大多敏感话题一经出现就会给网民带来不好的影响，有些敏感话题甚至会引起网民的关注，造成广泛传播，进而产生巨大的舆论压力。为了使这种消极因素在第一时间就能得到控制，及时发现敏感话题是先决条件。如何识别网络敏感话题，是智能搜索的重要内容。观点研判是指对表达者所持观点倾向的判断（如褒扬、贬低）、采取的立场判断（如正面立场、负面立场）、表达的态度判断（如积极、消极等）。该研究内容为后期定量预测网络舆情的走向、趋势、规模等奠定了基础，因此是研究的重要内容。

（1）自动获取网络网页和数据预处理

自动获取网页和数据预处理的基本思路如图 6-19 所示。

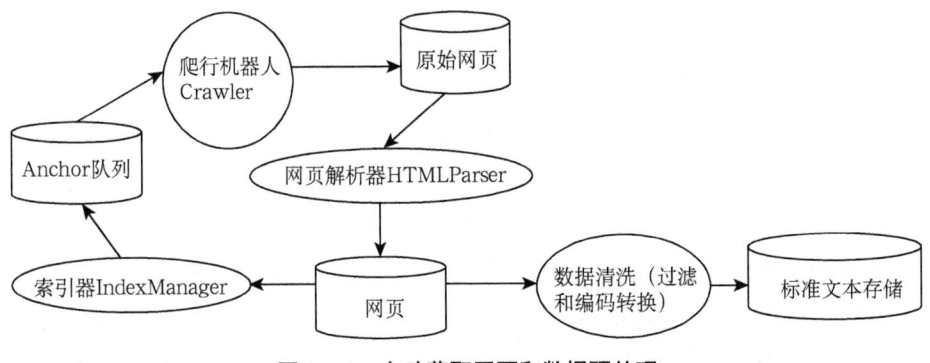

图 6-19 自动获取网页和数据预处理

由爬行机器人 Crawler 在网络上进行爬行，将抓取到的原始网页存储；网页解析器 HTMLParser 对爬行机器人所存储的原始网页进行解析，并存储解析结果；索引器 IndexManager 将解析后的网页中的内嵌 URL 超链进行整理、索引，加入到 Anchor 队列，供爬行机器人 Crawler 继续爬行。爬行机器人 Crawler、网页解析器 HTMLPrser 和索引器 IndexManage 三者构成了一个相互依附的循环工作链，相互影响、相互制约：爬行机器人 Crawler 向网页解析器 HTMLParser 提供网页，网页解析器 HTMLParser 向索引器 IndexManager 提供无序的新 URL 超链，而索引器 IndexManager 向爬行机器人 Crawler 提供有序的 Anchor 队列。获得的网页解析结果并不能够被直接使用，要对其进行数据清洗，即要过滤网页的图片、视频、表格等非文本信息，获得文本。同时，由于现行网络中编码五花八门、很不规范，因此还要对文本的非标准代码进行标准代码转换工作，最终得到可用的文本数据。

（2）敏感话题的识别

利用聚类算法将存储的文本聚类，得到初步的候选话题，候选话题经过优化识别后，得到最终的多个话题。利用敏感词汇库中的敏感词汇，对话题进行匹配，根据匹配程度来确定敏感话题，如图 6-20 所示。

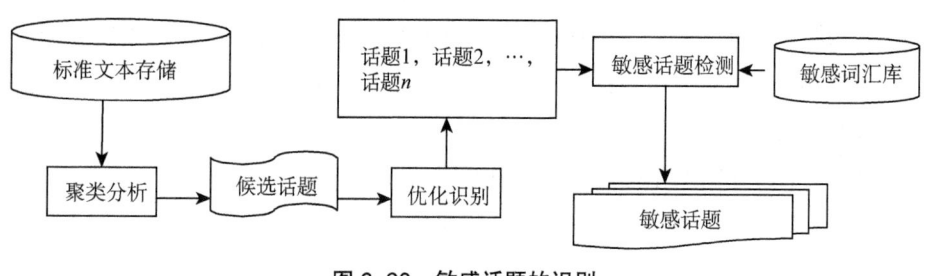

图 6-20　敏感话题的识别

（3）观点研判

确定了敏感话题后，要判别这些话题的观点、立场、态度、煽动情绪等（图 6-21）。需要事先准备好的观点训练数据、情感词汇集、程度副词集、否定搭配结构规则、正面立场词汇集合、反面立场词汇集合等基础数据。对一个话题文本，通过文本的表示、特征提取，再使用分类方法来判别该话题文本的观点倾向、立场是正面还是反面、积极还是消极。从计算语言学的角度，分析了观点态度表达特征，总结了感叹词的语法特征规则，形容词的语法特征（减弱、加强等）规则，语气语法规则，肯定、否定表达等 20 余个大规则集；搜集了褒义、贬义词汇集合和相应的词干集合。研究将进一步扩大规则集和词汇集合，利用计算语言学技术进行观点研判。

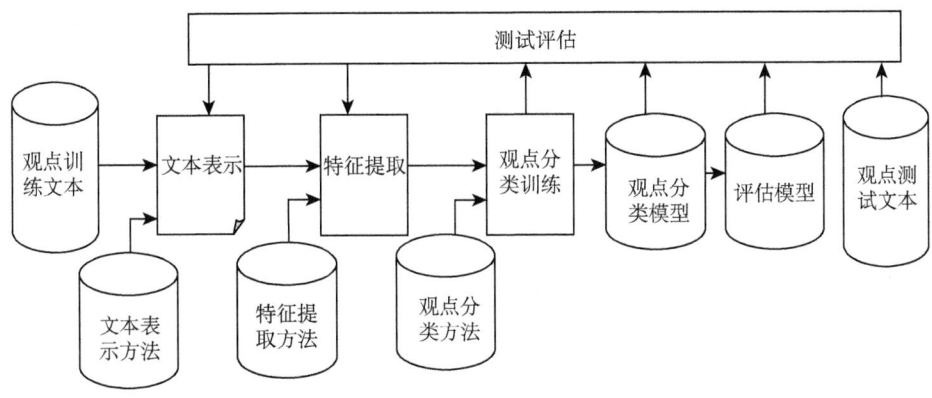

图 6-21 文本的观点研判过程

现实的敏感话题中的敏感词多是以变形、伪装的形式出现，其目的就是要避开监控软件的扫描。如何充分依据文字的特点，识别变形和伪装敏感词，从而对敏感话题进行识别？从计算语言学的角度，将首次建立文本情感数据训练集，情感基准词集、程度副词集和否定词集，情感语义模式集（形容词、副词、否定词的搭配关系规则集，反问句式规则集等），并在这些规则集的基础上，研究得出的观点研判方法和适合语义特点的网络舆情信息自动处理及分析的完整方法。

6.4 移动警务建设

随着我国政治、经济、文化等各方面的飞速发展，目前的公安工作任务已经较以前有了很大的扩展和变化，对公安工作也提出了更高的要求。一线干警外出执勤时，常常需要实时与公安数据中心交换信息，对在逃人员、被抢车辆、车辆信息、人口信息、警务信息、公共信息等进行迅速查询和数据采集，随时随地获得公安业务信息的支持，并随时随地获取预警信息并告知公安中心。与此同时，随着通信技术的迅猛发展，手机、PDA（Personal Digital Assistant）等移动数字终端设备已经普及，在移动中获取信息的需求也越来越受到人们的重视。安全、方便、高效率、低成本地实现实时信息接收和处理已成为可能。在此基础上，如何实现与现有公安系统之间的无缝集成，为公安业务提供切实有效的管理手段，已成为科技强警的一个迫切的任务。

采用先进的无线通信网络和手持设备是科技强警的一个崭新和重要的应用。公安部已经将移动警务系统建设列入"金盾工程"项目中，成为"金盾工程"

的重要组成部分。因此，建设移动警务系统成为"金盾工程"下一步发展的必然选择和新的亮点，并成为充分发挥"金盾工程"作用的重要手段。计算机技术、无线通信技术、移动平台技术结合起来，对基于移动手机平台的移动警务系统进行应用研究。基于 Android 移动平台，通过无线网络交换数据，在公安业务审批、网上追逃、数据查询、打击和预防犯罪等公安工作中具有重要的意义和重大的应用价值。通过应用系统的研究与开发，将大大方便一线干警的工作需求，顺应时代发展的需要；进一步扩展、增强和完善公安信息系统，充分利用公安信息资源，减轻一线民警工作负担，提高工作效率；主管领导可以利用本系统随时随地进行业务审批，大大提高警综平台的工作效率；将有效防范各种违法犯罪活动和打击各类违法犯罪分子，更加有效地保障人民的生命财产安全；拓展了公安系统在无线领域的应用，成为科技强警一个崭新而重要的应用。

6.4.1 发展概况

计算机技术和无线通信技术的发展与结合，使得一种全新的计算环境——移动计算成为现实。在移动计算环境中，人们在任何时间、任何地点能够访问自己所需要的信息。移动计算被认为是对未来最有影响的技术方向之一。移动计算环境具有移动、网络断接频繁、网络条件多样、网络通信非对称、移动计算部件电源容量有限、可靠性低、伸缩性高等特点。研究支持移动计算环境的分布式数据库技术，也就是移动数据库技术，已成为目前分布式数据库技术研究的一个重要方向，并在越来越多的领域中发挥重要作用，成为数据库家族中的一个新的研究热点。在发达国家，移动数据已在警察的日常工作中得到普遍的应用。以城市为中心的警务移动应用信息系统已经构建，移动数据终端可以随时随地完成照片、指纹、车牌对比及收发指令等一系列工作。在国内，公安系统被列为全国 12 大信息系统建设项目之一。基于移动环境和 J2EE 体系结构的移动警务信息系统是国内出现的一个较完整的在移动警务中应用的系统。因此，建设公安信息移动警务系统成为"金盾工程"下一步发展的必然选择和新的亮点，成为充分发挥"金盾工程"作用的重要手段。

6.4.2 主要内容

移动警务系统一共分为 4 个模块。

(1) 登录系统——权限控制，使合法用户可以登录本系统

自动登录设置，用户管理（添加用户、修改用户、查询用户，删除用户）根据一线民警和分县局领导办公需求，可将功能分为系统登录类、系统配置类、查询类、业务审批类。其中，登录类功能主要是用户在使用系统之前要登录系统，通过身份认证，以免非法用户使用系统数据；系统配置类是设置系统登录信息的功能窗口。

(2) 信息查询——从人口、驾照、犯罪信息角度查询相关信息

查询类功能包括车辆查询、驾驶员查询、网上追逃查询、人口信息查询等，查询功能是根据移动终端的要求获取后台数据库数据的功能。

①人员信息查询：可对常住人口、流动人员等信息查询；

②驾照信息查询：可对身份证件、军人证件、学生证件等信息查询；

③犯罪信息查询：可对犯罪人员、在逃人员等信息查询。

(3) 业务审批——主管领导通过终端实时完成警综平台业务审批

业务审批类功能包括案件审批、人员处理。业务审批是指分县局领导在离开办公场所后通过移动终端，对警综平台需要办理的审批事项进行审批，实现随时随地办公。当在外工作的分县局领导打开"警务通"并登录系统，在系统功能列表处选择业务审批功能，进入业务审批界面，输入审批信息，通过 GPRS/CDMA 网络向信息中心移动应用服务平台的应用服务中间件提交信息；应用服务中间件向数据库服务器查询待审批信息，并将该审批信息反馈到客户端；再由分县局领导将处理结果填写到警综平台信息列表中提交给服务器；最后，服务器将处理结果信息添加到后台数据库中。

(4) 系统设置——对整个系统进行设置

移动警务系统功能如图 6-22 所示。

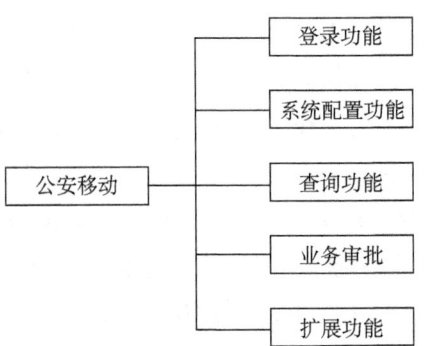

图 6-22　移动警务系统功能

6.4.3 关键技术

由于公安信息移动警务系统跨无线移动平台、互联网平台、公安信息专网平台等三大平台，涉及多种类型的数据库和数据文件，在保证数据同步、快速查询、业务审批的同时，还要保证公安信息数据的安全性，因此，需要系统有较高的技术支持。移动警务拓扑如图 6-23 所示，系统采用信息加密的方法保证系统数据的安全性和高效性。

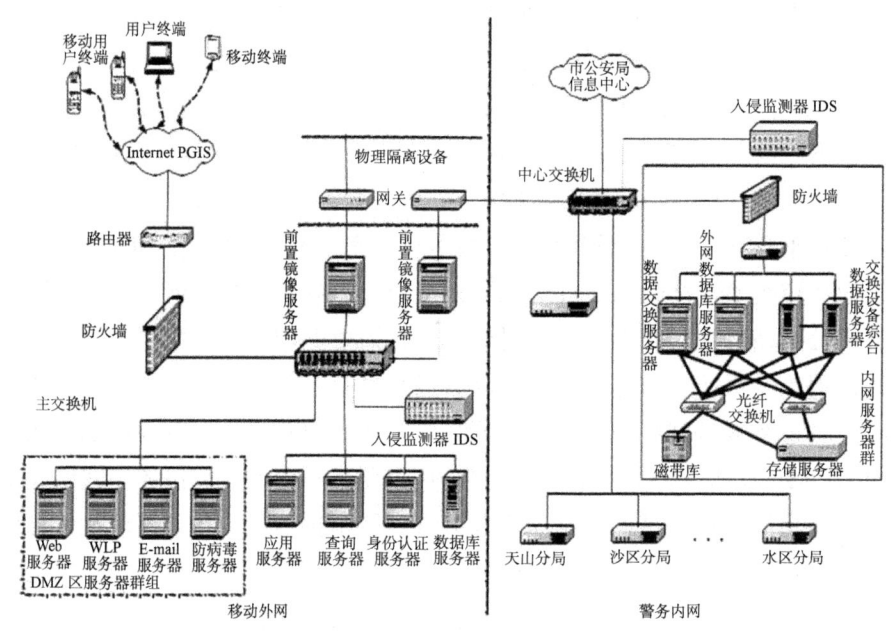

图 6-23　移动警务拓扑

① 设计一种适合无线移动警务系统的数据信息传输解决方案。系统选用移动 3G 传输体系及基于 XML 的数据交换技术，整合异构数据，同时还采用了数据审计和校验技术，确保数据能够在网络中方便可靠传输。

② 利用中间件技术，为一线干警研制实时与公安数据中心交换数据的 C/S 结构公安无线移动警务系统。使一线干警可以随时随地取得所需要的有效资料，分县局领导完成业务审批，以及可以向公安数据服务中心传送数据，并在 PDA 实物环境下验证系统的功能和性能要求。

③ 采用内外网安全隔离技术，在正常数据交换和传输的情况下，确保公安信息专网和公共信息网在物理上的完全隔离。

④提出一种适用于无线网络通信的加密算法。加密算法需求存储空间小、运算速度快、带宽需求低、密钥管理方便。将该算法应用于公安综合移动警务系统的安全保障中，既能快速地进行数据加解密，又能很好地解决密钥分配问题，同时也可以很好地完成数字签名功能。

⑤对公安信息移动警务系统软件进行综合测试，保证软件的稳定性与有效性。

6.4.4 技术路线

系统采用 C/S 架构，是跨无线移动平台、互联网平台、公安专网平台、警综平台的信息管理系统。它以 GPRS 或 CDMA1X 移动运营商网络为基础，以 GPRS 或 CDMA 数据传输为媒介，支持手机数据、笔记本、PDA 等无线终端设备，建立在网络三层式架构上。

（1）移动终端应用层

该层负责为移动终端提供系统的用户界面、数据采集、数据交换。作为系统的客户端，其应用程序基于 Android 平台，分别对监听模块、接收模块、发送模块、数据拆包模块、数据打包模块、查询模块、加解密模块、审批模块进行开发和实现，如图 6-24 所示。

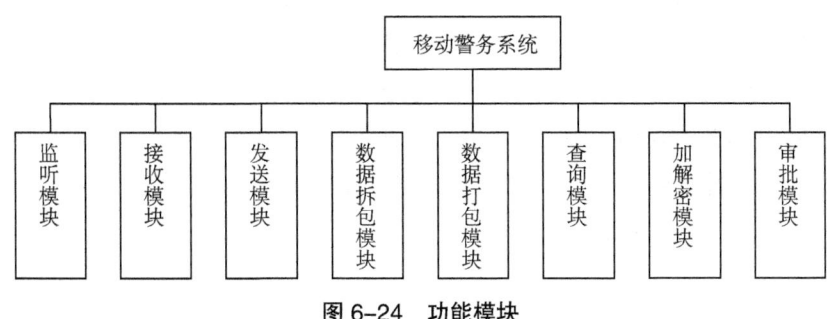

图 6-24　功能模块

为了提高用户信息界面的扩充性与多样化，将 I/O 模块独立设计，为了以后的更新，将一些常用的数据信息存储在本地数据库中，以方便用户减少和服务器的交换次数，同时可以节省流量和费用。在网络连接部分，独立网络传输模块提供 Socket 连接的建立与撤销，实现与服务器的通信。

（2）移动应用服务平台

包括移动应用服务及其相关的支持平台，如应用服务中间件和数据库服务器等，所有的移动终端请求都将通过此处的移动应用服务得到处理和响应。应用服务中间件为 C# 程序设计。

由监听模块负责监听客户端的服务请求，并提供将来其他服务功能的扩充。该接口实现与公安和移动通信网络的接入，同时实现将移动终端发送的请求传递给业务处理模块，并将业务处理模块反馈数据包，通过无线网络传递给移动终端。由业务处理模块完成用户有效性的验证及提供客户端响应的数据服务请求。该模块通过网络安全隔离设备实现与监听服务接口的透明连接，并通过公安网建立一套身份认证机制实现用户身份认证；另外，对服务接口传送过来的用户请求做相应的处理后发送至 I/O 模块，并将 I/O 模块返回的信息及数据反馈给服务接口，同时将用户操作情况通过 I/O 模块写到日志中。I/O 模块负责连接业务处理模块所需数据所在的后台数据库，完成数据的查询与更新，并将客户使用情况写入系统数据库中。该模块提供了对业务处理模块的运行日志、用户访问日志、系统管理日志等的记载、查询等接口，并提供警务系统的数据接口，完成用户请求对公安内网数据信息的查询、更新等数据业务操作，同时实现数据库的实时更新。系统数据库将采用 Oracle10i 数据库系统，保证数据的高容量和高安全性。

（3）系统安全

系统由密码设备、证书、注册机构、证书授权机构、目录服务器、安全服务接口组成。系统是 PKI/PMI 体制在移动警务系统中的具体实现，利用网络平台、通信技术的支持为上层的业务应用系统提供安全服务，保障系统的安全性。在 PKI/PMI 提供的框架中，各种各样的构件、应用、策略等组合起来为网络应用提供认证、访问控制、服务权限的大小设置等服务。

第 7 章　大数据情报分析及实战应用

随着涉及电子证据案件的不断增多及数据存储规模的不断扩大，为取证目的而收集的电子数据越来越大。因此，如何确立重点调查范围和异常行为特征，以便充分利用现有资源在重点范围内发掘有效的情报和线索，为精确打击犯罪提供导航。本书通过对传统调查分析方法和现有电子数据挖掘方法的结合，针对"从案到人"和"从人到案"的传统犯罪侦查模式提出两种电子数据分析模式：基于内容的分析模式和基于社会关系的分析模式，为信息化条件下的犯罪侦查提供新的思路和途径。

7.1　数据挖掘概述

当前，数据库技术已经从原始的数据处理发展到开发具有查询和事务处理能力的数据库管理系统。随着各种应用技术收集数据的爆炸性增长，进一步的发展导致越来越需要有效的数据分析和数据理解工具。目前，常用的电子数据分析目的主要是为了查明犯罪事实和发现犯罪线索，使用的方法比较初级。

①根据犯罪行为确定时间、技术分析人员、类型等限制性条件，从中缩小侦查范围；使用关键词或关键词组合，在已经获取的杂乱无章的数据文件中搜索、匹配目标文件，从中发现犯罪事实。

②根据已经获得的文件或数据的账号、密码、E-mail、IP 地址等，推断出其可能的手机号码、银行账号、关系人、网络特征等，从中发现犯罪线索。

③使用数据解密技术和密码破译技术，对被保护的聊天记录、电子邮件、加密压缩包等文件强行访问，从中发现犯罪内容。

当前，通过计算机和网络进行信息沟通已成为社会生活不可缺少的一部分，很多活动行为的证据或线索不再是以传统物证的方式存在，而是以数字形式存储在计算机或网络中。另外，随着手机、计算机、平板电脑等通信终端的多样化，以及即时通信工具、BBS、微博、电子邮件等网络应用的涌现，犯罪行为主体之间的通信联络方式多种多样，造成犯罪主体之间的通信行为轨迹分散，信息存在形式碎片化，对电子数据取证提出了更大的挑战。不难看出，现有电子数据分析技术存在以下几个方面的问题。

①大部分方法针对性比较强，但分析面较窄，缺乏面向不同的犯罪组织和多种犯罪类型的横向综合分析能力。

②取证中重要数据的发现、获取，提取的冗余、噪声数据较多，缺乏对大规模取证数据的整理和裁减从而确立重点调查范围的能力。

③使用搜索、查询、统计等常规手段，或是分析被收集数据证据间的关联，发现潜在犯罪规律的能力弱。

现有的电子数据分析取证模式，很难实现信息全面整合、深度综合分析、关联线索碰撞，对犯罪集团组织关系构造、批量的行为碰撞、虚拟身份聚类等侦查要求的处理效率较低。数据挖掘是一种应运而生的信息处理技术，主要是针对当前大规模数据库中的业务数据进行提取、变换、建模、分析和其他模型化处理，从大量、不完全的数据集中获取隐含在其中有用知识的高级过程。在公安工作中，犯罪数据挖掘可以描述为：以锁定犯罪嫌疑目标和发现情报线索为目的，对大量的电子数据进行探索和分析，揭示隐藏、未知或验证已知的规律性，并进一步将其转化为犯罪打击的方法。根据上文论述，犯罪现场勘查及实验室数据鉴定把电子数据作为取证目标，不断富集各类犯罪数据，在这些电子数据中分析挖掘犯罪行为规律成为可能。通过在公安专用网络上建设电子数据中心，为数据挖掘提供基础数据采集汇聚、关联分析支撑平台。通过各种数据关联分析模型，查明犯罪事实真相，挖掘犯罪线索，实现案件串并，解决传统取证模式下各取证节点的"线索孤岛"问题。

根据数据挖掘的定义，在侦查中电子数据具有查明真相和线索关联的功能。工作实践中，它同时强调：①由犯罪问题到数据挖掘问题的映射；②获取和理解数据；③识别和解决犯罪打击中的问题；④应用数据挖掘技术；⑤针对具体案例或犯罪侦查需求来解释数据挖掘结果；⑥使用和检验数据挖掘结果，确保行之有效。因此，数据挖掘有助于公安机关全面了解犯罪过程中的每一个关键环节，使其准确获悉"发生了什么"、"为什么发生"、"是什么人在违法犯罪"、"未来将如何发展"，从根本上帮助公安机关将电子取证中的海量数据转化成高价值的可获取信息，在可靠信息的处理基础上做出更有针对性的决策。

7.2 数据挖掘的过程和步骤

数据挖掘要求对实际的犯罪背景有深刻的了解,进行全面、细致的观察、调查、研究,掌握对象的各种信息,弄清实际对象的特征,明确挖掘的目的。电子数据的数据挖掘过程和步骤如图 7-1 所示。

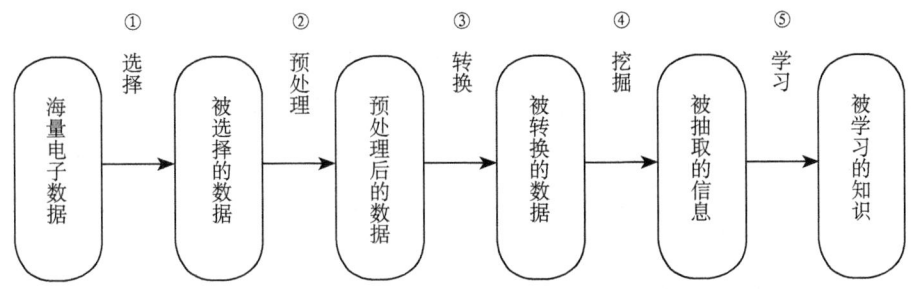

图 7-1 数据挖掘的基本过程和主要步骤

(1) 确定挖掘目标

清晰地定义出犯罪问题,认清数据挖掘目标是数据挖掘的重要第一步。挖掘的最后结果是不可预测的,但要解决的问题应是有预见的。可以使用侦查学、犯罪学、心理学方面的背景知识来指导目标的设定,并使得挖掘结果以简洁的模式表示。

(2) 数据准备

电子取证数据库、公安基础数据库、互联网数据库是犯罪侦查中常用的 3 类数据资源库,原始数据可以在其上进行集成、清理、选择和转换,建立统一的信息共享和数据一致性的平台,并满足技术分析人员以结构化查询语言(SQL) 方式进行查询。

①数据的选择。搜索所有的犯罪现场和实验室取证的数据源组合在一起,包括多个数据库、元数据或一般文件,从数据库中提取与分析任务相关的数据。

②数据的预处理。对数据进行相关分析、数据冲突和语义差异性检测,消除噪音或不一致数据。数据是数据挖掘的原始资料,取证所得的数据种类和结构复杂,为便于分析处理,需要处理孤立数据、缺损数据及重复数据等。

③数据的转换。将数据变换或统一成适合挖掘的形式,如汇总或聚集操作,将数据转换成一个适合犯罪侦查需要的分析模型。

(3) 数据挖掘

除了选择合适的挖掘算法外，其余一切工作都能自动地完成。

(4) 结果分析

解释并评估数据挖掘的结果，其使用的分析方法一般应根据操作方法而定。根据案件的情况，通常会用到可视化技术。

(5) 知识的学习

数据挖掘结果的表示和显示，使用可视化和知识表示技术，向技术分析人员提供挖掘的知识，使得知识易于理解，能够直接被人使用。

如何确立重点调查范围和发现潜在的异常行为，是电子数据分析研究中亟待解决的重要问题。犯罪侦查过程中，由于很难准确地知道在电子数据中能发现什么，数据挖掘过程应当是交互的。对于包含大量数据的数据库，应当使用适当的选样技术，在工作实践中应进行反复测试和优化。

犯罪活动是社会活动的一个缩影，涉及的电子数据包含复杂的数据对象、超文本和多媒体数据、空间数据、时间数据或事务数据。由于数据类型的多样性和数据挖掘的目标不同，指望一个系统挖掘所有类型的数据是不现实的。为挖掘特定类型的数据，应当构造特定的数据挖掘系统。因此，对于不同类型的数据和犯罪背景，我们使用不同的数据挖掘系统，通过不同的分析软件的工具支持，以准确获取事实真相和规律知识。

例如，公安机关侦查洗钱和其他金融犯罪，重要的一点是要把多个数据库的信息（如银行交易数据库、公安机关的公民身份信息数据库、犯罪基础数据库等）集成起来，只要这些数据库是与侦查工作有关的。然后，可以采用多种数据分析工具来找出异常模式，如在某段时间内某人或某些人发生关系犯罪的异常现金流量等。使用的工具包括数据可视化工具（用图形的方式显示一定人群在某个时间范围内的交易活动）、链接分析工具（识别不同人和活动之间的联系）、分类工具（滤掉不相关的属性，对高度相关联的属性排序）、聚类分析工具（将不同的案例分组）、孤立点分析工具（探测异常的资金转移或其他行为）、序列模式分析工具（分析异常的查询访问特征）。这些工具可以识别出一些重要的犯罪活动关系，有助于侦查人员识别可疑线索，采取进一步的侦查措施。

在长期的实践中，公安机关形成了"从案到人"和"从人到案"两种传统的犯罪侦查模式。前者指公安机关只知道犯罪案件发生，而不知道谁是犯罪嫌疑人的案件，所以从已知的犯罪事实入手，通过采取各种侦查措施揭露与证实嫌疑人；后者是对明确的犯罪嫌疑人目标进行侦查，侦查措施是围绕犯罪嫌疑人的关系入手，通过查证是否与犯罪活动有关联，进而认定或否定其犯罪。在社会信息化的背景下，犯罪取证的数据恰恰也可以分为两类，即基于内容的数据和基于关系的数据。例如，嫌疑人 A 发给嫌疑人 B 一条手机信息，内容是"我们两个把 C 杀掉吧！"假如把这一事件在不考虑时间的情况下进行拆分，就可以分别获得内容数据和关系数据：短消息发送 A → B 代表一种联系或发生了关系，发送记录就可定义为基于关系的数据；短消息"我们两个把 C 杀掉吧！"则可定义为基于内容的数据。因为侦查实践一般把时间属性作为数据获取的约束性条件，所以犯罪数据挖掘可以分为两类，即基于内容的数据挖掘和基于关系的数据挖掘，分别研究犯罪事实的内容和嫌疑人的关系。

尽管自动数据挖掘系统看上去是吸引人的，但很难让数据挖掘系统"自动"地去发现"犯罪真相"，自动地挖掘出埋藏在海量数据中所有的规律，而不需要人的干预或指导。实际上，技术分析人员需要确定待挖掘分析的数据类型，使用什么样的背景知识，决定使用什么数据挖掘功能，并符合怎样的侦查模式。下文将就两种数据挖掘模式分别举例予以说明。

7.3 基于内容的数据挖掘

基于内容的数据挖掘一般方法是最大限度地搜索可用的信息内容，提取出有用信息后，通过学习抽取一定的规则，使数据关联出或延伸至有关犯罪的事实。以数码照片为例，此类数据的挖掘主要考虑两方面内容：①基于描述的属性内容，主要指文件名和格式、尺寸、创建时间等；②基于图像的画面内容，如颜色构成、质地、形状、对象和小波变换等。如关联分析发现类似"如果图像是'广阔'而且与关键词'蓝色'有关，那么有关"蓝天"主题的照片就符合关联规则"，据此可以对数码照片进行分类、聚类等操作。

以一起猥亵幼女案为例，阐述如何针对数码照片的数据挖掘。在一次打击网络传播淫秽物品的行动中，技术民警凭借娴熟的技术、缜密的侦查思路，把现场移动硬盘中的两张数据照片作为证据，深刻揭示了一宗发生在多年前的猥亵幼女案的真实情况，并将犯罪嫌疑人绳之以法。随着虚拟网络的发展，犯罪行为人为避免在现实社会中被他人发现，往往借助互联网实施犯罪，而依靠在互联网上留下的电子痕迹很难查明犯罪是何地何人所为。此案中，数码照片在犯罪事实的认定方面起到了关键的作用,突破了强奸类案件对传统生物检材的依赖,也使基于内容的电子数据挖掘在公安侦查实践中的应用有了新突破。

案件的基本情况:2005 年以来,有一网民群体经常登录"就去 97 论坛"、"幼盟网"、"幼色天堂"、"爱幼阁"等淫秽色情网站、论坛,并注册成为会员。为提高自身的会员等级,以便能浏览和下载更多淫秽色情内容,他们不仅将以上网站内的淫秽色情图片、视频交叉上传,并加入以讨论淫秽色情内容为主的"快意人生"聊天群,在群聊空间内多次发布"我爱幼幼"和"幼幼之家"等论坛和网站的网址。因涉嫌传播淫秽物品罪,公安机关对此开展专项打击行动,其中一名犯罪嫌疑人黄某为某学校的教职员工,涉嫌通过网络传播猥亵幼女照片等淫秽物品,因此将其在居住宿舍抓获。技术民警在进行现场取证过程中,通过现场移动硬盘中存储的涉案数码照片与生活数码照片综合分析比对,查明了该人多年前曾经猥亵幼女的犯罪事实,并将其绳之以法。

(1) 案件数据挖掘的过程

基于属性内容的图像数据挖掘使用手工是很费力的,计算机自动完成的挖掘通常因条件设置太宽导致结果很差。案件中,侦查人员把图像的属性内容与画面内容结合起来,在犯罪事实真相的挖掘中取得了良好的实践效果。

1) 开展电子物证勘查,全面收集现场中数码照片类数据

网络传播淫秽物品案中的证据大多数是数码图片和视频文件,侦查人员对现场内的电脑、移动硬盘及数十张淫秽光碟开展了电子物证勘查。从电脑上网记录来看,民警发现黄某经常浏览一些色情网站,观看色情电影及视频,并加入了一些网上即时通信交流群,通过 Q 币等网络虚拟货币向他人"购买"下载淫秽视频和图片。初步可以判断,嫌疑人喜欢观看色情电影及视频,并有网络上传、下载、分发等行为,淫秽光碟也可以辅助证明这一结论。然后,侦查人员对移动硬盘进行了检查,查明移动硬盘品牌为日立 H320U,容量为 320GB,共有 1735 个文件,大多数照片为黄某及其家人的生活照。

2) 重点收集数码照片,提取可供数据挖掘的照片 EXIF[①] 属性

由于被搜查的电脑、移动硬盘中存储了大量的个人数据信息,为保护当事人的隐私权,侦查人员收集了全部的数码照片,重点查找分析。经搜索,

---

① EXIF (Exchangeable Image File) 即可交换图像文件,是专门为数码相机的照片设定的,可以记录数码照片的属性信息和拍摄数据。

在移动硬盘根目录下一个名为"新建文件夹"的文件夹中发现一张 .JPEG 格式的幼女下体照片,文件名为"L3-17"。侦查人员立即提取了该数码图片的 EXIF 属性信息,图片内容和文件属性信息如图 7-2 所示,对数码照片的信息挖掘找到了侦破案件的切入点。

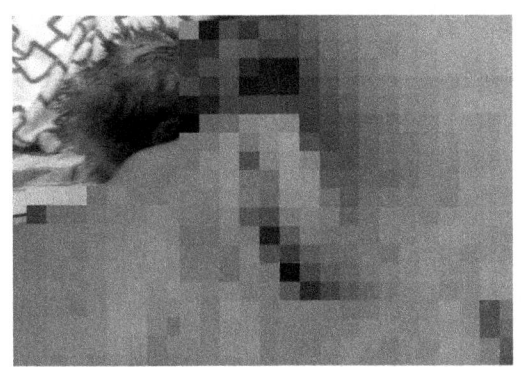

图 7-2 "L3-17"数码照片文件的内容和属性

3) 提取全部照片的 EXIF 属性信息比对,推断涉案照片为嫌疑人原创

为了查明"L3-17"是来源于网络还是嫌疑人原创,侦查人员提取照片全部的 EXIF 属性信息,进行了全面比对分析。首先,侦查人员在上千张数码照片文件中选取了一个有代表性的黄某本人生活照,照片是在黄某居住的宿舍中拍摄的,文件名为"20061222",文件格式为 .JPEG,照片内容和文件属性如图 7-3 所示。然后,将照片"20061222"与"L3-17"的文件 EXIF 属性信息进行比对,结果如表 7-1 所示。

图 7-3 "20061222"数码照片文件的内容和属性

表 7-1 两个数码照片文件的 EXIF 信息对比

	文件名	拍摄器材	拍摄参数	拍摄时间
涉案照片	L3-17	Nokia N91	一致	2006 年 12 月 26 日
生活照片	20061222	Nokia N91	一致	2006 年 12 月 22 日

可以看出，两个数码照片文件的 EXIF 属性信息非常相似，拍摄时间均为 2006 年 12 月下旬，拍摄器材及照片的像素、分辨率、曝光速度等拍摄参数均一致，可以推测两张照片形成条件相似。因为文件"20061222"是嫌疑人原创的生活照，并且保存在相同的文件夹内，所以照片"L3-17"是原创的可能性极大。

4) 照片画面内容分析，确定作案现场

在调查数码照片电子信息的基础上，侦查人员对照片展现的画面内容进行了局部的对照分析。经比对，侦查人员发现照片"L3-17"画面背景中的床单、被子的花纹与照片"20061222"画面背景中的床单、被子花纹非常相似，如图 7-4 所示。另外，在现场也搜查到了相同花纹的床单和被子。至此，可以完全断定两张照片都是现场条件下拍摄的原创，强有力地证明猥亵幼女的案发现场就在黄某的家中，黄某可能直接参与了猥亵幼女的犯罪行为。

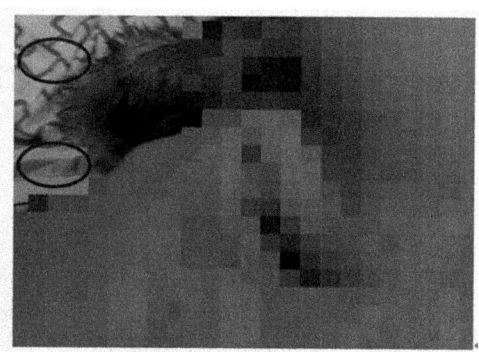

图 7-4 两张数码照片画面背景比对

5) 综合推理分析，查清全部犯罪事实

综合上述各项分析比对，侦查人员对案件进行了逻辑推理分析，如图 7-5 所示。结合涉嫌猥亵幼女照片"L3-17"需要在私密的条件下拍摄，因此，判断照片极有可能是其本人拍摄的。据现场访问情况，黄某曾经在 2006 年间使用过一部 Nokia N91 手机，进一步印证了黄某作案的可能性。

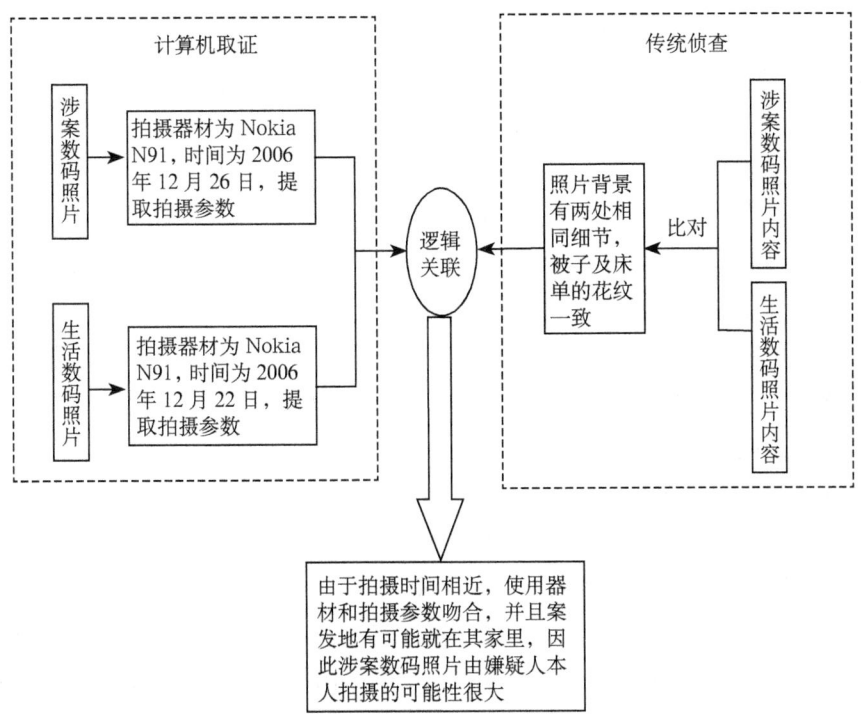

图 7-5　案中数码照片分析比对的流程

在大量证据的支持下，犯罪嫌疑人黄某终于如实交代了 2006 年 12 月 26 日对其邻居家幼女实施猥亵的犯罪行为。

7.4　一般的方法和步骤

在上述案例中出现了大量的数码照片，侦查人员将特定的犯罪背景知识与案发现场的电子证据结合起来，分析、推断是谁及在何时何地，采用何种方法实施了什么犯罪行为，证明数据挖掘的侦查方法是行之有效的。但是，如何在犯罪中应用电子证据分析是公安机关侦查办案中的一个难题。该案的成功侦破证明了数据挖掘在犯罪侦查中有应用的空间，也反映了犯罪侦查中数据挖掘的一般方法和步骤。

（1）结合犯罪行为，对电子数据进行高效的发现和收集

侦查人员在勘查涉及电子证据的现场时，对案发时间和案发过程的了解十分必要，进而对可能存在的证据类型、内容要做到心中有数。对于电子设备而言，内在的操作系统一般会保存文件和文件夹的创建、修改、访问时间及作者、版权等信息，这些信息对于确定搜索分析极其重要。本案中，侦查

人员首先确定现场中最为重要的证据是数码照片,然后使用了"*.JPEG"关键词全盘搜索,把电脑和移动硬盘中各个位置的所有数码照片集中起来。

(2) 信息选择和预处理,在数据资源中抽取有价值的信息

电子数据犯罪现场的真实性和有形犯罪现场一样,也会留下犯罪行为的"蛛丝马迹"。侦查人员把数码照片的属性信息和画面内容结合起来,提取有价值的零碎信息,共有6项:

①在移动硬盘中发现儿童色情图片;

②在电脑中发现嫌疑人生活照;

③儿童色情图片与生活照 EXIF 信息相似;

④生活照是原创;

⑤两种图片画面背景有相似之处;

⑥嫌疑人曾经使用过 Nokia N91 手机。

(3) 模式发现,探索数据挖掘的模式

侦查人员把数码照片的属性信息和画面内容进行关联的过程,也是把电子证据与传统侦查思维相结合的过程。其中,前3项涉及电子证据,后3项为传统调查取证的内容,办案民警把电子证据、传统证据及侦查思路结合起来。通过拼接上述的零碎证据和信息,推导出猥亵幼女的犯罪事实,刻画出当事人与罪犯行为之间的关系。

(4) 深刻解读电子数据信息,推导案件的真实情况并验证

电子证据一个突出的特征就是承载丰富的案件信息,对其如何解读,是提升电子证据实战应用价值的关键。案例中,移动硬盘存储了一张猥亵幼女的色情图片,侦查员要判断这张猥亵幼女的图片是原创还是传播?是否涉嫌性犯罪?需要解读照片的 EXIF 属性信息、画面背景、像素、拍摄器材、曝光参数等信息。经审讯验证,犯罪嫌疑人的供认证明了数据挖掘的正确性。

7.5 基于关系的数据挖掘

基于关系的数据挖掘的一般方法是建立一个或一组数学模型,发现大量数据之间的关联。计算机网络的高速发展和数据库的普遍应用,产生了大量类似手机通话记录、银行交易流水、网络访问日志之类的关系数据。这些数据对犯罪侦查非常有用,但在数据中挖掘犯罪线索等同于大海捞针,理顺其中纷繁复杂的关系必须借助于大量的数学运算。随着公安工作越来越要求精确解决侦查问题,数学的推理和运算成为侦查的方法和手段,建立数学模型

已经成为一种有效的侦查技术。

7.5.1 数学建模的简介

(1) 基本概念

模型就是对现实原型的一种抽象或模仿，这种抽象或模仿自然要抓住原型的本质，抛弃原型中的次要因素。从这个意义上来讲，模型既反映原型，又不等于原型，或者说它是原型的一种近似。例如，对犯罪嫌疑人的模拟画像就是嫌疑人的一个模型，现场重建就是对案发现场情形的一种近似和集中反映。数学模型就是为了某种目的，用字母、数字及其他数学符号建立起来的等式或不等式及图表、图像、框图等描述。数学建模首先要寻找隐藏在实际问题中的各种数量形式，通过对其内在联系的分析，找出各种不同量之间的数理关系，通过数学描述，建立数学模型，再现实际问题中的数量形式，从而给出解决实际问题的方案。其核心是提取隐藏的关系规律，描述客观事物的特征及内在联系的数学结构。

(2) 数学建模的一般方法

把数学应用到任何一个实际问题中去，都需要把这个问题的内在规律运用数字、图表、公式、符号表示出来，经过数学处理，得出供人们做出分析预报、决策或者控制的定量结果，这个过程就是人们常说的建立数学模型。侦查工作中建立数学模型的过程，是把被调查对象之间错综复杂的关系问题简化、抽象为合理的数学结构的过程，即侦查人员在充分了解案情的基础上，观察和研究工作对象的固有特征和实施犯罪行为的内在规律，抓住问题的主要矛盾，根据占有数据建立起反映实际问题的数量关系，解决实际的问题。一般的建模方法如下。

1）模型准备

在建模前应对实际问题的背景有深刻的了解，进行全面细致的观察、调查、研究，明确建立模型的目的，掌握对象的各种信息，弄清实际对象的特征，按要求全面收集各类数据，并且数据要符合所要求的精确度。

2）模型假设

根据实际对象的特征和建模的目的，对问题进行必要的简化，即首先抓住主要因素，暂不考虑次要因素，将问题理想化、简单化。理清变量间的关系，并用数学的语言进行必要的假设，但要注意的是，不同的假设会得到不同的模型，这一步是建立模型的关键。如果假设合理，则模型与实际问题比较吻合；如果假设不合理或过于简单（即过多地忽略了一些因素），则模型与实际问题不吻合或部分吻合，这时就要修改假设、修改模型。数学模型是实际事物的一种数学简化，常常是以某种意义上接近实际事物的抽象形式存在的。利用数学模型解决侦查问题，需要进行一些条件的假设。模型假设是建立数学模型中关系成败的第一步，所以侦查员应该在案情分析讨论时充分考虑，细致地分析实际问题，从大量的数据中筛选出最能表现问题本质的变量，并简化它们的关系。

3）模型建立

根据所做的假设，利用适当的数学工具，建立各个量之间的数量关系，列出表格，画出图形，确定数学结构。在建立数学模型时应注意以下几点。

①分清变量类型，恰当使用数学工具。如果实际问题中的变量是确定性变量，建模型时数学工具多用微积分、微分方程、线性规划、非线性规划、网络、投入产出、确定性存储论等；如果变量是随机变量，数学工具多用概率、统计及随机性存储论、排队论、对策论、决策论等。

②抓住问题本质，简化变量之间的关系。如果模型过于复杂，则求解困难或无法求解，因此应尽可能用简单的模型（如线性化、均匀化等）来描述客观实际。

③建立数学模型时要有严密的数学推理，模型本身要正确无误。

④建模要有足够的精度，即要把实际问题（原型）本质的东西反映进去，把非本质的东西去掉，同时注意要不影响反映现实的真实程度。

4）模型求解

①模型的分析。验证一个模型是否反映了客观实际，可用已有的数据去验证，如果由模型计算出来的理论数值与实际数值比较吻合，则模型是成功的；如果理论数值与实际数值差别太大，则模型是失败的；如果理论数值与实际数值部分吻合，则可找原因，发现问题，修改模型。但实际上并非所有的模型都必须验证。

②模型的修改。因为数学问题往往比较复杂，但由于理想化抛弃了一些次要因素，因此模型与实际问题就不完全吻合了。此时，要分析假设的合理性，将合理部分保留，不合理部分修改，对实际问题中的次要因素再次分析，如果因某一因素被忽略而使模型失败或部分失败，则再建立模型时要把该因素考虑进去。有时可能要去掉一些变量，改变一些变量的性质，如把变量看成常量，连续变量看成离散变量，离散变量看成连续变量，或改变变量之间

的函数关系，如线性改为非线性等。

5）结果的可视化表示及求证

在合理假设的基础上，我们就数学方法抽象而确切地表达它们的关系，建立方程式或归纳为标准形式的数学问题。在充分占有的涉案数据的基础上，就可以恰当地运用数学公式及软件工具求解或进行运算，还可以用软件工具 Analyst's Notebook、Matlab 等绘制曲线和关系示意图，来可视化地表示计算结果。基于计算结果，可以用分析方法得到一些对展开侦查措施有所帮助的结论。把侦查工作的实际问题归结为一定的数学问题后，对所做的数学模型，可以进行多方面的修正。例如，可以就不同的犯罪手法，探索模型将如何变化，或可以根据犯罪环境因素，改变一开始所做的某些假设，指出由此数学模型的变化。最终将不同计算方法获得的结果转化为侦查决策，在犯罪打击实践中检验其正确性。

7.5.2 数学建模的实战工具

Petri 网的概念最早是由德国的 Carl Adam Petri 于 1962 年在其博士论文《自动机通信》中提出的一种解决并发、离散系统的建模方法，后来被称之为 Petri 网模型。它是一种适合于并发、异步、分布式软件系统规格与分析的形式化方法。目前已广泛应用于机械、通信、计算机、模糊控制等各种领域。Petri 网作为一种图形化和数学化的建模工具，能够提供一个集成的建模、分析和控制环境，为系统的设计提供便利。

任何系统都可抽象为状态、活动（或者事件）及其之间关系的三元结构。Petri 网是一种特殊的含有位置和转换的有向图，它包括两类节点：位置(Place)，用一个圆圈表示。转移（Transition），用一条短直线表示。转移的作用是改变状态，位置的作用是决定转移能否发生，转移和位置之间的这种依赖关系用流关系来表示。

Petri 网可表示为：

$PN=\{P, T, F, K, W, M_0\}$

其中：

$P=\{P_1, P_2, \cdots, P_m\}$，是有限的位置集合；

$T=\{t_1, t_2, \cdots, t_n\}$，是有限的转移集合；

$F \subseteq (P \times T) \cup (T \times P)$，为流关系；

$K: P \rightarrow N^+ \cup \{\omega\}$，是位置容量函数；

$K(P)=\omega$ 表示 P 的容量为无穷，$N^+=\{1, 2, \cdots\}$；

$W: F \to N^+$，弧上权；

$Mo: P \to N$，初始标志，要求：$P \cap T=\phi$，$P \cup T \neq \phi$；

(P, T, F) 称为 PN 的基网，记为 N。

位置集和迁移集是 Petri 网的基本成分，流关系是从它们中构造出来的。Petri 网模型如图 7-6 所示。

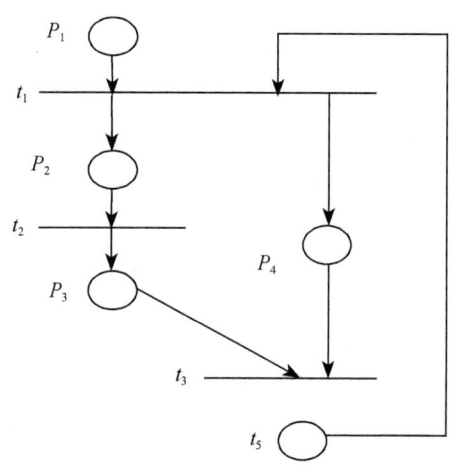

图 7-6 Petri 网模型

假如对犯罪活动进行数学抽象，那么犯罪嫌疑人表示为位置，他们之间的关系表现为信息的交流和传递，犯罪行为实施后则为状态的转移。因此，犯罪活动可以抽象为 Petri 网表示的有向图，基于关系的数据挖掘则可以使用 Petri 网建模工具。

7.5.3 数学建模的若干应用

侦查中基于关系的数据挖掘不涉及犯罪内容，主要任务是解决情报线索分析和人员关系架构问题。下面使用 Petri 网建模工具构建几个实战模型，在阐明建模原理的基础上演示简单的建模过程，并在工作实践中验证模型效果。

模型一：松散型团伙打击模型

(1) 案件情况

某市车管所周边的一伙人非法买卖车辆信息，伪造车辆行驶证、车牌，进行非法套牌活动，公安机关展开立案打击行动。经调查，这伙犯罪分子以中介、贩卖、制牌等角色分工合作，但是没有明确的组织或头目，没有固定的搭配和组合，也从不聚集在一起活动，一般通过电话、Email、QQ联络组织实施犯罪活动，属于松散型结合。侦查人员收集了嫌疑人之间沟通联系的全部通话记录、Email发送记录和QQ好友关系的数据，使用建模工具进行数据分析。

（2）建模过程

该案件的Petri网表示模型为$PN=(C, R)$。

定义C为该团伙成员的集合，R为成员之间联系的集合，该案可以抽象为犯罪团伙成员及他们之间相互联系为纽带的网络结构。

其中，C_i表示犯罪嫌疑人，那么$C=\{C_1, C_2, C_3, \cdots, C_n\}$为该团伙成员的集合；$R=\{T, E, Q\}$表示嫌疑人之间的信息流动。在案件中，$T$表现为某个嫌疑人与其他嫌疑人之间的手机联系，$E$表现为某个嫌疑人与其他嫌疑人之间的Email联系，Q表现为某个嫌疑人与其他嫌疑人之间的QQ联系。那么：

$T=\{T_1, T_2, T_3, \cdots, T_n\}$；
$E=\{E_1, E_2, E_3, \cdots, E_n\}$；
$Q=\{Q_1, Q_2, Q_3, \cdots, Q_n\}$；
$R=T \cup E \cup Q$。

建立Petri网模型的主要目的是求解某个嫌疑人与其他嫌疑人的联系情况，进而反映整个犯罪团伙的组织构造。因此，PN可以表示为$PN(C \times R) \cup (R \times C)$，在导入嫌疑人真实姓名，并定量表达犯罪信息传递的方向和频率后构造为图7-7。

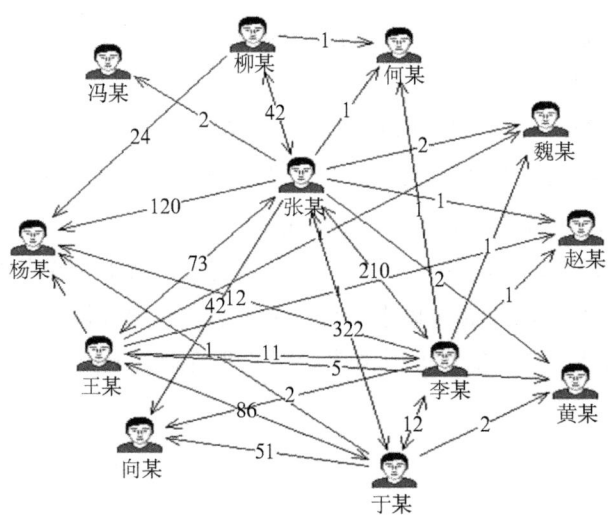

图7-7 犯罪嫌疑人之间的联系结构

侦查员将调查摸底阶段获得的嫌疑人之间的信息资料进行计算机模拟处理，描绘出了涉案嫌疑人的关系结构图。根据模拟结果，可以确定了张某在实施犯罪行为中最活跃，以张某为中心展开调查，很快摸清了中介、贩卖、制牌等犯罪嫌疑人，直接把案件侦破过程推进到收网阶段，成功抓获犯罪嫌疑人9名，缴获大批赃物及作案工具。

(3) 实战效果

第一，确定了相关嫌疑人在实施犯罪活动中的活跃程度，进而确定了各个嫌疑人之间的主次关系，团伙成员之间结构清晰、层次清楚。

第二，以张某这个最活跃的嫌疑人为切入点，快速锁定调查目标，进而确定了犯罪团伙之间的角色分工。

第三，取得良好的社会效果。打击松散型团伙犯罪最难的是根除，公安机关实施打击行动后，嫌疑人很快重操旧业，在人民群众中很容易留下"雷声大、雨点小"的印象。此次行动直指首要分子，根据角色分工打断了犯罪的链条，在实战中具有毁灭性和彻底性。

模型二：数据库访问分析模型

(1) 案件情况

深圳市某公司有53名重要客户资料泄露，包括客户的姓名、银行账号、身份证号码和业务授权密码等资料。因为这些客户均为社会精英人士，为避免造成进一步的不良后果，该公司向警方报案。经调查，这53名客户资料存储在公司局域网的数据库中，初步认定客户资料是该公司内部员工泄漏。由于所有的员工都有权限进行访问，在访问的过程中会留有日志记录，为查明事实真相，侦查人员收集了所有的日志记录进行数据挖掘。

(2) 建模过程

该案件的 Petri 网表示模型为 $PN = (P, R)$。

定义 P 为该公司员工的集合，$P = \{P_1, P_2, P_3, \cdots, P_n\}$，$R$ 为53名公司客户的集合，则 $R = \{R_1, R_2, \cdots, R_n\}$；

建立数学表达式 $PN = (P, R)$，为了求解公司员工非授权访问客户资料的情况，那么 $PN \subseteq P \times R$ 可以表示公司员工访问客户资料的数学关系，导入系统的日志记录，则该犯罪模型构造如图 7-8 所示（上面为公司员工，下面为受害人）。

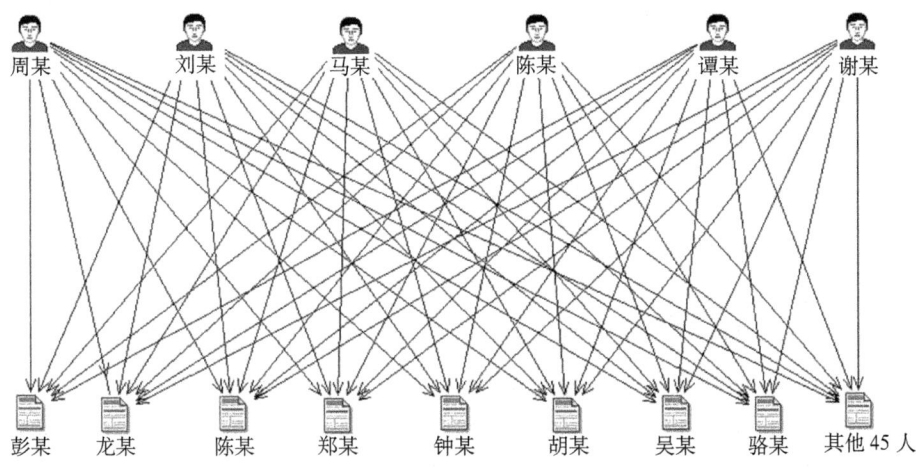

图 7-8 数据库访问模型

(3) 实战效果

第一,效率高。因为没有进行嫌疑人是否具备作案条件及可疑行为的排查,直接在数据库 370 万条日志基础上建模排查,在 1 个小时内排查出 6 个重点调查对象。

第二,结果准确。相对传统的调查摸底方式,数学模型是建立在数据库访问日志的基础上,经过计算机运算得出的结论,事实基础更加扎实,依据更明确。

模型三:碰撞比对模型

(1) 案件情况

深圳市某区连续有多家网吧内的计算机设备被盗窃,包括内存条、硬盘等。经调查,犯罪嫌疑人是几个社会无业人员,以通宵上网为名,在深夜趁人不备实施的盗窃行为。接报案后,侦查人员收集了被盗网吧案发期间所有的人员开卡记录、上网记录、登录历史记录等数据。

(2) 建模过程

该案件的 Petri 网表示模型为 $PN = (D, R)$。

假设有 A、B、C 3 家网吧被盗,定义 D 为犯罪嫌疑人,那么 $D = \{D_1, D_2, D_3, \cdots, D_n\}$ 为该团伙成员的集合;用 $P = \{P_A, P_B, P_C\}$ 表示案发时间内网吧所有上网人的集合,其中 P_A 表示案发时间内在 A 网吧上网人的集合,P_B 表示案发时间内在 B 网吧上网人的集合,P_C 表示案发时间内在 C 网吧上网人的集合。那么:

$P_A = \{P_{A1}, P_{A2}, P_{A3}, \cdots, P_{An}\}$；

$P_B = \{P_{B1}, P_{B2}, P_{B3}, \cdots, P_{Bn}\}$；

$P_C = \{P_{C1}, P_{C2}, P_{C3}, \cdots, P_{Cn}\}$；

$P = P_A \cup P_B \cup P_C$。

犯罪嫌疑人在3个网吧都有网络活动，C 可表示为：

$D = P_A \cap P_B \cap P_C$

定义犯罪团伙成员在网吧内有打游戏、聊天、发邮件的行为，分别为 T、E、Q，因为上网的人与上网行为存在等价的对应关系，用 $R = \{T, E, Q\}$ 表示案发时间内网吧上网人账号的集合，其中，T 表示案发时间内网吧所有人游戏账号的集合，E 表示案发时间内网吧所有人 Email 账号的集合，Q 表示案发时间内网吧所有人聊天账号的集合。那么：

$R = P$；

$R = T \cup E \cup Q$；

犯罪嫌疑人在3个网吧的网络活动表示为：

$D = R_A \cap R_B R_C = (T_A \cup E_A \cup Q_A) \cap (T_B \cup E_B \cup Q_B) \cap (T_C \cup E_C \cup Q_C)$

建立数学表达式 $PN = (C, D, R)$ 为了筛选同时在A、B、C 3家网吧上网的人员，通过 $PN \subseteq (D \times R) \cup (R \times D)$ 的数学运算可以求解。导入案件数据得到筛选犯罪嫌疑人的关系，如图7-9所示。

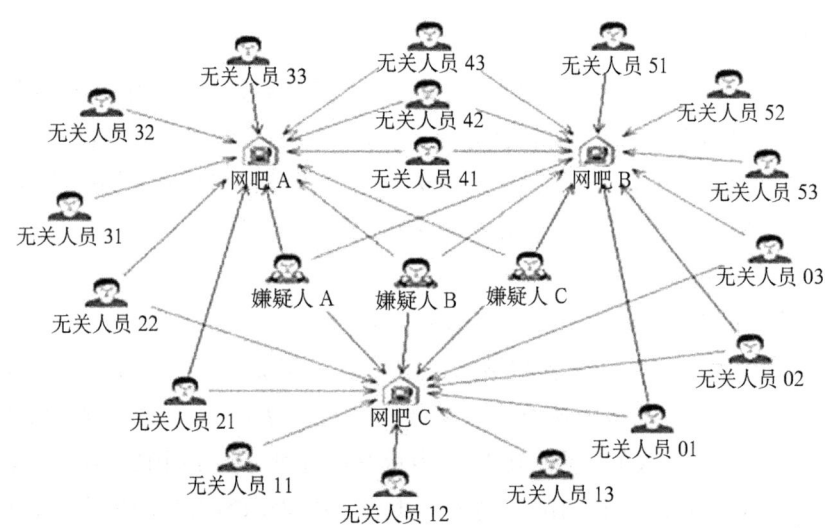

图7-9 被盗网吧案中上网人员的关系

(3) 实战效果

第一,建模简单。该模型简单明了,容易收集数据及运算。在特定时间范围内,在 A、B、C 3 家网吧均出现过的人很显然为重点调查对象。

第二,应用广泛。电话号码、IP 地址、Email、即时通信号码都有相应的数据库,利用此模型进行嫌疑人的排查,结合其相应的注册资料,可以起到事半功倍的效果。

7.6 小结

电子证据是一个承载信息丰富,经常未被充分利用的资源。数据挖掘技术能发现许多隐藏的犯罪细节,有助于确定侦查范围,对科学、全面、客观的数据取证具有重要的意义。本章基于内容数据和关系数据分别阐述数据挖掘实践的原理和方法,但是实际工作中数据类型不会那么单纯,如超文本和多媒体数据、空间数据、时间数据、事务数据等,还有很多类型,或者就是复合型的。由于数据类型的多样性和数据挖掘的目标不同,很难准确地知道能够在数据库中发现什么,指望一个系统挖掘所有类型的数据是不现实的。如何将海量的电子数据关联在一起?如何提取与解读电子数据其中的内涵?如何与案件的隐性知识结合起来进行分析推理?在工作实践中如何解答这些侦查问题,以及如何构造针对具体侦查问题的数据挖掘系统,不能一概而论,也还有非常广阔的研究空间。

第 8 章 大数据情报的趋势展望

如今这个时代，信息化发展迅速，数据中心和宽带网络建设如火如荼。在目前的大数据时代，信息按照它的格式大致分成两个类别，一类是结构化的数据，另外一类是非结构化的数据。结构化数据是按照特定格式整理的数据，它们能被企业的核心系统进行存储管理，如文字、符号等；而非结构化数据信息无法用数字或统一的结构表示，如视频、声纹、图片等，各种数据格式之间互不兼容，而且人们对数据的访问和使用更具随机性，这些特点给数据的提取、存储、管理和应用带来了很大困难。

政府、金融、医疗等机构纷纷布局大数据应用，提升信息处理能力成为关键，大数据时代已然成为社会发展的潮流。因此，信息化的情报分析相应地分为结构化数据的情报分析和非结构化数据的情报分析。

8.1 非结构化数据的价值

在未来，结构化数据仍然是主流，毕竟它的数据是相对准确的，底层的数据质量有保证。但是全球数据是以几何级数增长的，其中 75% 为非结构化数据。因此，未来将以结构化数据挖掘为核心，非结构化数据会变得越来越重要，二者形成情报数据分析的两个重要方面。

非结构化数据情报分析，当前主要采用模式识别的方式进行应用化处理。模式识别是指对表征事物或现象各种形式（数值、文字和逻辑关系的）的信息进行处理和分析，以对事物或现象进行描述、辨认、分类、检索和解释的过程，是信息情报和人工智能的重要组成部分。应用计算机对非结构数据进行辨识和分类，所针对的对象可以是文本、声音、图像等，也可以是行为、状态、程度等抽象对象。处理后的对象与结构化的数据信息相映射，称为非结构化数据的信息情报。目前，成熟的模式识别应用主要有图像识别和声纹识别。

8.1.1 图像识别

图形刺激作用于感觉器官，人们辨认出它是曾经看到过的某一图形，也叫图像再认。在图像识别中，既要有当时进入感官的信息，也要有记忆中存储的信息。只有通过存储的信息与当前的信息进行比较的加工过程，才能实现对图像的再认，形成有价值的情报。

人的图像识别能力是很强的。图像距离的改变或在感觉器官上作用位置的改变，都会造成图像在视网膜上的大小和形状的改变。即使在这种情况下，人们仍然可以认出他们过去知觉过的图像。甚至图像识别可以不受感觉通道的限制，例如，人可以用眼看字，当别人在他背上写字时，他也可认出这个字来。

图像识别是情报分析的一个重要技术，也是情报分析一个重要组成部分，如心电图、脑电图、图片、照片、符号、卫星遥感器的数据。为了编制模拟人类图像识别活动的计算机程序，人们提出了不同的图像模型识别。例如，模板匹配模型，这种模型认为，识别某个图像，必须在过去的经验中有这个图像的记忆模式，又叫模板。当前的刺激如果能与大脑中的模板相匹配，这个图像也就被识别了。例如，有一个字母 A，如果在大脑中有个 A 模板，字母 A 的大小、方位、形状都与这个 A 模板完全一致，字母 A 就被识别了。这个模型简单明了，也容易得到实际应用。但这种模型强调图像必须与大脑中的模板完全符合才能加以识别，而事实上人不仅能识别与大脑中模板完全一致的图像，也能识别与模板不完全一致的图像。例如，人们不仅能识别某一个具体的字母 A，也能识别印刷体、手写体、方向不正、大小不同的各种字母 A。同时，人能识别的图像是大量的，如果所识别的每一个图像在大脑中都有一个相应的模板，也是不可能的。

当前，成熟的图像识别应用有人的面貌、耳郭、指纹和手掌纹、眼睛的视网膜和虹膜等识别，主要使用在身份识别与验证方面，可以应用在反恐与维稳等不同的应用场景。

（1）指纹识别

指纹是指人的手指末端正面皮肤上凸凹不平产生的纹线。纹线有规律的排列形成不同的纹型。纹线的起点、终点、结合点和分叉点，称为指纹的细节特征点。由于每个人的指纹不同，就是同一人的十指之间，指纹也有明显区别，因此指纹可用于身份鉴定，即指通过比较不同指纹的细节特征点来进行鉴别。指纹识别与其他生物特征识别相比，采集设备体积小，识别精度高，具有稳定性、唯一性等优点。2013 年 1 月，我国公安机关全面启动身份证登记指纹信息工作，也为指纹识别利用提供了丰富的来源。

(2) 面部识别

面部识别特指利用分析比较人脸特征信息进行身份鉴别的计算机技术，其包括：构建面部识别系统的一系列相关技术，如面部图像采集、图像定位、图像预处理、身份确认及身份查找等；通过面部进行身份确认或者身份查找的技术或系统。面部识别系统技术的关键在于是否拥有尖端的核心算法，并具有实用化的识别率和识别速度；面部识别系统集成了人工智能、机器识别、机器学习、模型理论、专家系统、视频图像处理等多种专业技术。

(3) 耳郭识别

即人耳识别技术，是20世纪90年代末开始兴起的一种生物特征识别技术。人耳识别与人脸识别类似，识别的对象是外耳裸露在外的耳郭，也就是人们一般所说的耳朵。由于人耳具有独特的生理特征和观测角度优势，其稳定性要好于人脸，不会受到表情变化的影响，但会受到头发等的影响。一套完整的人耳自动识别系统一般包括人耳图像采集、图像预处理、图像边缘检测与分割、图像特征提取、图像识别等过程，属于非接触式的识别。

(4) 虹膜识别和视网膜识别

虹膜识别被认为是最安全、最精确的识别方法。它利用人眼图像中虹膜区域的特征（环状物、皱纹、斑点、冠状物）形成特征模板，通过比较这些特征参数完成识别。由于虹膜是瞳孔和巩膜之间的环状区域，瞳孔、虹膜与巩膜之间存在灰度阶梯变化，会形成一个较明显的边缘，便于虹膜检测。瞳孔会随着光照强度的变化伸缩，这种特性可以用于进行虹膜活体检测，因此，想要利用死去的虹膜或者虹膜照片欺骗识别系统是不可能的。研究结果表明，虹膜纹理的独立特征点数高达200多个，这使得任意两个虹膜具有相同特征的概率是很小的，虹膜识别具有很高的精度。虹膜识别的主要过程包括图像采集、区域分割、特征提取和模式比对。

8.1.2 声纹识别

所谓声纹，是用电声学仪器显示的携带言语信息的声波频谱。声纹识别就是根据说话人的发音生理和行为特征，自动识别说话人身份的一种生物识别方法。人类语言的产生是人体语言中枢与发音器官之间一个复杂的生理物理过程，任何两个人的声纹图谱都有差异。每个人的语音声学特征既有相对稳定性，又有变异性，不是绝对、一成不变的。这种变异可来自生理、病理、心理、模拟、伪装，也与环境干扰有关。尽管如此，由于每个人的发音器官都不尽相同，因此在一般情况下，人们仍能区别不同人的声音或判断是否为同一人的声音。

(1) 分类

声纹识别，也称为说话人识别，分为两类，即说话人辨认和说话人确认。前者用以判断某段语音是若干人中的哪一个人所说的，是"多选一"问题；而后者用以确认某段语音是否为指定的某个人所说，是"一对一判别"问题。不同的任务和应用会使用不同的声纹识别技术，如缩小刑侦范围时可能需要辨认技术，而银行交易时则需要确认技术。不管是辨认还是确认，都需要先对说话人的声纹进行建模，这就是所谓的"训练"或"学习"过程。对说话人确认，还面临一个两难选择的问题。通常，表征说话人确认系统性能的两个重要参数是错误拒绝率和错误接受率，前者是拒绝真正说话人而造成的错误，后者是接受集外说话人而造成的错误。二者与阈值的设定相关，两者相等的值称为等错率。在现有的技术水平下，两者无法同时达到最小，需要调整阈值来满足不同应用的需求。如在需要"易用性"的情况下，可以让错误拒绝率低一些，此时错误接受率会增加，从而使安全性降低；在对"安全性"要求高的情况下，可以让错误接受率低一些，此时错误拒绝率会增加，从而使易用性降低。前者可以概括为"宁错勿漏"，而后者则是"宁漏勿错"。我们把真正阈值的调整称为"操作点"调整，好的系统应该允许对操作点的自由调整。

另外，声纹识别还有文本相关的识别，对语音信息向文字转化。与文本有关的声纹识别系统要求用户按照规定的内容发音，每个人的声纹模型逐个被精确地建立，而识别时也必须按规定的内容发音。因此可以达到较好的识别效果，但系统需要用户配合，如果用户的发音与规定的内容不符合，则无法正确识别该用户。根据特定的任务和应用，两种是有不同的应用范围的。例如，盲人在使用计算机时可以使用文本相关的声纹识别，发出语音指令进行交互。

声纹识别需要解决的关键问题还有很多。例如：短话音问题，能否用很短的语音进行模型训练，而且用很短的时间进行识别，这主要是声音不易获取的应用所需求的；声音模仿（或放录音）问题，要有效地区分开模仿声音（录音）和真正的声音；多说话人情况下目标说话人的有效检出；消除或减弱声音变化（不同语言、内容、方式、身体状况、时间、年龄等）带来的影响；消除信道差异和背景噪音带来的影响；等等。此时需要用到其他一些技术来辅助完成，如去噪、自适应等技术。

(2) 应用范围

声纹识别可以应用的范围很广，可以说声纹识别几乎可以应用到人们日常生活的各个角落。

①信息领域。如在自动总机系统中，把身份证声纹辨认和关键词检出器结合起来，可以在姓名自动拨号的同时向受话方提供主叫方的身份信息。前者用于身份认证，后者用于内容认证。同样，声纹识别技术可以在呼叫中心应用中为注册的常用客户提供友好的个性化服务。

②银行、证券。鉴于密码的安全性不高，可以用声纹识别技术对电话银行、远程炒股等业务中的用户身份进行确认。为了提供安全性，还可以采取一些其他措施，如密码和声纹双保险，又如随机提示文本，即用文本相关的声纹识别技术进行身份确认（随机提示文本保证无法用事先录好的音去假冒），甚至可以把交易时的声音录下来以备查询。

③公安司法。对于各种电话勒索、绑架、人身攻击等案件，声纹辨认技术可以在一段录音中查找出嫌疑人或缩小侦察范围；声纹确认技术还可以在法庭上提供身份确认（同一性鉴定）的旁证；在监狱亲情电话应用中，通过采集犯人家属的声纹信息，可有效鉴别家属身份的合法性；在司法社区矫正应用中，通过识别定位手机位置和呼叫对象说话声音的个人特征，系统可以快速地自动判断被监控人是否在规定的时间出现在规定的场所，能有效地解决人机分离问题。

④军队和国防。声纹辨认技术可以察觉电话交谈过程中是否有关键说话人出现，继而对交谈的内容进行跟踪（战场环境监听）；在通过电话发出军事指令时，可以对发出命令人的身份进行确认（敌我指战员鉴别）目前该技术在国外军事方面已经有所应用。据报道，迫降在我国海南机场的美军 EP-3 侦察机中就载有类似的声纹识别侦听模块。

⑤保安和证件防伪。如机密场所的门禁系统，又如声纹识别确认可用于信用卡、银行自动取款机、门、车的钥匙卡、授权使用的电脑，声纹锁及特殊通道口的身份卡。把声纹存在卡上，在需要时，持卡者只要将卡插入专用机的插口中，通过一个传声器读出事先已存储的暗码，同时仪器接收持卡者发出的声音，然后进行分析比较，从而完成身份确认。同样，可以把含有某人声纹特征的芯片嵌入证件之中，通过上面所述的过程完成证件防伪。

8.2 非结构化数据的分析方法

非结构化数据主要是以模式识别的形式进行应用的，信息处理过程的一个重要形式是计算机对环境及客体的识别。模式识别，就是通过计算机用数学技术方法来研究模式的自动处理和判读。我们把环境与客体统称为"模式"。随着计算机技术的发展，人类有可能研究复杂的信息处理过程。对人类来说，特别重要的是对光学信息（通过视觉器官来获得）和声学信息（通过听觉器官来获得）的识别，这是模式识别的两个重要方面。市场上可见到的代表性产品有光学字符识别、语音识别系统。

识别过程与人类的学习过程相似。以"汉字识别"为例：首先将汉字图像进行处理，抽取主要表达特征并将特征与汉字的代码存于计算机中，就像老师教我们"这个字叫什么、如何写"，这一过程叫作"训练"。识别过程就是将输入的汉字图像经处理后与计算机中的所有字进行比较，找出最相近的字就是识别结果，这一过程叫作"匹配"。

对于模式识别，有以下几大类方法。

①模板匹配方法。利用动态时间弯折（DTW）以对准训练和测试特征序列，主要用于固定词组的应用（通常为文本相关任务）。

②最近邻方法。训练时保留所有特征矢量，识别时对每个矢量都找到训练矢量中最近的 K 个，据此进行识别，通常模型存储和相似计算的量都很大。

③神经网络方法。有很多种形式，如多层感知、径向基函数（RBF）等，可以显式训练以区分说话人和其背景说话人，其训练量很大，且模型的可推广性不好。

④隐式马尔可夫模型（HMM）方法。通常使用单状态的 HMM，或高斯混合模型（GMM），是比较流行的方法，效果比较好。

⑤ VQ 聚类方法（如 LBG）。效果比较好，算法复杂度也不高，和 HMM 方法配合起来可以收到更好的效果。

⑥多项式分类器方法。有较高的精度，但模型存储和计算量都比较大。

8.3 非结构化数据的情报分析流程

8.3.1 数据清洗

数据清洗就是把"脏"的"洗掉"。因为数据仓库中的数据是面向某一主题的数据集合，这些数据从多个业务系统中抽取而来，而且包含历史数据，这样就无法避免错误数据及相互之间有冲突的数据，这些错误或有冲突的数据显然是我们不想要的，称为"脏数据"。我们要按照一定的规则把"脏数据""洗掉"，这就是数据清洗。数据清洗的任务是过滤那些不符合要求的数据，将过滤的结果交给业务主管部门，确认是否过滤掉还是由业务单位修正之后再进行抽取。不符合要求的数据主要有不完整数据、错误数据、重复数据三大类。

8.3.2 数据挖掘

默认都是通过 Data Feed 或 Raw Data 的形式进行挖掘，因此这里将省略掉数据监测收集和入库的过程，只从数据挖掘的角度进行探讨。

(1) 基于关联规则的文本挖掘

关联规则中最常用的是 Apriori，其核心是基于两阶段频集思想的递推算法，该关联规则在分类上属于单维、单层、布尔关联规则，常用于事务性的挖掘规则中（所谓事务性规则是事件间的关联，无事件的概念），如在一次事件中通常哪两种事件或事物一起发生。这种关联规则的问题在于缺乏时间的因素，只能判断同期内发生事件。如用关联规则出现的问题可能是：搜索了"三星"的用户还搜索了"苹果"，这种结果应用在搜索功能体验上没有问题，但是如果应用在有强烈时间关系的场景下就有问题了。

A、B 两篇文章，分别是上、下文两部分，这两部分通过关联规则提示相关性必然非常强，但里面的推荐逻辑是看了 A（上文）后才看 B（下文），而不是先推荐看 B，再看 A。

A、B 两个商品有强烈的关联，假设 A 为鼠标，B 为笔记本电脑，通常是先购买笔记本电脑，然后购买鼠标，如果在购买鼠标之后推荐笔记本电脑，显然失去了逻辑关系。

诸如此类的应用场景非常多，核心是要把事物发生的先后顺序考虑在里面。因此，关联规则通常适用于没有明显时间序列的业务应用场景，另外对于支持度和置信度的设置都要根据实际业务经验来调整，过低的支持度和置信度设置出来的规则没有意义，过高的设置又带来规则过少。关联规则相对其他数据挖掘模型更简单，更易于业务理解和应用，通常解释的是"干了某件事之后还会干什么事"的行为分析。例如，搜了某个关键字之后用户还会搜索什么？看了某页面、文章、评论之后用户还会看什么？从某个渠道进入之后通常还会从哪个渠道进入？

(2) 序列模式挖掘

序列模式挖掘解释的关系跟关联模型相同，只不过把时间因素考虑在内。如某商场分析发现，用户的存留周期只有1年，那么我们只想对1年内发生重复行为的用户进行针对性动作，1年就是约束条件。这也是做基于时间序列时需要考虑的因素。

(3) 文本聚类挖掘

聚类分析是业务进入数据挖掘场景最基本的需求，通常的需求如描述某类用户的基本特征，同时，这些特征可以作为进一步挖掘和分析的基本条件。聚类分析最基本的特点有：①要求指定分组数及一定经验要求；②受极值、噪点影响大且不能设置；③大数据量时开销资源大；④受初始质点选择分类影响大。

通常我们会把文本中的字段作为聚类的变量，以此来挖掘某类用户的具体特征。文本聚类常用的业务场景是：首先把用户分类，然后查看某类用户中哪些特征较为明显，最后针对性地做进一步细分和挖掘。例如，把购买用户分成3类（既可以指定，又可以由系统自动分类），然后找到每类用户的突出特点，如A类用户对优惠券、折扣的敏感度高，那么可以结合其他特征定义为价格主导型客户；B类用户对产品需求集中度高，且受价格波动和其他因素影响较小，属于产品导向型；C类用户对评论、咨询、分享的参与率高，并且明显影响其购买决策，属于舆论导向型。将这些用户简单分类之后，再深挖每类用户受其中每个变量的影响程度，如结合决策列表和决策树深挖其购买决策影响因素，找到影响用户决策的最终因素。

(4) 文本规则提取

文本规则提取通常也叫作分类，意思是把具备某类目标的用户中影响因素最大的几个规则提取出来。由于文本的限制，文本不能参与数据挖掘中对变量类型要求是数据值相关的字符集的建模中。但文本经过处理后，可以作为建模的重要变量，并且该变量由于非结构化的属性，具有更多的色彩。

在文本挖掘中，充满挑战的是对文本段落的挖掘和关键字的提取，如用户在一段评论中，如何提取大段文字中的关键字标签。但另一个挑战是文本的"语意"。由于文本在汉语中丰富的色彩，对文本感情属性的判断需要根据语境来进行，如"很好"这个词，普通情况下是赞美的语意，但如果上文说的是负面意思，再结合这个词，则明显是讽刺的意思。文本语意挖掘在用户舆论风向标、用户评价积极性、用户满意度和好感度中的应用极其重要，目前尚没有有效的机器解决方案，结合机器算法及人工识别是主流解决方法。

当然，随着机器学习算法的深入研究及 CPU 性能的提高，机器很有可能达到或超过人脑的能力，届时可能会实现对语言的判断，另外通过人工干预预设固定场景和学习路径，也许会解决汉语语言中语境的问题。

通常情况下，非结构化的数据可以跟结构化的数据一样，作为分析的维度应用到各种报表中，但这仅仅能发挥其一小部分作用。原因是只靠固定维度的常规分析难以挖掘非结构化数据中隐含的知识点，因此我们需要借用数据挖掘的相关技术，因为大量关键词单纯从字面上无法挖掘其深层价值。例如，家电采销需要过滤出某段时间家电相关搜索词，通过搜索某些关键词词根，用正则或模糊匹配来搜索结果，并作进一步分析。但总有很大一部分词是无法提取的价值所在，如"三星"和"Note Ⅱ"，没有经验的人无法知晓二者是什么关系？搜索"三星"的，并不知道用户想找的是三星手机还是三星电视；用户在一次访问中搜索了很多词，其到底想找什么？还是随便看看？作为家电品类的目标客户，通常会搜索哪些词？隐藏用户搜索词中的特定需求有哪些，如超薄、红色还是商务特点？

8.4 小结

模式识别与统计学、心理学、语言学、计算机科学、生物学、控制论等都有关系，其与人工智能、图像处理的研究也有交叉关系。使用模式识别的方法分析非结构化数据符合我国信息化发展的现状及情报分析发展的需求。例如，自适应或自组织的模式识别系统包含了人工智能的学习机制，人工智能研究的景物理解、自然语言理解也包含模式识别问题；又如，模式识别中的预处理和特征抽取环节应用图像处理的技术。

未来模式识别研究主要集中在两方面：一是研究生物体（包括人）是如何感知对象的，属于认识科学的范畴；二是在给定的任务下，如何用计算机实现模式识别的理论和方法。前者是生理学家、心理学家、生物学家和神经生理学家的研究内容，后者是数学家、信息学家和计算机科学工作者努力的方向。计算机识别的显著特点是速度快、准确性高、效率高。在将来完全可以取代人工情报分析。

参考文献

[1] 陈亮.试论公安情报学的基本原理[J].公安研究,2008(4):335-337.

[2] 陈巍.基于案例推理的刑侦决策支持系统研究[J].山东警官学院学报,2010(2):79-82.

[3] 郭光华.论网络舆论主体的"群体极化"倾向[J].湖南师范大学社会科学学报,2004,33(6):110-113.

[4] 金兼斌.网络舆论的演变机制[J].传媒,2008(4):11-13.

[5] 吴绍忠,李淑华.互联网舆情预警机制研究[J].中国人民公安大学学报(自然科学版),2008(3):38-42.

[6] 吴绍忠.WEB信息挖掘与公安情报[J].中国人民公安大学学报(自然科学版),2006(4):50-53.

[7] 毛波,尤雯雯.虚拟社区成员分类模型[J].清华大学学报(自然科学版),2006(1):44-46.

[8] 马忠红.网上摸底排队的原理和方法[J].中国人民公安大学学报(自然科学版),2009(4):80-83.

[9] 张维迎.博弈论与信息经济学[M].上海:上海三联书店,上海人民出版社,1996:1-3.

[10] 包昌火,李艳.情报缺失的中国情报学[J].情报学报,2007(1):29-34.

[11] 曹风,彭知辉,陈亮.公安情报学前沿问题研究[M].北京:中国人民公安大学出版社,2008:306-318.

[12] 詹明华,李文章.目标轨迹在犯罪侦查上之应用[J].港澳台及国外警政动态,2007(2):43-52.

[13] Keith Harries. Mapping crime: principle and practice[R]. National Institute of Justice, Dec, 1999.

[14] Carol Lane. Naked in cyberspace: how to find personal information online[M]. Pemberton Press, 1997.

[15] 牛文远.持续发展导论[M].北京:科学出版社,1994.

[16] 刘毅.略论网络舆情的概念、特点、表达与传播[J].理论界,2007(1):11-12.

[17] 刘常昱.基于小世界网络的舆论传播模型研究[J].系统仿真学报,2006(12):3608-3610.

[18] 田孝良,张晓菲.西方发达国家"情报主导警务"模式的共性分析[J].湖北警官学院学报,2010(4):90-93.

[19] 任海新，蔡艺生. 论职务犯罪侦查权的完善——以新刑事诉讼法为视角 [J]. 中国刑事法杂志，2012(9)：115-120.

[20] 裴连喜，马艳. 英国警务改革新举措：警察保障服务改良计划 [J]. 江西公安专科学校学报，2009(5)：125-128.

[21] 涂婧. 国外情报导向警务实践的评价及借鉴性分析 [J]. 上海公安高等专科学校学报，2008(6)：12-20.

[22] 北京市人民检察院课题组. 信息引导职务犯罪侦查机制研究 [J]. 国家检察官学院学报，2011(1)：121-130.

[23] 王星. 大数据分析：方法与应用 [M]. 北京：清华大学出版社，2013：1-3.

[24] 李广建，杨林. 大数据视角下的情报研究与情报研究技术 [J]. 图书与情报，2012(6)：1-8.

[25] 张春磊，杨小牛. 大数据分析（BDA）及其在情报领域的应用 [J]. 中国电子科学研究院学报，2013(1)：18-22.

[26] 朱明. 公安情报分析课程的学科理论基础探讨 [J]. 吉林省教育学院学报，2013(11)：22-23.

[27] 马忠红. 情报主导侦查 [M]. 北京：中国人民公安大学出版社，2006：54.

[28] 谢晓专. 公安情报学的研究对象与内容论纲 [J]. 情报科学，2013(9)：128-132.

[29] United States Department of Justice. The national criminal intelligence sharing plan[Z]. Oct, 2003：3.

[30] 田孝良，张晓菲. 西方发达国家"情报主导警务"研究 [J]. 江西公安专科学校学报，2009，5(3)：112-115.

[31] 梁慧稳. 情报主导警务工作动力及增强途径 [J]. 湖北警官学院学报，2007(2)：67-70.

[32] NSF's Cyberinfrastructure Vision for 21st Century Discovery[EB/OL]. [2012−09−16]. http：//www.nsf.gov/od/oci/ci_v5.pdf.

[33] Daniel A Keim, Mansmann F, Schneidewind J, et al. Challenges in visual data analysis[C]. Information Visualization, 2006：9-16.

[34] Pirolli P. The sensemaking process and leverage points for analyst technology as identified through cognitive task analysis[EB/OL]. [2012−09−16]. http：//vadl.cc.gatech.edu/documents/2_card-sensemaking.pdf.

[35] John Stasko, Carsten Görg, Zhicheng Liu, et al. Jigsaw：supporting investigative analysis through interactive visualization[EB/OL]. [2012−09−16]. http：//www.elementsofparametricdesign.com/files/Sandbox/victor/jigsaw-VAST07.pdf.

[36] 粟杰. 浅析视频智能分析与大数据、云计算的关系 [J]. 中国安防，2014(21)：29-32.

[37] 视频监控发展潮流：安防大数据技术应用 [EB/OL]. [2014-02-19]. http：//cctv.cps.com.cn/industry_info/2014/0219/1MMDAwMDc1NjI1Mw.html.

[38] Earl Babble. 社会学研究方法 [M]. 邱泽奇，译. 北京：华夏出版社，2015：162-163.

[39] 博弈论（Game Theory），也称对策论或竞赛论 [EB/OL]. [2016-03-28]. http：//wiki.mbalib.com/wiki/博弈论.

[40] 岳晓. 突发事件的社会燃烧理论研究 [J]. 广东青年干部学院学报，2010(1)：44-47.

[41] 视频监控系统在"大情报"建设中作用 [EB/OL]. [2016-03-28]. http：//bbs1.people.com.cn/post/1/1/2/137048422.html.

[42] 徐芳. 情报分析方法研究进展 [J]. 情报理论与实践，2009(8)：121-124.

[43] 董丽苹. 中国古代军队系统管理的基本特征 [J]. 军事历史，2001(4)：47-48.

[44] 王肖戎，李欣泽. 《孙子兵法》中的军事情报思想 [J]. 社科纵横，2012(7)：94-95.

[45] 徐公雪. 假说法从十七世纪到十九世纪兴衰原因探析 [D]. 长春：吉林大学，2007.

[46] 张静. 论假设在侦查思维中的运用 [J]. 渝州大学学报（社会科学版），2002(4)：63-67.

[47] 韩登池. 逻辑推理与侦查假设的提出 [J]. 理论月刊，2004(9)：121-123.

[48] 张培晶，谢晓专，宋蕾. PGIS 在犯罪分析中的应用 [J]. 中国人民公安大学学报（自然科学版），2012(4)：45-49.

[49] 王晓辉. 针对多发性侵财犯罪的打防控对策 [J]. 法制与社会，2011(34)：99-100.

[50] 姚丙育. 系列性流窜跳跃式案件侦查范围与方向的最优确定 [J]. 河南警察学院学报，2011(1)：96-99.

[51] 罗瑞. 基于地图分析算法的公安情报分析方案的设计与实现 [D]. 成都：四川师范大学，2010.

[52] 汪海燕. 论侦查人员的理性思维 [C]// 中国逻辑学会法律逻辑专业委员会. 法律逻辑与法律思维——第17届全国法律逻辑学术讨论会交流论文. 上海，2009.

[53] 孙建保. 刑法中的社会危害性理论研究 [D]. 上海：华东政法大学，2013.

[54] 欧舸. 物证信息技术研究与应用 [D]. 重庆：西南政法大学，2006.

[55] 李俊莉，蒋秀兰. 情报主导警务——物联网技术在公安工作中的应用 [J]. 河南警察学院学报，2011(5)：104-107.

[56] 黄石. 转型期犯罪治理模式变迁研究 [D]. 武汉：武汉大学，2013.

[57] 戈登·休斯. 解读犯罪预防—社会控制、风险与后现代 [M]. 刘晓梅，刘志松，译. 北京：中国人民公安大学出版社，2009：89.

[58] 林建辉，黄天成. 犯罪情报分析与复杂社会系统趋势研究 [J]. 计算机工程与应用，2011(17)：229-231，248.

[59] 张晨，杨荣华. 犯罪现场重建中心理痕迹的应用 [J]. 法制与经济（中旬刊），2011(3)：38-39.

[60] 蔡艺生，赵细妹. 论网络搜索式侦查 [J]. 上海公安高等专科学校学报，2011(6)：18-24，58.

[61] 马健. 犯罪情境预防的理论与实践 [D]. 上海：华东政法大学，2010.

[62] 雷春. 电子信息在刑事侦查中应用的问题及其对策研究 [D]. 上海：复旦大学，2008.

[63] 陈书凯. 影响世界的管理寓言 [J]. 发现，2004(5)：6-9.

[64] 薛殿杰. 时空论证侦查法初探 [J]. 贵州警官职业学院学报，2004(2)：88-92.

[65] 刘品新. 论侦查思维的对抗性原理 [J]. 山东公安专科学校学报，2004(3)：45-51.

[66] 顾君，王金成. 对侦查信息理论中存在问题的思考 [J]. 江苏警官学院学报，2004(4)：48-51.

[67] 孙晓伟. 综合情报信息机构设置问题探讨 [J]. 公安研究，2010(8)：76-78.

[68] 邬明汉，张乐平. 关于提高公安机关刑侦部门信息化侦查能力的思考 [J]. 公安研究，2010(9)：41-44.

[69] 赵兰. 简述派出所综合信息系统 [J]. 广西师范学院学报（哲学社会科学版），2010(S2)：63，66.

[70] 吴茜. 对网上侦查原理及其实现途径的思考 [J]. 北京人民警察学院学报，2008(2)：56-59.

[71] 程小刚，冯立洲，刘昊. 刍议公安情报信息研判体系建设 [J]. 广东公安科技，2008(1)：1-3，16.

[72] 杨扬. 网上侦查技术在职务犯罪侦查中的应用 [D]. 苏州：苏州大学，2012.

[73] 杨传英. 以"先知"定"先胜"——论孙子的临战情报准备思想 [J]. 滨州学院学报，2012(2)：49-53.

[74] 石启飞. 公安情报关联性分析研究 [J]. 警察实战训练研究，2012(5)：92-97.

[75] 郝在今. 毛泽东的秘密战法（下）[J]. 党史博览，2013(8)：16-24.

[76] 卢小宾，宋姬芳. 中外信息分析方法的研究热点分析 [J]. 情报科学，2013(9)：151-155.

[77] 刘颖，张掌然. 试论毛泽东的跨域问题解决思想 [J]. 马克思主义哲学研究，2011(1)：69-76.

[78] 寿海. 犯罪现场重建背景下的心理测试技术的应用 [J]. 四川警察学院学报，2014(5)：56-60.

[79] 吴映霞. 大数据时代安防行业面临新挑战 [J]. 中国公共安全，2014(20)：130-133.

[80] 郑学祥. 论超大城市入室盗窃犯罪的预防治理 [J]. 广州市公安管理干部学院学报，2015(3)：3-6.

[81] 张岗. 浅析智猪博弈与网络产品价格策略 [J]. 科技情报开发与经济, 2007(36): 175-177.

[82] 马静华. 证据动力学: 洛卡德的物质交换原理和犯罪重建理论 [J]. 四川警官高等专科学校学报, 2002(1): 71-75.

[83] 侯丽, 李亚子. 情报分析方法与情报分析软件的适用性探讨 [J]. 情报科学, 2014(4): 114-121.

[84] 王国民, 马静华. 从现场分析到犯罪重建与犯罪画像——犯罪分析理论述评 [J]. 中国人民公安大学学报, 2003(1): 108-114.

[85] 贾继红. 犯罪现场重建问题研究 [D]. 成都: 四川大学, 2007.

[86] 邓思波. 从田忌赛马到现代企业战略决策——看博弈论对企业战略决策的影响 [J]. 财经界 (学术版), 2009(4): 69-70.

[87] 黄晓明. 对公安情报信息体系建设的几点思考 [J]. 公安研究, 2006(1): 76-80.

[88] 刘咏赞, 耿帮. 公安情报信息机制建设的实践与思考 [J]. 公安研究, 2006(7): 20-24.

[89] 马占伟. 浅论新型公安情报信息工作机制 [J]. 警苑论坛, 2006(1): 14-16.

[90] 梅建明. 情报信息主导警务模式的起源、特征与意义 [J]. 警察技术, 2007(6): 4-7.

[91] 刘松林. 情报主导警务战略在珠海的探索与实践 [J]. 警察技术, 2007(6): 24-28.

图书购买或征订方式

关注官方微信和微博可有机会获得免费赠书

 淘宝店购买方式：
直接搜索淘宝店名：**科学技术文献出版社**

 **微信购买方式：**
直接搜索微信公众号：**科学技术文献出版社**

 重点书书讯可关注官方微博：
微博名称：**科学技术文献出版社**

 电话邮购方式：
联系人：王　静
电话：010-58882873，13811210803
邮箱：3081881659@qq.com
QQ：3081881659

汇款方式：
户　名：科学技术文献出版社
开户行：工行公主坟支行
帐　号：0200004609014463033